高等职业教育系列教材

"教"与"学"并重 | 过程考评与结果考评并重

国际贸易实务 第6版

主　编 | 孙国忠　滕静涛
副主编 | 林菊洁　王　迪
参　编 | 杨　华　杨晋苏　王　倍
　　　　许利娜　韩　松　余海红

本书以职业能力培养为核心，从高职高专毕业生进入外贸公司从事国际贸易业务入手，以完成任务的形式详细阐述了国际贸易认知、出口合同的磋商与订立、出口合同的履行、进口合同的订立与履行等业务的操作。每个任务都包含导学、任务描述与分析、任务实施与心得、相关知识、知识拓展、业务技能训练等部分，并专门列出一些需要特别注意的问题和业务技巧。在业务技能训练中，精心设计了自测习题、课堂训练和实训操作，旨在帮助读者掌握国际贸易业务所需要的技能。

本书可作为高职高专院校、应用型本科院校国际贸易实务课程的教材，也可以作为外贸行业的培训教材，以及其他相关专业学生或外贸从业人员的参考用书。

本书配有微课视频，扫描书中二维码即可观看，还配有授课电子课件和习题解答，需要的教师可登录 www.cmpedu.com 免费注册，审核通过后下载，或联系编辑索取（微信：13261377872，电话：010-88379739）。

图书在版编目（CIP）数据

国际贸易实务 / 孙国忠，滕静涛主编 . -- 6 版 . -- 北京：机械工业出版社，2025.1. -- （高等职业教育系列教材）. -- ISBN 978-7-111-77089-3

Ⅰ . F740.4

中国国家版本馆 CIP 数据核字第 20240ST375 号

机械工业出版社（北京市百万庄大街 22 号　邮政编码 100037）
策划编辑：和庆娣　　　　　责任编辑：和庆娣　马新娟
责任校对：李　思　李　杉　责任印制：邓　博
北京盛通数码印刷有限公司印刷
2025 年 1 月第 6 版第 1 次印刷
184mm×260mm · 15 印张 · 390 千字
标准书号：ISBN 978-7-111-77089-3
定价：65.00 元

电话服务　　　　　　　　　　网络服务
客服电话：010-88361066　　　机 工 官 网：www.cmpbook.com
　　　　　010-88379833　　　机 工 官 博：weibo.com/cmp1952
　　　　　010-68326294　　　金 书 网：www.golden-book.com
封底无防伪标均为盗版　　　机工教育服务网：www.cmpedu.com

Preface
前　言

　　中国坚持经济全球化正确方向，推动贸易和投资自由化、便利化，推进双边、区域和多边合作，共同营造有利于发展的国际环境，共同培育全球发展新动能，反对保护主义。

　　《国际贸易实务》自 2006 年出版以来，先后多次修订，现在《国际贸易实务》（第 6 版）又将面市。本书是江苏省高等学校精品教材、江苏省"十四五"职业教育首批在线精品课程"国际贸易实务"的配套教材。学生可以通过智慧职教、学银在线网站加入在线课程学习。

　　党的二十大报告指出："教育是国之大计、党之大计。培养什么人、怎样培养人、为谁培养人是教育的根本问题。育人的根本在于立德。"为全面贯彻党的教育方针，落实立德树人的根本任务，加深学生理解国内国际双循环背景下外贸高质量发展的内涵，锤炼学生的责任感和爱国主义情怀，本书更新了数据和场景，努力追踪和反映行业最新发展动态，在内容迭代和操作训练上更具灵活性和时效性，让使用者更加易教和易学。

　　本书以培养工作能力为目标，与行业企业合作进行基于工作过程的课程开发与设计，体现职业性、实践性和开放性的要求。我们希望在今后的国际贸易实务教学中，实现"教"与"学"的并重和过程考核与结果考核的并重，从单纯的课堂教学向课内外学习的转变。本书进一步精简篇幅、提升学生自学的便利性，每个任务开篇均列明了知识目标、能力目标、素质目标和导学，增加了微课视频、案例等教学资源，更好地满足在线教学的需要。学生可以应用配套的国贸虚拟仿真实训软件进行实训操作，进一步提高"互联网＋国贸"专业操作技能，提升学生解决国际贸易中实际问题的能力和新时代背景下的创新、创业素质，满足就业上岗和创业的需要。

　　本书由孙国忠、滕静涛担任主编，林菊洁、王迪担任副主编，杨华、杨晋苏、王倍、许利娜和南京鹿特斯国际贸易有限公司总经理韩松、上海船友航运服务有限公司总经理余海红参与编写。最后由孙国忠负责全书的统稿、定稿工作。

　　本书深入浅出、通俗易懂、文字简练、实用性强，符合高职院校课堂教学和实践技能训练的要求，可作为高职高专院校、应用型本科院校国际贸易实务课程的教材，也可以作为外贸行业的培训教材，以及其他相关专业学生或外贸业务人员的参考用书。

　　本书的编写参阅了大量的国内外文献，大部分以参考文献的形式列出，在此，向其作者们表示敬意。许多外贸一线人员为本书的编写提供了真实业务资料和单据，提出了许多中肯的建议和意见，出版社的编辑们为本书的出版做了大量的工作，在此向他们致以衷心的感谢。

　　由于编者水平有限，书中不妥之处在所难免，恳请广大读者批评指正。

编　者

目录 Contents

前言

情境 1　国际贸易认知

任务 1　熟悉对外贸易政策及国际惯例 …… 1

1.1　任务描述与分析 …………………… 2
1.2　任务实施与心得 …………………… 2
1.3　相关知识 …………………………… 3
　1.3.1　国际贸易的基本概念 ………… 3
　1.3.2　对外贸易政策 ………………… 4
　1.3.3　对外贸易措施 ………………… 5
　1.3.4　国际贸易适用的法律、公约与惯例 … 6
　1.3.5　贸易术语与相关国际惯例 …… 7
　1.3.6　《国际贸易术语解释通则 2020》详解 …………………………… 9
1.4　知识拓展 …………………………… 18
1.5　业务技能训练 ……………………… 20
　1.5.1　自测习题 ……………………… 20
　1.5.2　课堂训练 ……………………… 21
　1.5.3　实训操作 ……………………… 21

任务 2　掌握国际贸易业务流程 …………… 22

2.1　任务描述与分析 …………………… 22
2.2　任务实施与心得 …………………… 23
2.3　相关知识 …………………………… 25
　2.3.1　国际贸易业务的特点 ………… 25
　2.3.2　交易前的准备 ………………… 25
　2.3.3　国际贸易合同的磋商 ………… 29
　2.3.4　合同的签订与履行 …………… 33
　2.3.5　业务善后 ……………………… 33
2.4　知识拓展 …………………………… 35
2.5　业务技能训练 ……………………… 36
　2.5.1　自测习题 ……………………… 36
　2.5.2　课堂训练 ……………………… 37
　2.5.3　实训操作 ……………………… 38

情境 2　出口合同的磋商与订立

任务 3　订立合同的标的条款 ……………… 39

3.1　任务描述与分析 …………………… 40
3.2　任务实施与心得 …………………… 40
3.3　相关知识 …………………………… 43
　3.3.1　商品的名称 …………………… 43
　3.3.2　商品的品质 …………………… 43
　3.3.3　商品的数量 …………………… 46
　3.3.4　商品的包装 …………………… 48
3.4　知识拓展 …………………………… 51

3.5 业务技能训练 ·········· 52	3.5.2 课堂训练 ············ 53
3.5.1 自测习题 ·········· 52	3.5.3 实训操作 ············ 54

任务 4　订立合同的运输条款 ·············· 55

4.1 任务描述与分析 ········ 55	4.4 知识拓展 ··············· 66
4.2 任务实施与心得 ········ 56	4.5 业务技能训练 ············ 68
4.3 相关知识 ············· 57	4.5.1 自测习题 ············ 68
4.3.1 国际货物运输方式 ····· 57	4.5.2 课堂训练 ············ 69
4.3.2 运输条款的主要内容 ····· 61	4.5.3 实训操作 ············ 70
4.3.3 运费的计算 ·········· 64	

任务 5　订立合同的运输保险条款 ············ 71

5.1 任务描述与分析 ········ 71	5.3.4 保险金额与保险费 ······ 81
5.2 任务实施与心得 ········ 72	5.4 知识拓展 ··············· 81
5.3 相关知识 ············· 73	5.5 业务技能训练 ············ 82
5.3.1 海上货物运输保险承保范围 ··· 73	5.5.1 自测习题 ············ 82
5.3.2 我国海洋货物运输保险的险别 ··· 76	5.5.2 课堂训练 ············ 83
5.3.3 其他货物运输保险 ····· 80	5.5.3 实训操作 ············ 84

任务 6　订立合同的价格条款 ·············· 85

6.1 任务描述与分析 ········ 85	6.4 知识拓展 ··············· 92
6.2 任务实施与心得 ········ 86	6.5 业务技能训练 ············ 93
6.3 相关知识 ············· 88	6.5.1 自测习题 ············ 93
6.3.1 出口报价 ············ 88	6.5.2 课堂训练 ············ 94
6.3.2 商品的价格换算 ······· 90	6.5.3 实训操作 ············ 94
6.3.3 佣金和折扣 ·········· 91	

任务 7　订立合同的商品检验、不可抗力与仲裁条款 ·············· 96

7.1 任务描述与分析 ········ 96	7.3.4 仲裁 ················ 104
7.2 任务实施与心得 ········ 97	7.4 知识拓展 ··············· 106
7.3 相关知识 ············· 99	7.5 业务技能训练 ············ 107
7.3.1 商品检验检疫 ········ 99	7.5.1 自测习题 ············ 107
7.3.2 索赔与理赔 ·········· 100	7.5.2 课堂训练 ············ 108
7.3.3 不可抗力 ············ 102	7.5.3 实训操作 ············ 108

任务 8 订立合同的支付条款 109

- 8.1 任务描述与分析 109
- 8.2 任务实施与心得 110
- 8.3 相关知识 112
  - 8.3.1 结算工具 112
  - 8.3.2 支付方式之一：汇付 115
  - 8.3.3 支付方式之二：托收 118
  - 8.3.4 支付方式之三：信用证 121
- 8.4 知识拓展 125
- 8.5 业务技能训练 126
  - 8.5.1 自测习题 126
  - 8.5.2 课堂训练 127
  - 8.5.3 实训操作 128

任务 9 签订贸易合同 129

- 9.1 任务描述与分析 129
- 9.2 任务实施与心得 130
- 9.3 相关知识 132
  - 9.3.1 合同的成立与生效 132
  - 9.3.2 合同的形式与作用 133
  - 9.3.3 合同的内容与审核 134
  - 9.3.4 合同的变更与终止 135
- 9.4 知识拓展 135
- 9.5 业务技能训练 136
  - 9.5.1 自测习题 136
  - 9.5.2 课堂训练 137
  - 9.5.3 实训操作 137

情境 3 出口合同的履行

任务 10 信用证条款的审核和修改 140

- 10.1 任务描述与分析 141
- 10.2 任务实施与心得 141
- 10.3 相关知识 144
  - 10.3.1 SWIFT 信用证 144
  - 10.3.2 信用证的审核 145
  - 10.3.3 信用证的修改 148
- 10.4 知识拓展 149
- 10.5 业务技能训练 149
  - 10.5.1 自测习题 149
  - 10.5.2 课堂训练 151
  - 10.5.3 实训操作 153

任务 11 出口货物的准备 155

- 11.1 任务描述与分析 155
- 11.2 任务实施与心得 156
- 11.3 相关知识 157
  - 11.3.1 供应商的选择与评估 157
  - 11.3.2 签订采购合同 158
- 11.4 知识拓展 159
- 11.5 业务技能训练 160
  - 11.5.1 自测习题 160

11.5.2 课堂训练 ………………… 161
11.5.3 实训操作 ………………… 161

任务 12 出口货物的报关 …………………… 162

12.1 任务描述与分析 ………………… 162
12.2 任务实施与心得 ………………… 163
12.3 相关知识 ………………… 166
   12.3.1 出口报关 ………………… 166
   12.3.2 出境报检 ………………… 171
   12.3.3 原产地证 ………………… 173
12.4 知识拓展 ………………… 175
12.5 业务技能训练 ………………… 176
   12.5.1 自测习题 ………………… 176
   12.5.2 课堂训练 ………………… 177
   12.5.3 实训操作 ………………… 177

任务 13 出口货物的运输 …………………… 178

13.1 任务描述与分析 ………………… 178
13.2 任务实施与心得 ………………… 179
13.3 相关知识 ………………… 182
   13.3.1 出口货物海运流程 ………………… 182
   13.3.2 海运提单 ………………… 183
   13.3.3 其他运输单据 ………………… 187
13.4 知识拓展 ………………… 188
13.5 业务技能训练 ………………… 189
   13.5.1 自测习题 ………………… 189
   13.5.2 课堂训练 ………………… 190
   13.5.3 实训操作 ………………… 190

任务 14 出口货物的运输保险 …………………… 191

14.1 任务描述与分析 ………………… 191
14.2 任务实施与心得 ………………… 192
14.3 相关知识 ………………… 194
   14.3.1 保险单据的种类 ………………… 194
   14.3.2 保险单的审核 ………………… 195
   14.3.3 保险单据的变更和转让 ………………… 196
   14.3.4 保险索赔 ………………… 196
14.4 知识拓展 ………………… 197
14.5 业务技能训练 ………………… 198
   14.5.1 自测习题 ………………… 198
   14.5.2 课堂训练 ………………… 199
   14.5.3 实训操作 ………………… 200

任务 15 货款的结算 …………………… 201

15.1 任务描述与分析 ………………… 201
15.2 任务实施与心得 ………………… 202
15.3 相关知识 ………………… 204
   15.3.1 信用证方式结汇 ………………… 204
   15.3.2 结汇单据 ………………… 204
   15.3.3 信用证遭遇拒付后的处理 ………………… 207
15.4 知识拓展 ………………… 208
15.5 业务技能训练 ………………… 209
   15.5.1 自测习题 ………………… 209
   15.5.2 课堂训练 ………………… 210
   15.5.3 实训操作 ………………… 210

情境 4　进口合同的订立与履行

任务 16　进口合同的磋商与订立 ... 212

- 16.1 任务描述与分析 ... 212
- 16.2 任务实施与心得 ... 213
- 16.3 相关知识 ... 214
  - 16.3.1 寻找进口供应商 ... 214
  - 16.3.2 进口商品成本核算 ... 215
  - 16.3.3 进口交易的磋商 ... 215
- 16.4 知识拓展 ... 216
- 16.5 业务技能训练 ... 217
  - 16.5.1 自测习题 ... 217
  - 16.5.2 课堂训练 ... 218
  - 16.5.3 实训操作 ... 218

任务 17　进口合同的履行 ... 220

- 17.1 任务描述与分析 ... 220
- 17.2 任务实施与心得 ... 221
- 17.3 相关知识 ... 226
  - 17.3.1 申请开证 ... 226
  - 17.3.2 租船订舱 ... 227
  - 17.3.3 投保货物运输保险 ... 227
  - 17.3.4 审单和付汇 ... 228
  - 17.3.5 进口报关 ... 228
  - 17.3.6 货物验收和拨交 ... 228
  - 17.3.7 争议与索赔 ... 228
- 17.4 知识拓展 ... 229
- 17.5 业务技能训练 ... 229
  - 17.5.1 自测习题 ... 229
  - 17.5.2 课堂训练 ... 230
  - 17.5.3 实训操作 ... 230

参考文献 ... 232

参考网站 ... 232

情境 1　国际贸易认知

任务 1　熟悉对外贸易政策及国际惯例

知识目标

1. 了解国际贸易相关概念。
2. 熟悉对外贸易政策与措施。
3. 掌握《国际贸易术语解释通则 2020》中的 6 种贸易术语。

能力目标

1. 能选择恰当的贸易术语。
2. 能查找我国 2024 年主要产品的出口退税率。

素质目标

1. 培养学生的国际化视野、全球意识。
2. 培养学生终身学习的意识、自主学习的能力，做好专业课学习规划。

任务1导学

导学

国际贸易业务受宏观经济政策的影响较大，从事国际贸易工作一定要了解本国和贸易伙伴所在国（地区）的对外贸易政策、措施，熟悉相应的国际惯例和贸易规则。对外贸易措施主要有关税措施和非关税措施两大类，其目的是奖出限入，即鼓励本国商品出口而限制外国商品进口。

贸易术语是国际贸易最基础、最重要的知识点之一。国际惯例具有较强的约束力，有关贸易术语的国际惯例有 3 个。本任务主要介绍《国际贸易术语解释通则 2020》中 FOB、CFR、CIF、FCA、CPT、CIP 这 6 种术语。

在熟练掌握 FOB 术语买卖双方的义务、风险划分点和费用划分点以后，比较学习 CFR、CIF 与 FOB 的异同点，就能掌握这 3 种术语，进一步比较装运港交货术语与货交承运人术语的异同点，就能掌握 6 种术语买卖双方的义务。

1.1 任务描述与分析

1. 任务描述

> 常州常信外贸有限公司（以下简称常信公司）成立于1984年，长期出口服装、复合地板、汽车配件等优势产品，近年开始出口新能源汽车、锂电池、太阳能电池等高附加值产品。
>
> 2024年7月，常信公司招聘了3位刚毕业的大学生，分别是国际经济与贸易专业的孙潇（David Sun）、商务英语专业的万友（Mike）和服装设计专业的王明（Bennett）。公司董事长（法人代表）陈哲安排他们到出口部工作，跟资深外贸业务员陈明先生熟悉国际贸易业务，让他们了解我国近年的对外贸易政策、措施及相关国际贸易惯例。

2. 任务分析

国际贸易是在不同国家（地区）间开展贸易，具有较强的涉外性和综合性，具体涉及国际贸易理论与政策、国际贸易惯例和公约、国际结算、国际金融、国际运输与保险等诸多领域的理论与实务操作。

国际贸易业务受国家宏观经济政策的影响较大，从事国际贸易工作一定要了解我国和贸易伙伴所在国（地区）的对外贸易政策、措施，熟悉相应的国际惯例和贸易规则等。

从事国际贸易工作的业务员主要是来自国际贸易、跨境电商、外语等专业的学生，因为他们掌握了开展国际贸易业务所必须具备的理论知识、技能和外语工具；其次是技术工科专业的学生，比如纺织品进出口公司需要纺织专业的毕业生，化学制品进出口公司需要化学专业的毕业生等。随着跨境电商的发展，进出口公司对跨境电商人才的需求与日俱增。

这几类人员从事外贸工作各有千秋，国际贸易专业的人员熟悉外贸，但是需要提高外语和产品知识；外语专业人员的强项是外语，但需要提高外贸技能和产品知识；工科专业的人员则需要提高外贸技能和外语；跨境电商员工则综合了国际贸易、电子商务的技能。

1.2 任务实施与心得

1. 任务实施

1）通过政府部门的网站了解我国的外贸政策和措施。"家事、国事、天下事，事事关心"。在陈明先生的指导下，孙潇等人养成了关注各国经济贸易政策和措施的良好习惯，定期查看商务部、海关总署、国家外汇管理局、国家税务总局的官网，及时查找相关的贸易政策、措施的内容，重点了解相关产品出口退税率的最新变化，以及人民币对其他主要货币的汇率变化等。

2）通过下列网站了解主要国际贸易惯例和世界经济发展状况：

世界贸易组织 https://www.wto.org/。

国际商会 https://iccwbo.org/。

3）通过国外政府部门的网站了解相关贸易伙伴所在国（地区）的外贸政策和措施，特别关注它们对本公司产品有无限制：

美国商务部 https：//www.commerce.gov/。
日本经济产业省 https：//www.meti.go.jp/。
新加坡国际企业发展局 https：//www.enterprisesg.gov.sg/。

2. 任务实施心得

"国际贸易实务"是一门专门研究国际商品交换具体过程的学科，是国际贸易、商务英语、跨境电商等专业的核心课程。在学习时，主要把握以下几点。

（1）理论联系实际，重视国际惯例的学习

在学习时，要以国际贸易基本原理和国家对外方针政策为指导，力求做到理论与实践、政策与业务有效地结合起来，不断提高分析问题与解决问题的能力。

在学习过程中，结合我国国情来研究国际上一些通行的惯例和普遍实行的原则，加速与国际市场的接轨。

（2）注重案例分析和实训

"国际贸易实务"是一门实践性较强的应用学科。最好的学习方法是在国际贸易业务操作过程中掌握技能。在每个任务完成后，要重视案例分析和课后的实训操作练习，利用课余时间到校外参观、实习，以增加感性知识。

（3）提高外语能力

外贸从业人员需要熟练使用外语与外商交流、谈判，以及收发外贸函电、制作外贸单证等。如果外语掌握不好，外贸从业人员就很难胜任工作，甚至会影响业务的顺利进行。因此，外贸从业人员必须强化外语学习，切实提高外语口语和听力水平。

1.3 相关知识

1.3.1 国际贸易的基本概念

1. 国际贸易与对外贸易

国际贸易（International Trade）也称为"世界贸易"，是指国际商品和劳务的交换。它由各国（地区）的对外贸易构成，是世界各国（地区）对外贸易的总和。

对外贸易（Foreign Trade）是从一个国家的角度来看它与其他各国（地区）之间的商品和劳务的交换。一些海岛国家（如英国、日本等）常把对外贸易称为海外贸易（Overseas Trade）。

2. 进口贸易与出口贸易

国际贸易由进口和出口两个部分组成。对输入商品或劳务的国家（地区）来说，这种贸易行为是进口；对输出商品或劳务的国家（地区）来说，这种贸易行为是出口。

如果出口国与进口国之间进行的贸易买卖，其货物运输必须通过第三国的国境，那么对第三国来说，就构成了该国的过境贸易（Transit Trade）。

一个国家对于某种商品往往既有出口又有进口，在一定时期内（假定一年）出口大于进口，为净出口（Net Export）；相反，即为净进口（Net Import）。

3. 有形贸易与无形贸易

有形贸易（Visible Trade）是指贸易双方所进行交易的商品是看得见的有形实物。无形贸易（Invisible Trade）是指劳务或其他非实物商品的进出口交易。

有形贸易的金额显示在一国的海关统计上；无形贸易的金额一般不反映在海关统计上，但显示在该国的国际收支表上。

4. 贸易顺差与贸易逆差

贸易差额（Balance of Trade）是一国在一定时期内（如一年、半年、一季、一月）出口总值与进口总值之间的差额。

当出口总值与进口总值相等时，称为"贸易平衡"。**当出口总值大于进口总值时，出现贸易盈余，称为"贸易顺差"**（Favourable Balance of Trade）**或"出超"**。当进口总值大于出口总值时，出现贸易赤字，称为"贸易逆差"（Unfavourable Balance of Trade）或"入超"。通常，贸易顺差以正数表示，贸易逆差以负数表示。

贸易平衡、贸易顺差和贸易逆差

知识链接

> 海关数据统计，2023年我国进出口总值41.76万亿元人民币，同比增长0.2%。其中，出口23.77万亿元，增长0.6%；进口17.99万亿元，下降0.3%。电动载人汽车、锂离子蓄电池和太阳能电池等"新三样"产品合计出口1.06万亿元，首次突破万亿大关，增长29.9%。跨境电商进出口2.38万亿元，增长15.6%。

5. 直接贸易、间接贸易与转口贸易

直接贸易（Direct Trade）是指商品生产国与商品消费国直接买卖商品的行为。间接贸易（Indirect Trade）是指商品生产国与商品消费国不直接买卖商品，而是通过第三国进行商品买卖的行为。对生产国而言，这一贸易行为是间接出口；对消费国而言，这一贸易行为是间接进口；对第三国而言，这一贸易行为是转口贸易（Entrepot Trade）。

6. 国际贸易商品结构与国际贸易地理方向

国际贸易商品结构和外贸依存度

国际贸易商品结构（Composition of International Trade）是指一定时期内各大类商品或某种商品在整个国际贸易中的构成。国际贸易商品结构可以反映出一国或世界的经济发展水平、产业结构状况、科技发展水平等。

国际贸易地理方向（Direction of International Trade）又称为国际贸易地区分布，用于表明世界各洲、各国或各区域集团在国际贸易中所占的地位。观察和研究不同时期的国际贸易地理方向，对于掌握市场行情的发展变化、认识世界各国间的经济交换关系及密切程度、开拓国外市场等都具有重要意义。

2023年，中国十大贸易伙伴分别是美国、日本、韩国、中国香港、中国台湾、俄罗斯、东盟、澳大利亚、欧盟、巴西。2023年，东盟、欧盟和美国是我国最大的对外出口伙伴，出口金额分别为5236.7亿美元、5012.3亿美元和5002.9亿美元。从出口国家来看，美国、日本、韩国等传统外贸市场占比依旧强势；越南、马来西亚、俄罗斯等"一带一路"沿线国家，市场潜力也相当可观。

1.3.2 对外贸易政策

对外贸易政策的目的是保护本国市场、扩大本国产品出口、促进本国产业结构的改善、积

累资本、维护本国对外的政治及经济关系。

不同国家或同一国家在不同时期会采用不同的对外贸易政策。随着国际贸易的发展和自身产品国际竞争力的变化，世界各国在自由贸易和保护贸易这两种对外贸易政策之间转换。

1. 自由贸易政策

自由贸易政策（Free Trade Policy）在历史上多为经济强国所采用。采取该政策的国家取消了对进出口货物贸易、服务贸易和与贸易有关的投资的限制和障碍，取消了各项特权和优惠，使各类进出口货物在国内外市场上自由竞争。

拓展阅读

2023年，我国自由贸易试验区数量已扩大至22个，合计进出口7.67万亿元人民币，同比增长2.7%，占进出口总值的18.4%。

2024年1月1日，《区域全面经济伙伴关系协定》（RCEP）正式生效两周年。两年来，区域贸易成本得到了大幅降低，产业链、供应链联系更加紧密，各成员间的贸易往来更加密切。2023年我国对RCEP其他14个成员合计进出口12.6万亿元人民币，较协定生效前的2021年增长5.3%。

2. 保护贸易政策

保护贸易政策（Protectionist Trade Policy）是指国家设置各种障碍，利用各种限制进口的措施，来保护本国市场免受外国货物、服务、技术与投资的竞争，并对本国的出口给予优惠和补贴。

1.3.3 对外贸易措施

实施对外贸易措施的目的是鼓励和帮助本国商品出口和限制外国商品进口。限制进口措施主要有关税壁垒和非关税壁垒两大类。此外，各国还实施出于某些特殊目的的出口管制措施。

1. 限制进口措施

（1）关税壁垒

关税壁垒（Tariff Barrier）又称为关税措施，是指国家通过对进口商品征收高额关税，增加商品成本，达到限制进口目的的措施。目前，大多数国家对绝大部分出口商品都不征收出口税（Export Duty），主要对进口商品征收进口税（Import Duty）。

进口税主要可分为最惠国税和普通税两种。最惠国税率比普通税率低，二者税率差幅往往较大。

按差别待遇和特定的实施情况分类，除正常进口税以外，还有进口附加税、优惠关税等。

进口附加税是一国对进口货物，除了征收一般进口税外，根据某种目的再加征的进口税，主要有反倾销税、反补贴税、紧急关税、惩罚关税和报复关税5种。

优惠关税是指从某些国家或地区进口的全部商品或部分商品，给予特别优惠的低关税或免税待遇，但它不适用于从非优惠国家或地区进口的商品。普遍优惠制是比较著名的优惠关税之一。

普遍优惠制（Generalized System of Preference，GSP）是发达国家对从发展中国家或地区输入的商品，特别是制成品和半制成品，给予普遍的、非歧视性的和非互惠的关税优惠待遇。进口商在进口报关时必须提供普惠制产地证（Form A），才能享受普遍优惠制进口关税。

> **练一练**
>
> 登录我国海关总署官方网站，查询运动鞋、手机、自行车、新能源汽车等商品的进出口税率、增值税率、消费税率和监管条件等。

（2）非关税壁垒

非关税壁垒（Non-Tariff Barrier，NTB）是指除关税以外的一切限制进口的措施。第二次世界大战后，许多国家加入《关税与贸易总协定》，各国的关税水平都有不同程度的降低，关税的贸易保护作用减弱，限制进口的各种非关税壁垒则日益被广泛应用。

非关税壁垒具有更大的灵活性、针对性、隐蔽性和歧视性，更能达到限制进口的目的。非关税壁垒名目繁多，主要有进口配额制、自动出口配额制、进口许可制、外汇管制、海关估价制、进出口国家垄断、歧视性政府采购政策、进口最低限价、禁止进口、进口押金制等。

2. 出口鼓励措施

鼓励出口措施有许多，主要有出口信贷、出口补贴、商品倾销与外汇倾销。

外汇倾销（Exchange Dumping）是出口企业利用本国货币贬值的机会，争夺国外市场的特殊手段。当一国货币贬值后，出口商品以外国货币表示的价格降低，提高了商品的竞争力，而且货币贬值后，货币贬值国家进口商品的价格随之上涨，削弱了进口商品的竞争力。因此，货币贬值起到了促进出口和限制进口的双重作用。

此外，有些国家还实行一些促进出口的行政组织措施。例如：设立专门组织，研究与制定出口战略；建立商业情报网，加强商业情报的服务工作；组织贸易中心和贸易展览会；组织出口商的评奖活动等。

3. 出口管制措施

为了达到一定的政治、军事和经济目的或履行联合国决议，国家对战略物资与先进技术等限制出口或禁止出口，这就是出口管制（Export Control）。

1.3.4 国际贸易适用的法律、公约与惯例

1. 国内法

参与贸易的买卖双方都要遵守本国的相关法律法规。目前，我国涉及的有关国际贸易的主要法律有《中华人民共和国民法典》《中华人民共和国海商法》《中华人民共和国票据法》《中华人民共和国海关法》《中华人民共和国进出口商品检验法》《中华人民共和国仲裁法》等。

2. 国际贸易惯例

国际贸易惯例指在国际贸易的长期实践中逐渐形成的一些有较为明确和固定内容的贸易习惯和一般做法，或者说在长期的国际贸易中约定俗成的国际行为准则。

国际贸易惯例本身并不是法律。当买卖双方发生争议时，国际贸易惯例效力有以下几种情

况：①合同中明确规定采用某种惯例，则这种惯例就有其强制性；②若合同的规定与惯例不抵触，则法院或仲裁机构以国际惯例的规定为准；③双方当事人在合同中做出了与该惯例相反的约定，则法院或仲裁机构以合同的约定为准，此时，不适用国际惯例。

常见的国际惯例主要有国际商会（International Chamber of Commerce，ICC）制定的《国际贸易术语解释通则》《跟单信用证统一惯例》《托收统一规则》《见索即付保函统一规则》和国际保理商联合会颁布的《国际保理惯例规则》等。

3. 国际贸易协定与条约

各缔约国的企业必须遵守各国缔结的有关国际商业和贸易的国际公约或协定，如《联合国国际货物销售合同公约》、《统一提单若干法律规定的国际公约》（海牙规则）、《保护工业产权巴黎公约》等。

《联合国国际货物销售合同公约》（United Nations Convention on Contracts for the International Sale of Goods，CISG）（以下简称《公约》）是由联合国国际贸易法委员会于 1980 年通过的国际货物买卖统一法，于 1988 年 1 月 1 日起正式生效。

1986 年 12 月 11 日，我国在提交核准书时提出了两项保留：一是不同意扩大《公约》的适用范围，只同意《公约》适用于缔约国的当事人之间签订的合同；二是营业地位于我国的缔约方在缔结国际货物销售合同时必须采用书面形式，不同意用书面以外的其他形式订立、修改和终止合同。

1.3.5 贸易术语与相关国际惯例

1. 贸易术语

在国际货物贸易中，卖方交货和买方接货的过程中会涉及许多问题，如图 1-1 所示。如果买卖双方对图 1-1 所示的手续、费用和风险逐项进行磋商，将耗费双方大量的时间和精力，并影响交易的达成。在实践中，逐渐形成了用贸易术语来解释这些问题。

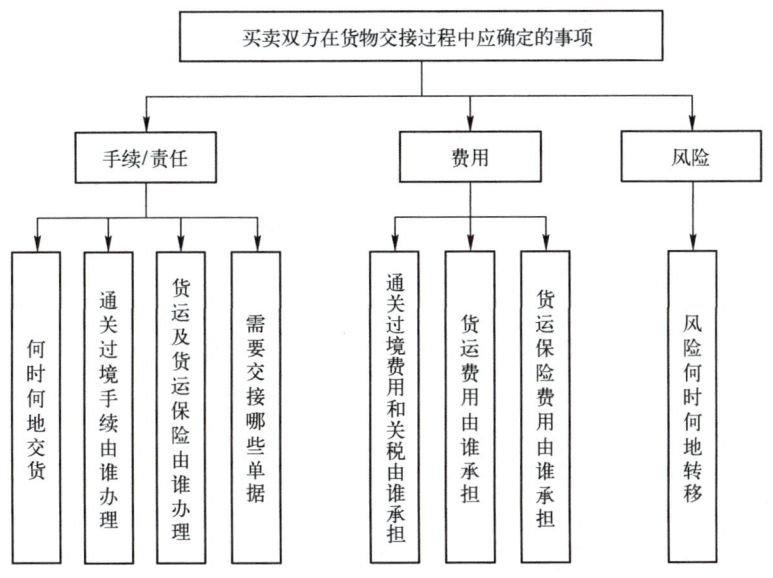

图 1-1　买卖双方在货物交接过程中应确定的事项

贸易术语（Trade Term）又称为价格术语，是指用**一个简短的概念或三个英文字母的缩写来表明商品的价格构成，说明买卖双方货物交接过程中有关手续、费用和风险的责任划分**等问题的专门用语。

贸易术语的作用主要体现在以下方面。

1）有利于贸易的迅速达成。由于每种贸易术语都有其特定的含义，而且一些国际组织对各种贸易术语也做了统一的解释和规定。当买卖双方一旦选定贸易术语后，就明确了双方承担的责任、费用和风险，简化了磋商手续，缩短了交易时间。

2）有利于买卖双方核算价格和成本。由于贸易术语表示价格构成，能说明是否包含成本以外的运费、保险费等其他费用。

3）有利于解决履约中的争议。贸易术语惯例成为公认的类似行为规范的框架准则，有利于减少贸易纠纷和妥善解决贸易争端。

4）有利于相关机构开展业务活动。贸易术语为船公司、保险公司和银行等机构开展业务活动和处理业务实践中的问题提供了客观依据和有利条件。

> **小技巧**
>
> 在国际贸易合同的签订以及履行过程的单据制作中，只要涉及价格，就会伴随相应的贸易术语。

2. 有关贸易术语的国际贸易惯例

目前，国际上有较大影响的贸易术语的惯例有以下三种。

（1）1932 年《华沙—牛津规则》

该规则是国际法协会为解释 CIF 术语而制定的。该规则共有 21 条，专门对 CIF 的性质、买卖双方所承担的风险、责任和费用的划分以及所有权转移的方式等问题做了详细规定。

（2）《1990 年美国对外贸易定义修订本》

该惯例是由美国 9 个商业团体制定的。它最早于 1919 年在纽约制定，后于 1941 年、1990 年分别进行了修订，命名为《1990 年美国对外贸易定义修订本》（*Revised American Foreign Trade Definition 1990*）。该惯例共包括 6 种贸易术语，分别为 EXW（EX Works，产地交货）；FOB（Free On Board，装运港船上交货）；FAS（Free Along Ship，装运港船边交货）；CFR（Cost and Freight，成本加运费）；CIF（Cost Insurance and Freight，成本、保险费加运费）；DEQ（Delivered Ex Quay，目的港码头交货）。

该惯例在美洲国家有较大影响，对 FOB、FAS 的解释与《国际贸易术语解释通则》有明显的差异。所以，在与美洲国家进行交易时应注意，最好在合同中标明相关贸易术语所采用的贸易惯例。

（3）《国际贸易术语解释通则》

《国际贸易术语解释通则》（*International Rules for the Interpretation of Trade Terms*，INCO-TERMS）是国际商会为统一各种贸易术语的不同解释于 1936 年制定的，主要描述了货物由卖方交付给买方过程中所涉及的责任、费用和风险。

为适应国际贸易实践发展的需要，国际商会多次对其进行修订。最新版本的《国际贸易术语解释通则®2020》（以下简称《2020 年通则》或 INCOTERMS® 2020，其他版本以此类推）

于 2020 年 1 月 1 日正式生效。

INCOTERMS® 2020 的术语分为适用于任何运输方式或多种运输方式的 7 种术语及适用于海运和内河水运的 4 种术语，见表 1-1。

表 1-1 INCOTERMS® 2020

类 别	术语缩写	术语英文名称	术语中文名称
适用于任何运输方式或多种运输方式的术语	EXW	EX Works	产地交货
	FCA	Free Carrier	货交承运人
	CPT	Carriage Paid to	运费付至
	CIP	Carriage and Insurance Paid to	运费、保险费付至
	DAP	Delivered at Place	目的地交货
	DPU	Delivered at Place Unloaded	目的地卸货后交货
	DDP	Delivered Duty Paid	完税后交货
适用于海运和内河水运的术语	FAS	Free Alongside Ship	装运港船边交货
	FOB	Free On Board	装运港船上交货
	CFR	Cost and Freight	成本加运费
	CIF	Cost Insurance and Freight	成本、保险费加运费

国际贸易惯例在适用的时间效力上并不存在"新法取代旧法"的说法，即 INCOTERMS® 2020 生效之后，当事人在订立贸易合同时仍然可以选择使用 INCOTERMS 2010 或者 INCOTERMS 2000。所以在订立、审核合同时，要明确在合同中使用的是哪个版本的 INCOTERMS。例如，为避免引起不必要的纠纷，应在合同中规定"CIF New York INCOTERMS 2020"或"This contract is governed by INCOTERMS 2020"。

课堂思考

江苏南京 A 公司对日本出口一批服装，双方约定以 FOB 条件成交，但在合同中附列一条款规定 A 公司负责租船订舱并承担运费。两个月后，A 公司在交货时，提出 FOB 条件下通常由买方支付运费，因此 A 公司无须支付运费。请思考 A 公司的这种行为合理吗？

1.3.6 《国际贸易术语解释通则 2020》详解

1. FOB

Free On Board （…named port of shipment），即装运港船上交货（……指定装运港），是指卖方负责在合同规定的装运期内，在指定的装运港将货物装上买方指定的船上，并及时通知买方。货物灭失或损坏的风险在货物交到船上时转移，同时买方承担货物装上船后的一切风险和费用。

该术语仅适用于海运和内河水运。FOB 术语条件下买卖双方各自承担的义务见表 1-2。

FOB 的含义

表 1-2　FOB 术语条件下买卖双方各自承担的义务

义务	当事人	
	卖方	买方
基本责任	交货（到船上）并通知买方、移交单据	付款、接收单据、提货
通关及费用	办理出口清关、支付相关费用	办理进口清关、支付相关费用
运输及费用		租船或订舱并通知卖方、支付运费
保险及费用		办理保险、支付保险费
风险及费用划分	承担货物在装运港装上船之前的一切风险和费用	承担货物在装运港装上船之后的一切风险和费用

注：办理保险、支付保险费是买方为了自身的利益而做出的行为，并非 FOB 术语条件下的强制义务；CFR、FCA、CPT 术语条件下相同。

按 FOB 术语订立合同，并按各自承担的义务履行合同时，还须注意以下问题。

（1）风险划分界限

按照《2020 年通则》的规定，FOB 合同的卖方必须及时在装运港将货物"装至船上"。**买卖双方风险的划分是以"装运港船上"为界**，即货物装上船之前的风险，包括装船时货物跌落海中所造成的损失，均由卖方承担，货物装上船后，包括在运输途中所发生的损失，均由买方承担。

（2）船货衔接问题

在 FOB 合同中，买方负责租船订舱，并将船名、装船地点和装船时间通知卖方，而卖方负责在合同规定的期限和装运港将货物装上买方指定的船只。这样就存在船货衔接问题。根据有关法律和惯例，如果船只按时到达装运港，而卖方未能备妥货物，延误了装船时间，则卖方应承担由此造成的空舱费（Dead Freight）或滞期费（Demurrage）等损失，买方甚至可以要求解除合同。反之，如果买方延迟派船或未经卖方同意提前派船到装运港，卖方有权拒绝交货，甚至解除合同，买方应赔偿卖方由此而引起的仓储等费用支出的增加，以及因迟收货款而造成的利息损失等。在订立合同后，买卖双方需要加强联系，密切配合，防止船货脱节。

FOB 任务背景

小技巧

在 FOB 合同中应订明买方在派船前电告卖方船只、船籍、所属船公司等详细情况，并标明由于买方或船方的原因延误了装船，由买方承担违约责任，赔偿卖方由此产生的损失，直至解除合同。

（3）美国等美洲国家对 FOB 的特殊解释

《1990 年美国对外贸易定义修订本》将 FOB 分为 6 种，其中只有第 5 种"装运港船上交货"（FOB Vessel named port of shipment）与《2020 年通则》解释的 FOB 相近，但该术语的出口报关的责任在买方而不在卖方。因此，我国在从美国、加拿大等国家进口时使用 FOB 术语，一定要在 FOB 和装运港名称之间加上"Vessel"（船）字样，还应明确由卖方负责办理出口报关手续及承担相关费用，或者加上按 INCOTERMS 2020 办理。

> **课堂思考**
>
> 我国B公司按每公吨242美元FOB VESSEL NEW YORK进口200公吨钢材。B公司如期开出48400美元的信用证,但美商来电要求增加信用证金额至50000美元,否则有关出口税捐及签证费用应由B公司另行电汇。这是为什么?

2. CFR

Cost and Freight(…named port of destination),即成本加运费(……指定目的港),是指卖方在装运港将货物装上船并及时通知买方,卖方必须支付将货物运至指定的目的港所需的费用。但货物装上船以后货物灭失或损坏的风险,以及由于各种事件造成的任何额外费用,由买方承担。

CFR是介于FOB和CIF之间的一种术语。与FOB相比,卖方除承担FOB术语的义务外,还需要负责安排运输,支付将货物运往指定目的港的正常运费。与CIF相比,CFR合同的卖方不负责办理货物运输保险手续和支付保险费,不提供保险单。

按CFR术语成交,需要特别注意的是装船通知问题。在CFR合同中,由卖方安排运输,买方办理货运保险。如果卖方不及时发出装船通知,则买方就无法及时办理货运保险,甚至有可能出现漏保货运险的情况。因此,**卖方装船后务必及时向买方发出装船通知。否则,卖方应承担货物在运输途中的风险和损失。**

> **课堂思考**
>
> 我国C公司从泰国A公司进口一批大米,签订"CFR上海"合同,然而货轮在台湾海峡附近沉没。A公司未及时向C公司发出装船通知,C公司未办理投保,无法向保险公司索赔。故C公司要求A公司承担责任,但泰国A公司以货物离港,风险已经转移给C公司为由拒绝承担责任。问:泰国A公司的行为是否合理?究竟由谁承担责任?为什么?

3. CIF

Cost Insurance and Freight(…named port of destination),即成本、保险费加运费(……指定目的港),是指卖方负责租船或订舱,在合同规定的期限内将货物装上船只,办理货物运输保险,负责支付将货物运到指定目的港所需的运费和保险费,并承担货物装上船以前的一切费用和风险。这里的运费,仅指按照惯常航线航行的正常运费,不包括运输途中发生的任何额外费用。

该术语仅适用于海运和内河水运。按照CIF术语达成的合同,买卖双方各自承担的义务见表1-3。

采用CIF术语成交时,应注意以下问题。

(1) CIF合同属于"装运合同"

由于CIF术语后所注明的是目的港,因此CIF合同的法律性质常被误解为"到货合同"。为此,必须明确指出,**CIF与FCA、FAS、FOB、CFR、CPT、CIP等术语一样,卖方在装**

运地完成交货义务，采用这些术语订立的买卖合同均属"装运合同"性质。卖方按合同规定在装运地将货物交付装运后，对货物可能发生的任何风险不再承担责任。

表1-3　CIF术语条件下买卖双方各自承担的义务

义务	当事人	
	卖方	买方
基本责任	交货并通知买方、移交单据	付款、接收单据、提货
通关及费用	办理出口清关、支付相关费用	办理进口清关、支付相关费用
运输及费用	租船或订舱、支付运费	
保险及费用	办理保险、支付保险费	
风险划分	承担货物在装运港装上船之前的一切风险	承担货物在装运港装上船之后的一切风险

> **课堂思考**
>
> 江苏D公司按CIF ROTTERDAM向荷兰出口一批季节性较强的货物，双方在合同中规定：卖方保证运货船只不得迟于12月1日抵达目的港，如货轮迟于12月1日抵达目的港，买方有权取消合同。如货款已收，卖方须将货款退还买方。问这一条款是否合理？为什么？这一合同的性质还属于装运合同吗？

（2）保险险别与保险金额

在CIF术语下，卖方负责办理投保，支付保险费，但货物在指定装运港装上船后的一切风险就转移给了买方。因此，实际上卖方是为了买方的利益代办保险。所以，投保什么险别和如何确定保险金额，与买卖双方利益都有关，应事先在合同中约定，以免事后因投保险别不当或保险金额不足，货物在遭受损失时得不到应有的保险赔偿，从而引起纠纷。

如果合同没有订立具体的险别，《2020年通则》规定卖方只需要投保最低的险别即可，但在买方要求时，并由买方承担费用的情况下，可投保一切险加战争险、罢工险等。保险金额则最少应为合同金额的110%，同时须以合同货币投保。

（3）租船订舱与装船通知

采用CIF术语成交，卖方的基本义务之一是租船订舱。卖方只需要负责按通常的条件和惯常的航线，办理从装运港到目的港的运输事项。除非双方另有约定，对于买方事后提出的关于限制装运船舶的国籍、船型、船龄、船级以及指定装载某班轮公司的船只等要求，卖方均有权拒绝。在实际出口业务中，如买方提出上述要求，在能够办到又不增加额外费用的情况下，卖方可以考虑接受。

CIF合同的卖方也必须向买方发送装船通知。买方需要通过装运通知了解货运情况，及早做好到货前准备工作，以及必要时办理进口许可等报关准备工作。

（4）象征性交货

从交货方式看，CIF是一种典型的象征性交货（Symbolic Delivery）。**象征性交货**是针对实际交货（Physical Delivery）而言的。前者是指**卖方只要按期在约定地点完成装运，并向买方提交合同规定的包括物权凭证在内的有关单证，就算完成了交货义务，而无须保证到货**。后者则是指卖方要在规定的时间和地点将符合合同规定的货物交给买方或其指定人，而不能以交单代替交货。

在象征性交货方式下，卖方是凭单交货，买方是凭单付款，只要卖方如期向买方提交了合同规定的全套合格单据，即使货物在运输途中损坏或灭失，买方也必须履行付款义务。反之，如果卖方提交的单据不符合要求，即使货物完好无损地运达目的地，买方仍有权拒付货款，拒绝接收货物。由此可见，CIF 交易实际上是一种单据的买卖，装运单据在 CIF 交易中有着特别重要的意义。

案例分析

> 上海 E 公司按 CIF 术语、信用证结算方式向欧洲客户出口一批工艺品。E 公司在规定的期限向中国人民财产保险股份有限公司投保了一切险，在指定的我国港口装船完毕，船公司签发了提单，然后在中国银行议付了款项。第二天，E 公司接到客户来电：装货的海轮在海上失火，工艺品全部烧毁，客户要求 E 公司出面向保险公司提出索赔，否则要求 E 公司退回全部货款。
>
> 分析：E 公司果断拒绝买方的要求。因为合同属 CIF 性质，按照《2020 年通则》的规定，双方有关货物风险的划分是以货物在约定的"装运港船上"为界。凡是货物在装船后发生的风险，应当由买方负责。由买方持卖方转让的保险单向保险公司提出索赔。

 注意：如果卖方提交的货物不符合合同规定，买方即使已经付款，仍有依合同提出索赔或拒收货物的权利。

（5）装卸费用的负担以及贸易术语变形

班轮运输的装卸费用包含在班轮运费中。在程租船运输中，由于船方一般不负担装卸船费用，为了避免在此问题上引起纠纷，买卖双方须事先明确装卸货费用由谁负担，由此便产生了贸易术语的变形。

1) 装船费用的负担：在 FOB、CFR、CIF 术语下，卖方将货物交至船上完成交货，因此装船费用必然由卖方承担，从《2010 年通则》开始不再存在装货费用由谁承担的问题，即取消了 FOB 术语的变形。

2) 卸货费用的负担：通过 CIF、CFR 术语的变形来明确卸货费用由谁来负担。CIF、CFR 术语的变形相同。

① CIF Liner Terms（CIF 班轮条件），卸货费由支付运费的一方（卖方）负担。

② CIF Landed（CIF 卸到岸上），卖方负担将货物卸到目的港岸上的费用，包括驳船费和码头费。

③ CIF Ex Tackle（CIF 吊钩交货），卖方负责将货物从船舱吊起，卸离吊钩。如果船舶靠不上码头，那么应由买方自费租用驳船，卖方只负责将货卸到驳船上。

④ CIF Ex Ship's Hold（CIF 舱底交货），买方负担将货物从舱底吊卸到码头的费用。

> **课堂思考**
>
> 贸易术语变形仅为了明确买卖双方关于装船费或卸货费用和手续的划分，并不改变交货地点和风险划分的界限。按 CIF Landed Singapore 成交，卖方要负担货物在新加坡港的卸货费及进口报关费吗？

小结：

FOB、CFR 和 CIF 是装运港交货的 3 种常用贸易术语，仅适用于海运及内河水运。这 3 种贸易术语，买卖双方在货物交接方式、交货地点和风险划分的界限方面是完全相同的，在买卖双方承担的运输、保险责任和费用方面有所不同，具体见表 1-4。

表 1-4　FOB、CFR、CIF 术语的异同点

相同点	适用的运输方式相同：仅适用于海运及内河水运 风险划分的界限相同：装运港船上 卖方承担的风险相同：FOB＝CFR＝CIF 交货地点相同：出口国装运港 交货形式相同：都是象征性交货，都是"单据买卖" 办理进出口手续的责任人相同：卖方办理出口报关手续，买方办理进口报关手续
不同点	卖方承担的责任和费用不同：CIF＞CFR＞FOB 以装运港船上为界，FOB 还需要"扶一把"（以获得清洁提单），CFR 还需要"送一程"（租船订舱支付通常运费），CIF 还需要"保一段"（投保运输保险）

4. FCA

Free Carrier（…named place），即货交承运人（……指定地点），是指买方自负费用订立从指定地点装运货物的运输合同并及时通知卖方有关承运人的名称和交货的时间。卖方必须在合同规定的期限内，在指定的地点将货物交给买方指定的承运人，及时通知买方，负责办理出口手续，承担货交承运人之前的一切风险和费用。

按照 FCA 术语达成的合同，买卖双方各自承担的义务见表 1-5。

表 1-5　FCA 术语下买卖双方各自承担的义务

义　务	当　事　人	
	卖　方	买　方
基本责任	交货（给承运人）并通知买方、移交单据	付款、接收单据、提货
通关及费用	办理出口清关、支付相关费用	办理进口清关、支付相关费用
运输及费用		办理运输并通知卖方、支付运费
保险及费用		办理保险、支付保险费
风险及费用划分	承担货物在指定地点交给承运人之前的一切风险和费用	承担货物在指定地点交给承运人之后的一切风险和费用

采用 FCA 术语时，应注意以下几点。

（1）货物交付和风险转移问题

《2020 年通则》对在 FCA 术语下装货和卸货的义务做了明确的规定：若在卖方所在地交货，卖方负责将货物装上买方指定承运人的运输工具上；若在任何其他指定地交货，卖方不负责将货物从其送货运输工具上卸下。

卖方将货物置于承运人处置之下时，即完成了交货义务，货物灭失或损坏的风险即转移至买方。

（2）卖方代办运输问题

FCA 合同的买方必须自负费用订立运输货物的合同。但是，如果买方提出请求，或买方在与承运人订立运输合同时（如在铁路或航空运输的情况下）需要卖方提供协助的话，卖方

可代为安排运输，但有关费用和风险由买方负担。如卖方不愿按买方的请求或协助买方订立运输合同，则必须及时通知买方，以便买方另做安排。

（3）货物集合化的费用负担问题

FCA 与 FOB 一样，在完成交货义务之前发生的一切费用都须由卖方负担。而在采用 FCA 术语的实际业务中，货物大都做了集合化或成组化（Cargo Unitization）。例如，装入集装箱或装上托盘。因此，卖方应将货物集合化所需的费用也计算在价格之内。

5. CPT

Carriage Paid to（…named place of destination），即运费付至（……指定目的地），是指卖方自负费用订立将货物运至指定目的地的运输合同，在约定地点、规定期限内，将货物交给第一承运人监管，及时通知买方，负责办理出口手续，并承担货物交第一承运人以前的一切费用和风险。

买方在上述指定地向承运人收取货物，除支付货款外，还须支付除运费以外的有关货物在运输途中直至到达目的地为止的一切费用和卸货费用以及进口税捐，另须承担货物交给第一承运人后的一切风险。

CPT 术语下，买卖双方之间的责任和费用划分介于 FCA 和 CIP 术语之间。

6. CIP

Carriage and Insurance Paid to（…named place of destination），即运费、保险费付至（……指定目的地），是指卖方自负费用订立将货物运至指定目的地的运输合同，自负费用办理货物运输保险，在约定地点、规定期限内，将货物交给第一承运人监管，负责办理出口手续，并承担货物交第一承运人以前的一切费用和风险。

按照 CIP 术语达成的合同，买卖双方各自承担的义务见表 1-6。

表 1-6 CIP 术语下买卖双方各自承担的义务

义务	当事人	
	卖方	买方
基本责任	交货（给承运人）并通知买方、移交单据	付款、接收单据、提货
通关及费用	办理出口清关、支付相关费用	办理进口清关、支付相关费用
运输及费用	办理运输、支付运费	
保险及费用	办理保险、支付保险费	
风险划分	承担货物在指定地点交给承运人之前的一切风险	承担货物在指定地点交给承运人之后的一切风险

CIP 保险条款调整为必须符合协会货物保险条款（A）或一切险的承保范围。

小结：

FCA、CPT 和 CIP 这三种贸易术语适用于包括多式联运在内的任何运输方式。它们都属于象征性交货，以这三种术语达成的合同也都属于装运合同，都以"货交承运人"作为风险划分的界限。

FCA、CPT 和 CIP 三种术语的区别主要体现在买卖双方办理运输、保险责任和支付运费、保险费方面。

可以把 FCA、CPT 和 CIP 看作 FOB、CFR 和 CIF 从海运向各种运输方式的延伸，这两类贸易术语之间有以下三个共同点。

1）都是象征性交货，相应的买卖合同为装运合同。

2）均由出口方负责出口报关，进口方负责进口报关。

3）买卖双方所承担的运输、保险责任互相对应，即 FCA 和 FOB 相同，由买方办理运输和保险；CPT 和 CFR 相同，由卖方办理运输，买方办理保险；而 CIP 和 CIF 相同，由卖方办理运输和保险。

这两类贸易术语的主要不同点在于：

1）适用的运输方式不同。FCA、CPT、CIP 适合于各种运输方式，包括多式联运，其承运人可以是船公司、铁路局和航空公司，也可以是安排多式联运的联合运输经营人；而 FOB、CFR、CIF 只适用于海运和内河水运，其承运人一般只限于船公司和船代、货代。

2）风险划分点不同。FCA、CPT 和 CIP 方式中，买卖双方风险和费用的责任划分以"货交承运人"为界，而 FOB、CFR 和 CIF 则以"装运港船上"为界。

3）装卸费用负担不同。FCA、CPT 和 CIP 均由承运人负责装卸，不存在贸易术语变形的问题，而 CFR、CIF 术语通过贸易术语变形来规定卸货费用。

4）运输单据不同。在 FOB、CFR 和 CIF 术语下，卖方一般应向买方提交已装船清洁提单。在 FCA、CPT 和 CIP 术语下，视不同的运输方式，卖方可能分别提交提单（或海运单）、铁路运单、公路运单、航空运单或多式联运单据。

案例分析：CIF 或 CIP？——通过一则案例看产品出口中贸易术语的选择

> 5月，美国某贸易公司（以下简称进口方）与我国江西某出口公司（以下简称出口方）签订合同购买一批日用瓷具，价格条件为 CIF LOS ANGELES，支付条件为不可撤销的跟单信用证，出口方需要提供已装船提单等单证。出口方随后与宁波某运输公司（以下简称承运人）签订运输合同。8月初出口方将货物备妥，装上承运人派来的货车。途中发生了车祸，导致两箱货物受损，进口方坚持要求全部降价。最终出口方做出让步，受振荡的两箱降价 2.5%，其余降价 1.5%，损失共计 15 万美元。
>
> 事后出口方向承运人就有关损失提出索赔。经多方协商，承运人最终赔偿出口方 5.5 万美元。出口方实际损失 9.5 万美元。
>
> 上述案例中，如果出口方采用 CIP 术语，风险在货交承运人时即转移，后续的损失应该由进口方承担，出口方就不会遭受损失了。

7. EXW

EX Works（…named place），即产地交货（……指定地点），是指卖方在其所在地或其他指定地点（如工厂、车间或仓库等）将货物交给买方处置时，即完成交货。按此贸易术语成交，卖方不需要将货物装上任何前来接收货物的运输工具，也无须办理出口清关手续。除另有约定外，买方应承担自卖方的所在地受领货物时起的全部费用和风险。因此，EXW 术语是卖方承担责任、费用和风险最小的一种贸易术语。该术语适用于各种运输方式。

如买方不能直接或间接地办理出口手续，则不应使用该术语，而应使用 FCA 术语。

8. FAS

Free Alongside Ship（…named port of shipment），即装运港船边交货（……指定装运港），是指卖方在指定的装运港将货物交到买方指定的船边，即完成交货。买卖双方负担的风险和费用均以船边为界。该术语仅适用于海运和内河水运。

应由卖方自负费用和风险，取得出口许可或其他官方证件，在需要办理出口海关手续时，办理货物出口的一切海关手续，并缴纳出口关税以及其他费用。

9. DAP

Delivered at Place（…named place of destination），即目的地交货（……指定目的地），是指卖方在指定目的地将仍处于抵达的运输工具上可供卸载的货物交由买方处置时，即完成交货。卖方承担将货物运送到指定目的地的一切费用和风险。

由于卖方承担在特定地点交货前的风险，特别建议双方尽可能清楚地订明指定的目的地的交货地点。建议双方订立的运输合同与所做选择确切吻合。如果卖方按照运输合同在目的地发生了卸货费用，除非双方另有约定，卖方无权向买方要求偿付。

10. DPU

Delivered at Place Unloaded（…named place of destination），即目的地卸货后交货（……指定目的地），是指卖方在指定的目的地从运送工具上把货卸下，交由买方处置即完成交货，风险转移给买方。DPU 适用于铁路、公路、空运、海运、内河水运或者多式联运等任何运输方式。卖方承担将货物运至指定目的地的运输风险和费用（除进口费用外），包括货物运输以及卸货的风险。

11. DDP

Delivered Duty Paid（…named place of destination），即完税后交货（……指定目的地），是指卖方在指定的目的地将仍处于抵达的运输工具上，但已完成进口清关手续，且可供卸载的货物交由买方处置时，即完成交货。卖方承担将货物运至目的地的一切风险和费用，办理进口清关手续，缴纳进口税费。所以，DDP 术语是卖方承担责任、费用和风险最大的一种术语。

在需要进口许可证的时候，如果卖方不能直接或间接地取得进口许可证，则不能使用本术语。如果当事人希望买方承担所有进口清关的风险和费用，则应使用 DAP 术语。

DDP 和 DPU 术语的最大区别在于：DDP 是出口方负责进口清关手续，DPU 是进口方负责进口清关手续；DDP 是买方负责卸货费用和风险，DPU 是卖方负责卸货费用和风险。

小结：

目的地交货的贸易术语共有 DAP、DPU 和 DDP 三种，采用这三种术语成交的合同为到达合同（Arrival Contract）。按这些术语成交时，卖方要负责将货物安全、及时地运达目的地，实际交给买方处置，才算完成交货。卖方要承担货物运至该地点之前的一切风险和费用。可见，在这些术语条件下，卖方所承担的风险要大于前面各种术语。

《2020 年通则》中的 11 种贸易术语对照表见表 1-7。

表 1–7 《2020 年通则》中的 11 种贸易术语对照表

贸易术语	交货地点	责任		费用		风险划分界限	出口报关责任与费用	进口报关责任与费用	适用的运输方式
		办理运输	办理保险	支付运费	支付保险费				
EXW	商品产地	买方	买方	买方	买方	买方受领货物起	买方	买方	任何运输方式
FCA	出口国内地、港口	买方	买方	买方	买方	货交承运人处置时起	卖方	买方	任何运输方式
FAS	装运港（出口国）	买方	买方	买方	买方	货交船边后	卖方	买方	海运和内河水运
FOB	装运港（出口国）	买方	买方	买方	买方	装运港船上	卖方	买方	海运和内河水运
CFR	装运港（出口国）	卖方	买方	卖方	买方	装运港船上	卖方	买方	海运和内河水运
CIF	装运港（出口国）	卖方	卖方	卖方	卖方	装运港船上	卖方	买方	海运和内河水运
CPT	出口国内地、港口	卖方	买方	卖方	买方	货交承运人处置时起	卖方	买方	任何运输方式
CIP	出口国内地、港口	卖方	卖方	卖方	卖方	货交承运人处置时起	卖方	买方	任何运输方式
DAP	进口国指定目的地	卖方	卖方	卖方	卖方	货物交买方处置时起	卖方	买方	任何运输方式
DPU	进口国卸货地	卖方	卖方	卖方	卖方	货物卸下交买方处置时起	卖方	买方	任何运输方式
DDP	进口国指定目的地	卖方	卖方	卖方	卖方	货物交买方处置时起	卖方	卖方	任何运输方式

1.4 知识拓展

1. 外贸业务员的岗位描述

外贸业务员的岗位职责主要包括以下几个方面。

1）市场开拓。负责公司产品的境外市场开拓，主要有市场调研、客户开发等。

2）产品出口。通过实地展会、网络平台等进行产品的线上线下推广，进行产品信息的发布、报价、客户跟进等。

3）商务沟通与洽谈。与客户进行有效的商务沟通，包括电话沟通、电子邮件沟通、视频会议沟通等，确保外贸合同顺利履行。

4）客户关系管理。为客户建档，负责维护客户关系，为客户提供迅捷、准确的服务和支持，接待来访、处理投诉等。

5）资料管理和报告撰写。负责相关业务工作的资料整理和归档，以及定期或不定期地撰写市场分析报告和工作汇报。

此外，外贸业务员通常需要具备以下条件：①对外贸行业感兴趣，具备良好的抗压能力，适应快节奏的工作；②了解进出口业务流程，熟悉外贸进出口业务环节；③熟悉公司的产品；④具备良好的英语听说读写能力，以便与外国客户进行有效的沟通和交流；⑤熟练运用各种办公软件；⑥具有良好的团队精神和沟通能力；⑦具有一年以上的外贸相关领域工作经验。

合理的工作安排有利于有条不紊地处理事务。表1-8所列为一位外贸业务员一天的工作安排。建议根据工作的轻重缓急和客户的时差来安排事务的先后，尽量在客户上班时间与客户高效沟通。

表1-8 一位外贸业务员一天的工作安排

序号	工作项目	工作内容	工作时长
1	收发处理邮件	上午和下午至少各1次，回复客户的询盘，跟进之前的邮件交流，对外报价，确认订单等	大约1h
2	推荐最新产品	给老客户或潜在客户推荐公司的最新产品，或推送客户可能感兴趣的产品	大约1h
3	订单执行跟进	跟进订单生产进度，安排发货，追款项，制作托运、报关报检等单据，及时处理相关问题	大约2h
4	发布产品信息	在各个商业网站和平台上发布产品信息，对社交平台上的营销内容进行更新，包括产品图片、短视频、产品关键词和联系方式等	大约1.5h
5	开发新客户	运用搜索引擎、社交媒体软件开发新客户，及时做好客户信息跟踪	大约1.5h
6	客户关系维护	根据客户所在国家的重要节日及客户的生日、纪念日等信息，及时给客户发送祝福信息，加深客户印象，提升客户的合作意向	大约0.5h
7	其他/整理表单工具	总结，更新相关表单工具（订单的文档整理，利用Excel整理客户信息，做好客户分类），包括当日已完成的和明日待做的工作事项等，查询汇率，向供应商询价等	大约0.5h

2. 实用英语

Anti-dumping Duty　反倾销税
Counter-vailing Duty　反贴补税
Entrepot Trade　转口贸易
Favourable Balance of Trade；Trade Surplus　贸易顺差（出超）
Foreign Trade Measure　对外贸易措施
Free Trade Area；Free Trade Zone　自由贸易区
Generalized System of Preference（GSP）普遍优惠制
International Chamber of Commerce（ICC）国际商会

International Trade Custom　国际贸易惯例
International Trade Practice　国际贸易惯例
Invisible Trade；Intangible Trade　无形贸易
Non-Tariff Barrier（NTB）　非关税壁垒
Shipment Contract　装运合同
Symbolic Delivery　象征性交货
Transit Trade　过境贸易
Unfavourable Balance of Trade；Trade Deficit　贸易逆差（入超）
Visible Trade；Tangible Trade　有形贸易

1.5 业务技能训练

1.5.1 自测习题

1. 翻译

1) International Trade _____ 2) INCOTERMS 2020 _____
3) Export _____ 4) Import _____
5) FOB _____ 6) CFR _____
7) CIF _____ 8) FCA _____
9) CPT _____ 10) CIP _____

2. 单选题

1) 一定时期内,当一国的进口总额大于出口总额时称为(   )。
   A. 贸易顺差   B. 贸易平衡   C. 贸易出超   D. 贸易入超

2) 中国广州出口一批货物给中国香港公司,中国香港公司又将这批货物卖给美国进口公司。这个贸易现象可称为中国对美国的(   )。
   A. 间接进口   B. 间接出口   C. 转口贸易   D. 直接出口

3) 根据《2020年通则》,若以CFR条件成交,买卖双方风险划分是以(   )为界。
   A. 货物交给承运人处置   B. 货物交给第一承运人处置
   C. 货物在装运港装上船后   D. 货物在目的港卸下船后

4) 《2020年通则》中买方责任最大的贸易术语是(   )。
   A. EXW   B. CIF   C. DAP   D. DDP

5) FCA/CIP术语下,办理保险者应为(   )。
   A. 买方/卖方   B. 卖方/买方   C. 买方/买方   D. 卖方/卖方

6) 我国某公司与英国一家公司以CFR LANDED的条件成交了一笔生意,按照国际惯例,这批货物在目的港的卸货费用应当由(   )来承担。
   A. 买方   B. 卖方
   C. 船方   D. 港务部门

7) 一集装箱在吊装上船过程中,因吊钩脱落砸落在船舷上后掉入海中。根据INCOTERMS 2020 CIF 上海,(   )应为此损失负责,如掉落在船上,(   )应为此损失负责。
   A. 卖方;卖方   B. 买方;买方   C. 卖方;买方   D. 买方;卖方

3. 判断题

1) 贸易术语变形在改变费用负担的同时,也改变了风险的划分点。   (   )
2) 按CIF伦敦成交,卖方负责将货物运输到伦敦交货给买方后,风险才转移给买方。   (   )
3) 按FCA、CPT和CIP术语成交,买卖双方风险的划分点是一样的。   (   )
4) FOB、CFR和CIF三种术语仅适用于海运和内河水运,而FCA、CPT、CIP三种术语适用于各种运输方式。   (   )
5) 以CIF条件成交的合同,当货物在海洋运输途中受损后,卖方有权凭符合合同规定的全套单据向买方索取货款。   (   )

6) 在 FOB、CFR 和 CIF 之后加注的港口名称有的是装运港，有的是目的港，但其交货地点都是装运港。（　　）

7) 按 CIF 术语成交，尽管价格中包含至指定目的港的运费和保险费，但卖方不承担货物必然到达目的港的责任。（　　）

1.5.2 课堂训练

1. 查找目前我国对哪些产品征收出口税。
2. 目前的外贸形势对公司产品的影响有哪些？我国采取了哪些鼓励出口的措施？
3. 简述 FOB、CFR、CIF 术语和 FCA、CPT、CIP 术语的区别。
4. 简述 FOB、CIF、CFR 的主要异同（风险划分点、费用划分点、运保费）。
5. 简述 CIF 贸易术语买卖双方的主要义务。
6. 填写表 1-9。

表 1-9　国际贸易术语买卖双方责任和费用一览表

术语	交货地点	风险划分	责任		费用			
			运输	投保	运费	保费	出口税	进口税
EXW								
FCA								
FAS								
FOB								
CFR								
CIF								
CPT								
CIP								
DAP								
DPU								
DDP								

7. 案例分析。

浙江 A 公司按 CFR 术语与美国客户签约成交，合同规定保险由买方自理。A 公司于 9 月 1 日凌晨 2 点装船完毕，受载货轮于当日下午起航。由于 9 月 1、2 日是周末，A 公司未及时向买方发出装船通知。3 日上班收到买方急电称：货轮于 2 日下午 4 时遇难沉没，货物灭失，要求 A 公司赔偿全部损失。请问美国客户要求是否合理？为什么？

1.5.3 实训操作

1. 常州天信外贸有限公司是我国最大的男式衬衫生产出口公司之一，公司生产各种档次、规格的男式衬衫，产品全部出口到欧美等地，与众多国外用户建立长期良好的合作关系。请查找近年来我国对男式衬衫出口政策方面的变化。登录国家税务总局网站，查找男式衬衫、牛仔布的出口退税率分别是多少。

2. 江苏天地木业有限公司是我国最大的木地板生产出口基地之一，公司生产各种档次、规格的复合地板，产品出口到世界各地，与众多国外用户建立了长期良好的合作关系。请在国家税务总局网站查找复合地板的出口退税率是多少。

3. 上网查询上月、上季度我国进出口商品的金额、国别地区、商品大类情况以及贸易差额。

任务 2　掌握国际贸易业务流程

知识目标

1. 熟悉贸易磋商的环节。
2. 掌握发盘、接受的构成条件。

能力目标

1. 掌握外贸公司的进出口贸易业务流程。
2. 熟悉询盘、发盘、还盘和接受等函电的写作。

素质目标

1. 培养学生跨文化交流沟通的能力。
2. 培养学生涉外商务谈判的礼仪素质。

任务 2　掌握国际贸易业务流程

导学

任务 2 导学

通过本任务的学习，掌握国际贸易业务的具体步骤。国际贸易合同签订和履约流程将在情境 2~4 中详细阐述。

本任务主要介绍贸易磋商的询盘、发盘、还盘和接受四个环节。其中，发盘和接受是达成交易、订立合同必不可少的环节。判断合同是否成立，关键在于发盘和接受两个环节是否存在和有效。

对照学习发盘与接受的生效条件、撤回，这样更容易理解。发盘可以撤销，接受不可以撤销。此外，还要注意还盘的性质以及逾期接受的效力，这往往是合同成立与否的争议所在。

2.1　任务描述与分析

1. 任务描述

一周后，孙潇等人已经大致了解了我国当前的对外贸易政策、措施。在这期间，陈明先生把上月刚出口到美国洛杉矶的一笔 8000 条裤子的业务流程详细讲解给孙潇等人，同时让他们熟悉该笔业务所有单据的副本。

7 月 10 日，陈明先生转给孙潇一份新加坡莱佛士贸易公司（以下简称莱佛士公司）有关求购服装信息的 E-mail（电子邮件），让孙潇与对方建立业务联系，吩咐王明联系供应商，询价并配合孙潇给莱佛士公司发盘。

2. 任务分析

外贸业务员必须熟练掌握国际贸易业务的流程，以确保国际贸易的顺利开展。

开发客户对外贸业务员来说至关重要，找到潜在的客户，建立业务关系仅仅是万里长征的第一步，随后进入询盘、发盘和还盘等磋商阶段。发盘、还盘和接受建立在对商品的成本核算以及对商品市场行情了解的基础上。

出口商品交易的实施过程包括货源采购、出运报关、运交买方三个基本阶段，其间产生的成本、费用是构成出口商品价格的主要因素。出口商品对外发盘，需要根据出口成本、国际市场价格和经营意图等多方面综合考虑。因发盘时有些费用尚未真正发生，即使已发生的费用，具体分摊也要经过一段时间，因此成本在拟订价格时很难确定，只能进行估算。

本任务仅介绍磋商的程序，具体的价格核算将在任务 6 中展开。

2.2 任务实施与心得

1. 任务实施

（1）完善公司网站的产品信息，加强网络推广

孙潇和万友等加入公司后，公司加大了产品在自建网站的推广力度，并在阿里巴巴国际平台上介绍公司，发布商品信息，让客户及时了解公司的生产能力和畅销产品。同时，万友每天也在网络上搜寻客户需求信息，一旦发现潜在客户，就立即写邮件介绍本公司，与之建立业务联系。

DEAR SIRS,

WE LEARNED FROM THE INTERNET THAT YOU ARE ONE OF THE MAJOR IMPORTERS OF TEXTILES AND GARMENTS IN YOUR COUNTRY. WE ARE WRITING TO ENTER INTO BUSINESS RELATIONS WITH YOU ON THE BASIS OF MUTUAL BENEFITS AND COMMON INTERESTS.

OUR CORPORATION IS A STATE-OWNED FOREIGN TRADE ORGANIZATION, DEALING IN THE IMPORT AND EXPORT OF TEXTILES AND GARMENTS. OUR PRODUCT IS OF FASHIONABLE DESIGN, COMFORTABLE FEELING AND HIGH QUALITY, WHICH ENJOYS HIGH REPUTATION BOTH IN AMERICA AND ASIA.

ENCLOSED IS OUR LATEST CATALOGUE. IF YOU HAVE SPECIAL REQUIREMENTS, PLEASE INFORM US.

LOOKING FORWARD TO YOUR PROMPT REPLY.

YOURS FAITHFULLY

MIKE

（SIGNATURE）

（2）联系供应商，掌握产品的相关信息

王明通过多种渠道了解当地的服装生产企业，建立和生产厂家的联系，了解服装的价格和交货期等第一手资料。供应商的报价如下：男式衬衫销售价格为每件 56.50 元左右，包含 13% 的增值税。

（3）参加广州交易会，回来后及时跟进

孙潇、万友和王明在陈明的带领下，参加了中国进出口商品交易会（广交会），在交易会上和莱佛士公司的 Lisa 进行了面对面的磋商。回来后，孙潇及时跟进，在对产品成本、利润核算后进行报价，并请对方关注本公司网站的其他产品。

2. 任务实施心得

（1）参加交易会的要点

参加交易会有助于促进贸易的达成，首先要熟悉产品，牢记产品的价格，尤其是款式较多的产品的价格。交易会时间紧、客流大，客户匆匆而过，如果不能对客户询价当场做出及时的回应，容易错失机会。其次，细致而快速地记录客户的要求，这是后期跟进的关键。展会期间，多准备名片用于散发，同时尽可能地收集客户的资料。此外，多参观同行的参展摊位，了解竞争对手的动态，与同行交流信息，结交朋友。

交易会上，待客要热诚周到。如果碰到几个客户同时访问的情形，注意先一一招呼到，再按照顺序一个个地谈，不可冷落了客户，但也尽量不要同时与几个客户洽谈。对于暂时不能洽谈的客户，先致歉，请他暂时自行参观或翻阅资料。需要注意的是，在打招呼的同时交换名片，因为有些客户会因为不愿等待而离开，给客户印有摊位号的名片便于他回头再来，收集他的名片便于主动联系。交谈的时候除了回应客户的询问，更应该主动了解客户的经营情况，以便日后推荐相关产品，增加贸易机会。如果时间充裕，气氛融洽，客户性格开朗，不妨闲聊一下以联络感情，但注意避免政治和宗教等敏感话题。

（2）邮件跟进

交易会上有时候可以当场得到订单，但更多的工作则要后期跟进。交易会回来以后，及时整理资料，对接触过的客户一一发邮件问候，确认询问事宜，补充更详细的产品资料，使客户的兴趣转化为实际的订单。

在开始阶段的邮件上，建议在标题栏写明公司的名称和邮件意图，如"To establish business relations""From Shanghai Dongxu I/E Co."，邮件内容应尽可能简要，不要随意粘贴照片或其他压缩文件，以免他人误以为藏有病毒而直接删除，或被服务器误认为是垃圾邮件而拦截。

和客户联系的过程中，一些巴基斯坦、伊朗、埃及等地的客户习惯使用英文大写字母写函电，我们也用大写；而针对欧美客户，在段落甚至标点上都比较正规，我们应特别注意段落对应，大小写区分清楚。

建议做一个表格，方便及时跟进，避免混淆不同的客户项目进度或忘记给客户写邮件。客户信息一览表见表2-1。

表2-1 客户信息一览表

序号	询盘日期	客户名称	联系方式	询价的产品	客户来源	国家（地区）	项目进度	备注

（3）报价技巧

在商务往来中，客户对某个产品询盘，卖方在报价后往往收不到回复。这时可以询问客户不回邮件的原因，并且间隔地给客户一些问候，主动提供最新的报价，推荐公司的新产品。

不同地区可以有不同报价。对于欧洲市场，报价可以高一点。对于中东市场，报价低一点，即使如此，也要留有余地。因为客户喜欢还价，要留有降价的余地。对于一些不常接触的国家的客户，反而可以报高一点。

2.3 相关知识

国际贸易业务流程主要包括交易前的准备、国际贸易合同的磋商以及合同的签订与履行三个阶段，具体流程如图 2-1 所示。

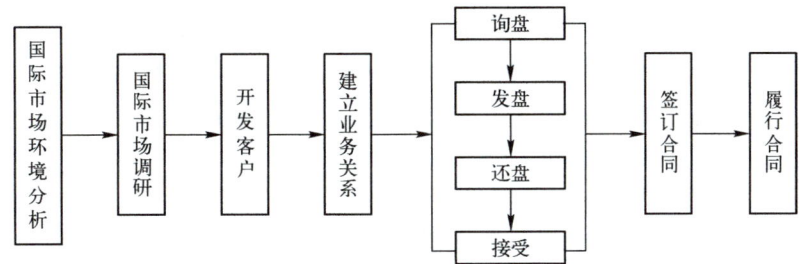

图 2-1　国际贸易业务流程

2.3.1 国际贸易业务的特点

国际贸易业务远比国内贸易业务复杂，具有线长、面广、环节多、难度大和变化快等特点。

1. 涉及法律的复杂性

国际贸易交易双方处在不同国家或地区，在洽商交易和履约过程中，会涉及不同的制度、政策措施、法律和惯例等复杂情况。

2. 中间环节多

国际贸易除交易双方当事人外，还涉及商检、运输、保险、银行、港口、税务和海关等部门，以及各种中间商和代理商。无论哪个环节出了问题，都会影响整笔交易的正常进行并引起法律上的纠纷。

3. 受外在因素的影响大

国际贸易易受宏观政策、经济形势和双边关系影响，尤其在国际局势动荡不安、市场竞争激烈、贸易摩擦愈演愈烈、外汇汇率剧烈波动、运费与货价多变的情况下，国际贸易的不稳定性更为明显，从事国际贸易的难度也相应增大。

4. 交易成本巨大

国际贸易由于交易双方地处遥远的两地，远距离的货物运输使得运输成本增加，由此导致货物损失风险加大，保险费大幅增加。

5. 高风险行业

国际市场多元化，国际贸易的从业机构和人员情况复杂，易产生欺诈，稍有不慎，就可能上当受骗、货款两空，蒙受严重的经济损失。

2.3.2 交易前的准备

交易前的准备工作主要包括国际市场环境分析、国际市场调研、开发客户及与客户建立业务关系四方面内容。

1. 国际市场环境分析

国际市场环境分析主要是调研相关国家或地区的政治法律环境、社会文化环境与商业习俗。

政治法律环境调研除了考虑目标市场国的政治稳定性、双边国家关系的变化、国际公约、国际惯例和各国的涉外法律外,还要重视别国可能出现的政治干预。例如,没收、征用和国有化、外汇管制、进出口管制、税收管制、价格管制、关税壁垒等。

各国社会文化环境的差异将直接或间接地影响产品的设计和包装、产品被接受的程度、信息的传递方式、分销渠道和促销措施等。对社会文化因素形成的消费习惯和消费心理必须加以适应,投其所好,避其所忌,才能成功。

各国商业习俗在接触级别、交谈的语言和手势特点、礼貌、时间观念、谈判重点等方面都存在极大的差异。例如,阿拉伯人的社交距离比美国人近;南美人在贸易谈判中握手的次数比美国人多;在美国,经理们愿意将外商请到家里来吃饭;在法国,交易双方的谈判要准时开始,迟到者往往要在室外久等之后才能进去。

2. 国际市场调研

国际市场调研是获取并分析与贸易有关的各种信息,预测国际市场行情,判定贸易的可行性,进而制订贸易计划。国际市场调研包括经济调研、市场调研和客户调研三个方面。

经济调研的目的在于对经济大环境的总体了解,对可能的风险和效益情况进行预估。对外贸易尽量在经济环境较好的国家或地区开展。

市场调研的目的在于确定该商品贸易是否具有可行性、收益性,主要调研当地市场的销售额、当地市场商品的竞争情况等。

 知识链接

> 从消费习惯来看,全球市场可大致分为美加(美国和加拿大)市场、西欧市场、日韩市场、东欧市场、中东市场和非洲市场等,每个市场的风格不同。一般来说,日韩市场特别是日本市场,偏爱精致、优质的产品,高、精、尖、小巧美观,喜好中国传统文化,一些具有民族特色的产品常能得到理解与欢迎,也能接受高价格,但数量一般不会太大;美加与西欧市场一般对品质要求适中,喜欢简洁流畅、新奇多变的产品风格,价格适中,数量比较大;中东市场对品质要求不高,对产品的审美方面较为朴实,价格低,数量比较大;非洲市场弹性最大,跨度较大,奢侈品和品质一般的产品都有一定的市场。

客户调研的目的在于了解欲交易客户的基本情况,包括它的历史、资金规模、经营范围、组织情况和信誉等级等总体状况,还包括它与世界各地(包括我国)其他客户开展贸易的历史和现状。在我国对外贸易实际业务中,常有因对客户情况不熟悉,匆忙与之交易造成重大损失的事件发生。

一般情况下,调研信息的主要来源如下。

1)一般性资料,如一国官方公布的国民生产总值、国际收支状况、对外贸易总量、通货膨胀率和失业率等。

2)国际组织发行的资料,如联合国的《国际贸易统计年鉴》、世界银行的《世界发展报告》、国际货币基金组织的《国际收支手册》、世界贸易组织的《国际贸易统计报告》《WTO 年度报告》,国际商会的成员名单及各成员资信方面的信息、当地的商业状况、贸易习惯等。

3)委托国外咨询公司进行行情调查。
4)通过我国外贸公司驻外分支机构和使领馆商务参赞处收集资料。
5)利用交易会、洽谈会和客户来华的机会了解有关信息。
6)派遣专门的出口代表团、推销小组等进行直接调研,获得第一手资料。
7)利用互联网获取信息。

3. 开发客户

外贸企业寻找客户的方法可以简单地概括为以下几类。

(1)专业展会

企业通过参加各类展览会、博览会、展销会接洽客户。参展前可发送大量邮件邀请客户在展会上面谈,通过海报、展板、样本、样品等与客户交换信息,为后期的联络工作做准备。有的客户甚至现场确认订单。

> **网站链接**
>
> 中国国际进口博览会 https://www.ciie.org/zbh/index.html
> 中国进出口商品交易会(广交会)https://www.cantonfair.org.cn/

(2)跨境电商平台

一方面,企业通过网站、搜索引擎优化、广泛发布销售信息等让本企业的信息到达网络的每个角落,以便客户第一时间发现;另一方面,企业通过 B2B(企业对企业电子商务)平台、黄页、搜索引擎等搜索潜在客户的公司网页,特别是联系方式,以此主动与客户取得联系。

我国外贸企业可以充分利用一些比较知名的电子商务平台开拓国际市场,网址如下。

阿里巴巴 https://www.alibaba.com/
中国制造网 https://cn.made-in-china.com/
环球资源网 https://www.globalsources.com/
纺织网 https://www.texindex.com.cn/
eBay(易贝)https://www.ebay.com/
亚马逊 https://www.amazon.com/
Shopee(虾皮)https://shopee.com/index.html
Wish 网 https://www.wish.com/
Lazada(来赞达)https://www.lazada.com/en/

(3)人际拓展

人际拓展即通过公共关系、朋友关系、客户关系的拓展,发掘潜在的客户。企业可以通过我国驻外使领馆的商务参赞处、代办处或国外驻华使领馆的商务参赞处、代办处、国内外各种商会、银行介绍客户。企业也可以通过在海外的朋友和老客户介绍新客户,这一点在外贸公司中比较普遍。

（4）各类媒体

通过报纸、电视、互联网等发布公司信息，以获取潜在客户信息。借助此类媒体，企业可以将公司信息直接投送到目标客户手中。企业也可以在展会期间通过平面媒体强化市场效果，比如在出租车的 LED（发光二极管）显示屏投放广告，在机场—酒店大巴车身甚至乘客座位的头枕上印广告等。通过互联网获取客户资料，通过社交媒体开发客户成为互联网时代外贸人的日常重要工作。

4. 与客户建立业务关系

建立业务关系的函件一般包括下列内容。

1）信息来源，即取得对方资料的渠道，如通过他人介绍、网上信息等。

【例2-1】WE LEARNED FROM THE COMMERCIAL COUNSELOR'S OFFICE IN YOUR COUNTRY THAT YOU ARE INTERESTED IN CHINESE HANDICRAFT.

【例2-2】WE HAVE OBTAINED YOUR NAME AND ADDRESS FROM THE INTERNET.

2）言明去函目的，如扩大交易范围、建立长期业务关系等。

【例2-3】IN ORDER TO EXPAND OUR PRODUCTS INTO SOUTH AMERICA, WE ARE WRITING TO YOU TO SEEK POSSIBILITIES OF COOPERATION.

【例2-4】WE ARE WRITING TO YOU TO ESTABLISH LONG-TERM TRADE RELATIONS WITH YOU.

3）本公司情况，包括公司性质、业务范围、宗旨及公司经营优势等。

【例2-5】WE ARE A LEADING COMPANY WITH MANY YEARS' EXPERIENCE IN MACHINERY EXPORT BUSINESS.

【例2-6】WE ENJOY A GOOD REPUTATION IN THE CIRCLE OF TEXTILES.

4）产品介绍，分两种情况：一是明确对方需求时，宜选取某类特定产品，进行具体的推荐；二是不明确对方需求时，宜对企业产品整体情况做笼统介绍（最好附上商品目录、报价单或另寄样品供对方参考）。

【例2-7】ART. NO. 76 IS OUR NEWLY LAUNCHED ONE WITH SUPER QUALITY, FASHIONABLE DESIGN, AND COMPETITIVE PRICE.

【例2-8】TO GIVE YOU A ROUGH/GENERAL IDEA OF OUR PRODUCTS, WE ARE AIRMAILING YOU UNDER SEPARATE COVER OUR CATALOGUE FOR YOUR REFERENCE.

5）激励性结尾，即希望对方给予回应或采取行动。

【例2-9】YOUR COMMENTS ON OUR PRODUCTS OR ANY INFORMATION ON YOUR MARKET DEMAND WILL BE HIGHLY APPRECIATED.

【例2-10】WE ARE LOOKING FORWARD TO YOUR SPECIFIC INQUIRIES.

小技巧

1. 邮件标题栏的技巧

外商在收邮件时先看的是"发件人"栏和"标题"栏，所以标题非常重要。

标题应该直接写成外商求购的商品名称，前后不要加任何语言及规格，这样外商看起来一目了然。

切忌空白标题和中文标题。经验证明：凡是空白标题的文件都极易被删除。只有极少数外商懂中文，而且一些外商的邮箱不能识别中文字符，会出现乱码。

切忌长话标题。有些人习惯把邮件标题写成一句话，其实很多外国人都很反感此类邮件，邮件被删的可能性也很大。

切忌问候标题。有些人习惯把邮件标题写成问候语，如HELLO、HI等。这会让很多外国人怀疑这是垃圾邮件或病毒邮件而不敢冒险去打开它。

2. 邮件结尾和附件的规范

很多人在邮件最后只简单地写上自己的名字后就把邮件发给了客户。如果该客户是你第一次联系的新客户，则这样的邮件收尾就明显不够，一般要写上公司名称、所在部门及职务、电话、传真、网站等。这样既可以让收件人更方便地联系到写信人，也给别人一种专业的感觉。

如有附件，请在邮件中标明附件名称。附件中的图片名称应改为与内容相关的名称，而不是笼统的001、002等，以方便客户下载后查找。

2.3.3 国际贸易合同的磋商

国际贸易合同的磋商形式包括口头谈判和书面谈判两种。一般来说，口头谈判和书面谈判都可以分为询盘、发盘、还盘和接受四个环节。其中，**发盘和接受是达成交易、订立合同必不可少的环节。**

2.3.3 国际贸易合同的磋商

1. 询盘

询盘（Enquiry）是指卖方为了出售或者买方为了购买某种商品而向对方发出的有关交易条件的询问。实践中，询盘一般是向不特定的相对方发出，其内容可以包括一项或多项交易条件，往往以询问价格者居多，故也有人称之为询价。

根据发出主体的不同，询盘分为两种：一种是买方询盘，由买方向不特定的卖方发出；另一种是卖方询盘，由卖方向不特定的买方发出。

【例 2-11】欲购中号T恤1500打，请报最低价及最早装运期。（买方询盘）
WANT TO BUY MIDDLE-SIZE T-SHIRT 1500 DOZEN, PLEASE OFFER THE LOWEST PRICE AND THE EARLIEST DELIVERY.

【例 2-12】能够提供T恤2000打。（卖方询盘）
CAN SUPPLY T-SHIRT 2000 DOZEN.

> **小技巧**
>
> **询盘对于买卖双方都不具有法律约束力，也非交易磋商的必经程序。** 但在实际业务中，它很可能是一笔业务的源头。应根据客户的不同，按照轻重缓急将每天收到的买家询盘进行分类。对老客户的询盘直接回复就行；对新客户有必要进行仔细分析，尽量在网上搜索一下买方公司规模、产品，通过分析了解清楚买家的意图、采购兴趣、公司实力等详细情况。总之，对买家的要求了解越多，回复就越能够引起买家的注意和兴趣。最后，根据客户的邮件风格回复邮件，如果客户是轻松的风格，就用轻松的语气写邮件，如果客户的邮件比较严谨，就用严谨的语气回答，同时介绍自己公司的规模。

> 一般来说，回复邮件一般分为三段：第一段是问候语；第二段回答客户问题，包括价格、包装、发货期限等；第三段是结尾和签名。

2. 发盘

发盘（Offer）也称报价，在法律上称为"要约"，是买卖双方中的一方向特定的对方提出各项交易条件，并愿意按这些条件达成交易、订立合同的一种意思表示。《公约》认为，向一个或一个以

发盘

上特定的人提出的订立合同的建议，如果内容十分确定并且表明发盘人在得到接受时将承受约束的意思表示，即构成发盘。

【例2-13】SUPPLY MIDDLE-SIZE T-SHIRT 100 CARTONS, 20 DOZEN TO A CARTON, FIFTY U.S. DOLLARS PER DOZEN CIF LONDON DECEMBER SHIPMENT, IRREVOCABLE SIGHT L/C SUBJECT REPLY REACHING US FIFTEENTH.

在实际业务操作中，发盘多为卖方发出，称为售货发盘；如果是买方发出，则可称为购货发盘或递盘（Bid）。

（1）发盘的构成条件

依据《公约》的规定，一项有效的发盘必须同时具备以下四项要件。

1）**发盘的相对方为一个或一个以上特定的人。**"特定的人"是指在发盘中指明个人姓名或企业名称的受盘人。日常生活中常见的商业广告、商品价目表及宣传品，由于其不是向"特定的人"发出的，因此不构成发盘，仅视为"发盘邀请"。

2）**发盘的内容十分确定。**《公约》中明确规定，一项订立合同的建议，如果标明货物并且明示或暗示地规定数量和价格，或规定如何确定数量和价格，即为十分确定。但是，为了避免纠纷，在实际业务中，最好将品名、品质、数量、包装、规格、装运和支付条件等主要合同条款均在发盘中列明。

3）**表明发盘人将受其约束。**发盘人应在发盘中明确向对方表示，愿意按发盘中所述的确定条件与对方订立合同。如果是发盘人想就某些交易条件同对方进行协商，而没有受其约束的意思，如附有"以我方最后确认为准"或"我方有权先售"等保留条件，其就不能被认为是一项有效的发盘，只是一种虚盘。

4）**传达到受盘人。**发盘必须传达到受盘人才生效。不论什么原因导致发盘未能到达受盘人，该发盘均无效。

拓展阅读：报价单与价格表

在商业交易中，报价单和价格表是非常重要的文件，能够帮助双方更好地了解产品的价格和细节。

面对进口商的采购需求，出口商大多以报价单或价格表的形式对外报价。一般认为报价单、价格表对买卖双方没有约束力，属于发盘邀请。但是如果满足发盘的条件，就应该归为实盘。

报价单（Quotation Sheet）的内容包括货物名称、品质规格、数量、包装、单价、交货期、支付条件等，多适用于规格复杂或花色品种繁多的货物，如机械零配件、轻工日用品、纺织品、五金工具等。有时，报价单的内容还包含保修条款、退货条款、违约责任条款等信息。如

果产品需要进行安装或调试，报价单应该说明是否包含这些服务，以及费用是如何计算的。

价格表（Price List）也称价目表，包括货物名称、品质规格及单价等项目。价格表多适用于轻工日用品的交易。

（2）发盘的有效期

发盘的有效期是指可供受盘人对发盘是否做出接受的时间限制。在发盘的有效期内，发盘人要受发盘的约束，不得随意撤销；超过有效期，发盘就失效了。**受盘人的接受必须在发盘的有效期内做出**。在实际业务中，发盘有效期的规定通常有以下三种方法。

第一种是明确规定发盘的有效期，规定最迟接受期限或规定一个时间段。该种情况下的发盘自其送到受盘人时生效，到规定的有效期结束时终止。

例如，发盘……限3月20日复到。（SUBJECT TO MARCH 20.）

发盘7日内复有效。（VALID IN 7 DAYS.）

第二种未明确规定发盘有效期。该种发盘并非永久有效，根据《公约》第18条的规定，受盘人在这种情况下必须在合理时间内做出接受的意思表示，否则接受无效。但是，对"合理时间"的解释各国法律有所差异，难以做出明确统一的解释。因此，为了避免产生纠纷，应尽量避免使用该种规定方法。

第三种是口头发盘的有效期。依《公约》规定，采用口头发盘的，除发盘人发盘时另有声明外，受盘人只能当场表示接受才有效。在我国一般不采用口头发盘方式。

（3）发盘的撤回与撤销

发盘在一定情形下可以撤回和撤销，具体见表2-2。

表2-2 发盘的撤回与撤销的比较

	发盘的撤回	发盘的撤销
概念	发盘人在其发盘送达受盘人以前，将该项发盘取消的行为	发盘人将已经送达受盘人的发盘取消的行为
《公约》规定	发盘在送达受盘人之前，如果发盘人改变主意，可以将其撤回，但发盘人必须将撤回通知于发盘送达之前或与发盘同时送达受盘人	已经被受盘人收到的发盘，如果撤销通知在受盘人发出接受通知前到达受盘人，可以撤销
不得撤回或撤销的情形	在实践中，由于贸易双方多用传真和电子邮件等比较快捷的方式进行发盘，撤回基本上无法实现	发盘已规定有效期或以其他方式表明不可撤销的；受盘人有理由信赖该发盘是不可撤销的，并已采取行动或已回复接受

> **课堂思考**
>
> 杭州A公司于周一上午10点以电传方式向英商发盘，公司原定价格为每单位2000英镑CIF伦敦，由于经办人员失误，错报为每单位2000美元CIF伦敦。① 如果当天下午2点发现问题，如何处理？ ② 如果第二天上午9点发现问题时，客户尚未接受，如何处理？ 按照《公约》的规定进行解释。（假设发盘传至对方需要10 h）

（4）发盘的终止

发盘的终止也称为发盘的失效，是指已经生效的发盘失去法律效力。发盘的终止对于发盘人来说，他不再受该发盘约束，对受盘人来说，他也失去了接受该发盘的权利。

如果受盘人对已经失效的发盘表示接受，不能使合同成立，只能视为新的发盘，必须经原发盘人接受后合同才能成立。

在实践中,引起发盘终止的事由主要有以下几种。

1)受盘人做出还盘或拒绝。

2)发盘人依法撤销发盘。

3)发盘的有效期届满,或发盘虽未规定有效期,但已经超出合理时间范围,发盘人仍未收到受盘人的答复。

4)因发生了某些特定情况而依法失效,如发盘人在发盘被接受前丧失了行为能力或被正式宣告破产,发盘中的商品被政府宣布禁止进出口等。

3. 还盘

受盘人在接到发盘后,不能完全同意发盘的内容,对发盘提出修改意见,用口头或书面形式表示出来,就构成还盘(Counter Offer)。

还盘的形式并不固定,有的明确使用"还盘"字样,有的仅在内容中表示对发盘的修改意见。还盘是对发盘的拒绝,**还盘一经做出,原发盘即失去效力**,发盘人也不再受其约束,**该还盘即成为一个新的发盘**。买卖双方可以多次往复还盘,讨价还价,直至接受或谈判破裂。

【例 2-14】你方 10 月 8 日的发盘,如果改为付款交单,我们就可以接受。
YOUR OFFER OF OCT. 8 ACCEPTABLE IF PAYMENT BY D/P.

【例 2-15】我们认为你方的发盘要价过高,我们很难接受。
WE THINK YOUR OFFER IS TOO HIGH, WHICH IS DIFFICULT FOR US TO ACCEPT.

4. 接受

接受(Acceptance)在法律上称为"承诺",指交易的一方在接到对方的发盘或还盘后,以声明或行为的方式向对方表示同意。接受和发盘一样,既属于商业行为,也属于法律行为。

接受

【例 2-16】我方接受"红星"牌手套 2000 打,每打 HK $3.50 CIF LONDON,7 月底前装运,不可撤销即期信用证支付。
WE ACCEPT "RED STAR" GLOVES 2000 DOZEN HK $3.50 PER DOZEN CIF LONDON SHIPMENT DURING JULY PAYMENT IN SIGHT IRREVOCABLE L/C.

(1)接受的构成条件

根据《公约》的解释,构成有效的接受要具备以下四项条件。

1)**接受必须是由受盘人做出**。受盘人以外的其他人对发盘表示同意,不能构成接受。发盘的构成条件中要求必须向特定的人发出,即表示发盘人愿意按发盘的条件与受盘人订立合同,但并不表示他愿意按这些条件与任何人订立合同。因此,接受也只能由受盘人做出,才具有法律效力。

2)受盘人表示接受,要采取声明的方式即以口头或书面的声明向发盘人明确表示。另外,还可以用行为表示接受。

3)接受的内容要与发盘的内容相符。

4)接受的通知要在发盘的有效期内送达发盘人。

(2)接受内容的变更

接受必须是同意发盘所列的全部交易条件,也就是说,接受的内容必须与发盘的内容相一致。如果受盘人在接受时添加了一项或几项条件,对发盘做出了变更,从法律角度来讲,就不构成有效的接受。实际上,这种对发盘内容有所变更的接受是还盘的一种形式。

在实际业务中，如果对发盘添加的不同条件在实质上并不变更该项发盘的条件，除发盘人在不过分延迟的期间内以口头或书面通知反对外，仍构成接受。"实质"性变更是指有关货物的价格、付款、货物的质量和数量、交货时间和地点。一方当事人对另一方当事人对赔偿的责任范围或解决争端方法的改变，也视为实质上变更发盘条件。

（3）接受的撤回

根据《公约》的规定，**接受可以撤回**，但撤回通知必须以在接受生效之前或与接受通知同时到达发盘人为限。但是**接受不得撤销**，因为接受生效后，合同已经成立，此时撤销接受在实质上已属毁约行为。

（4）逾期接受

在国际贸易中，由于各种原因，导致受盘人的接受通知有时会晚于发盘人规定的有效期送达，这在法律上称为"迟到的接受"或"逾期接受"（Late Acceptance）。对于这种迟到的接受，发盘人不受其约束，不具法律效力。但也有例外的情况，《公约》第21条规定，逾期接受在下列两种情况下仍具有法律效力。

1）发盘人毫不迟延地用口头或书面的形式通知受盘人认可逾期接受。

2）如果载有逾期接受的信件或其他书面文件表明，在传递正常的情况下是能够及时送达发盘人的，那么这项逾期接受仍然具有接受的效力，除非发盘人毫不迟延地用口头或书面方式通知受盘人，明确表示该发盘已经失效。

> **小技巧**
>
> 逾期接受是否有效取决于发盘人如何表态，主动权在发盘人一方。因此，发盘人在收到逾期接受后，无论接受还是拒绝，都应立即给对方明确答复。这样使自己处于主动地位，避免今后产生纠纷。

2.3.4 合同的签订与履行

经过交易磋商达成一致意见，双方一般会以书面形式签订合同。合同签订后，双方就进入履行合同的阶段。

1. 出口合同的履行

出口合同履行，指出口人按照合同的规定履行交货义务直至收回货款的整个过程。信用证支付方式下CIF出口合同的业务流程，一般包括备货、催证、审证、改证、租船订舱、报关、办理保险、装船和制单结汇等步骤，如图2-2所示。

2. 进口合同的履行

进口合同履行，指进口人按照合同规定的义务履行付款义务直至提取货物的整个过程。信用证支付方式下FOB进口合同的业务流程一般包括开立信用证、租船订舱和催装、办理保险、审单和付汇、报关和接货、验收和拨交、进口索赔等环节，如图2-3所示。

2.3.5 业务善后

1. 国际收支网上申报

国际收支网上申报是国家外汇管理局为实现国际收支平衡管理信息系统的数据采集方功

能、促进申报主体自主申报推出的一种国际收支申报形式。申报主体通过国际收支网上申报系统对跨境收入交易进行申报，将原来的纸质申报方式改为电子申报方式，仅需要登录互联网就可以完成国际收支申报。

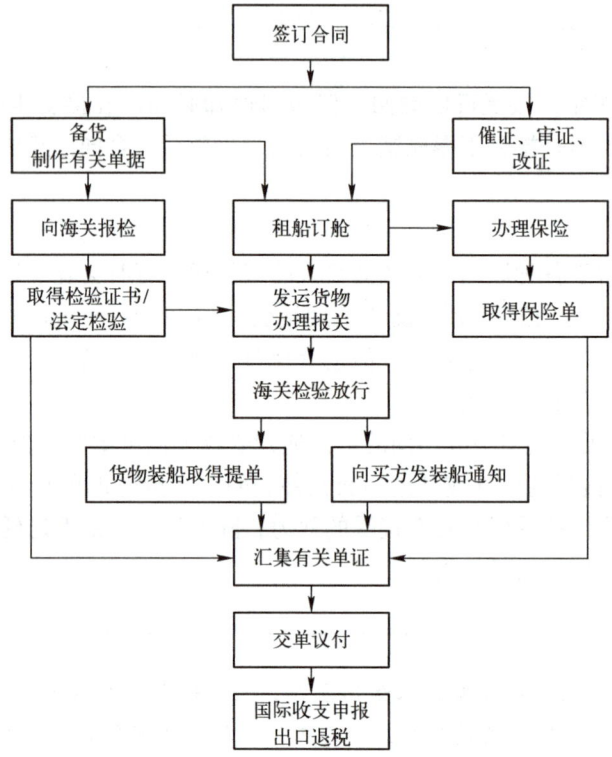

图 2-2　信用证支付方式下 CIF 出口合同的业务流程

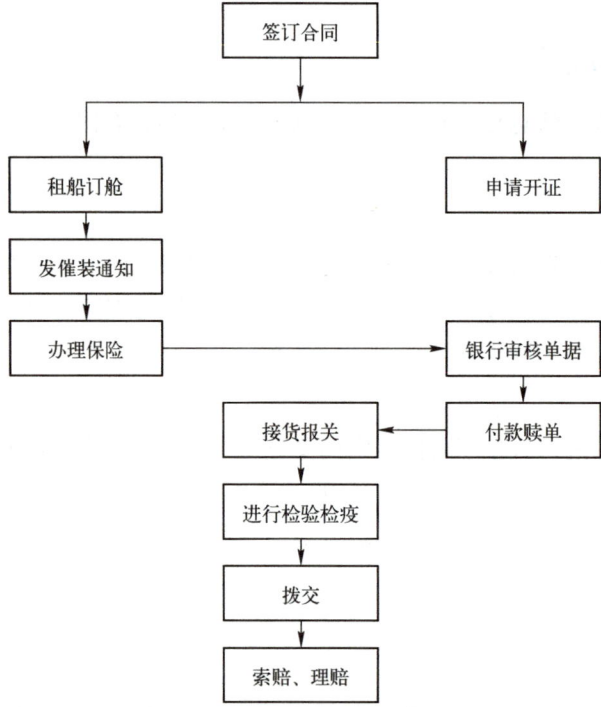

图 2-3　信用证支付方式下 FOB 进口合同业务流程

根据国际收支统计申报的及时性原则，发生涉外收入的申报主体，应在解付银行为其解付之日或结汇中转行为其结汇之日后 5 个工作日内，通过国际收支网上申报系统（企业版）完成涉外收入申报。

2. 出口退税

根据 WTO（世界贸易组织）规则，各成员可以对本国（本地区）出口产品实行退税，但退税的最大限度不能超过出口产品在国内（地区内）已征的税款。

出口退税（Export Rebate）是指对出口商品在出口前的生产和流通各环节已经缴纳的国内增值税或消费税等间接税税款，部分或全部退还给出口企业的一项税收制度，由出口企业所在税务局批准退还。出口退税是一项国际惯例，主要通过退还出口货物的国内已纳税款来平衡出口产品的税收负担，使本国产品以不含税成本进入国际市场，与国外产品在同等条件下进行竞争，从而增强竞争力。

3. 索赔与理赔

进出口贸易经常引发索赔的争议。索赔与理赔是一项政策性、法律性和技术性较强的工作。要处理好这项工作，必须熟悉国际惯例和国际法律，注意调查研究，弄清事实，分清责任，合理解决，做到有理、有利、有节。认真审核对方提交的单据和出证机构的合法性，对检验的标准和方法认真核对，以防对方串通检验机构弄虚作假。

业务员需要会同生产企业或货运公司对商品品质、包装、储运、备货、运输等方面进行分析，查清货物发生损失的环节、原因，并明确责任范围。如果属于船公司或保险公司的责任范围，应向船公司或保险公司索赔；如果确实属于自身的责任，应给予赔偿；如果不属于本公司的责任，要坚决拒绝对方的不合理索赔要求。

2.4 知识拓展

1. 包销

包销（Exclusive Sale）也称为独家经销，是指出口商（委托人）通过协议把某一种商品或某一类商品在某一个地区和期限内的经营权给予国外某个经销商。

出口商与包销商之间的关系是买卖关系。包销商赚取货物的进价与售价之间的差价。包销商从出口商处购进货物，自行销售、自负盈亏，承担货价涨落及库存积压的风险。

2. 代理

代理（Agency）是指出口商（委托人）授权国外代理人向其他中间商或用户，代表出口商销售其产品的一种贸易方式。

代理人与委托人之间的关系属于委托代理关系。代理人在代理业务中，只是代表委托人进行交易，他本身并不作为合同的一方参与交易。代理人不管交易的盈亏，只收取佣金。

根据出口商赋予代理商的特许经营权限，代理分为总代理（General Agency）、独家代理（Exclusive Agency 或 Sole Agency）、佣金代理（Commission Agency）三种类型。

3. 寄售

寄售（Consignment）是指出口商（委托人）先将货物运往寄售地，委托国外代销人（受委托人），按照寄售协议规定的条件，由代销人代替出口商进行销售。

代销人不负担风险与费用，一般不需要垫付资金，多销多得。寄售对代销人有利，适用于比较难以销售的产品。

4. 招标与投标

招标（Invitation to Tender）在国家政府机构、公用事业单位或国际经济组织采购大批物资、大型器材设备或援建项目中广泛采用。

招标是指招标人发出招标公告或招标单，提出准备买进商品的品种、数量和有关交易条件，邀请投标人在规定的时间、地点，按照一定的程序进行投标，然后招标人择优取标，达成商品交易的一种方式。

投标是指投标人应招标人的邀请，根据招标公告或招标单的规定条件，在规定的时间内向招标人递盘的行为。

5. 市场采购贸易方式

市场采购贸易方式是指符合条件的经营者在经国家商务主管部门认定的市场集聚区采购商品，单票报关单商品货值15万美元（含15万美元）以下，并在采购地办理出口商品通关手续的贸易方式。

市场采购贸易方式为专业市场"多品种、多批次、小批量"外贸交易创设，具有通关快、便利化、免征增值税等特点。

6. 跨境电子商务

跨境电子商务（Cross-border Electronic Commerce）简称跨境电商，是以电子商务进行的进出口贸易，是分属不同关境的交易主体通过电子商务平台将传统进出口贸易中的展示、洽谈以及成交环节电子化，并通过跨境物流送达商品、完成交易的一种国际商业活动。

跨境电商是传统国际贸易流程的电子化、数字化和网络化。对企业来说，跨境电商的出现为企业进入国际市场提供了便利，创造了更多的贸易机会，成为越来越多的企业，特别是中小企业深度开拓国际市场的新途径。对消费者来说，跨境电商的出现为直接购买境外物美价廉的商品提供了便利。

7. 实用英语

Book, Booking　订货，订购　　　　Invitation to Make Offer　发盘邀请
Bid　递盘　　　　　　　　　　　Pamphlet　小册子，刊物
Brochure　宣传小册子　　　　　　Quotation, Quote　报价
Customer, Client　顾客　　　　　Value Added Tax, VAT　增值税
Firm Offer　实盘　　　　　　　　Value-added Tax Invoice　增值税发票

2.5 业务技能训练

2.5.1 自测习题

1. 翻译

1）Inquiry ＿＿＿＿＿＿＿＿＿＿　　2）Offer ＿＿＿＿＿＿＿＿＿＿
3）Counter-offer ＿＿＿＿＿＿＿＿　4）Acceptance ＿＿＿＿＿＿＿＿
5）VAT ＿＿＿＿＿＿＿＿＿＿＿　　6）Validity ＿＿＿＿＿＿＿＿＿

2. 单选题

1) 交易磋商中，达成交易的两个必不可少环节是（　　　）。
   A. 询盘、接受　　B. 发盘、签合同　　C. 接受、签合同　　D. 发盘、接受

2) "你10日电我方接受，即开证，希尽早装运"这一电文属（　　　）。
   A. 询盘　　　　B. 发盘　　　　C. 还盘　　　　D. 接受

3) 根据《公约》的规定，合同成立的时间是（　　　）。
   A. 接受生效的时间　　　　　　B. 交易双方签订书面合同的时间
   C. 在合同获得国家批准时　　　D. 在发盘送达受盘人时

4) 某发盘人在其订约建议中有"仅供参考"字样，则这一订约建议为（　　　）。
   A. 发盘　　　B. 递盘　　　C. 发盘邀请　　　D. 还盘

5) 关于接受的生效，英美法系实行的原则是（　　　）。
   A. 投邮生效　　B. 签署日生效　　C. 到达生效　　D. 双方协商

6) 一方在报纸杂志或广播电视中所做的内容明确完整的商业广告属于（　　　）。
   A. 发盘邀请　　B. 询盘　　　C. 发盘　　　D. 还盘

7) 按照《联合国国际货物销售合同公约》的规定，接受于何时生效？（　　　）
   A. 合理时间　　　　　　　　B. 向发盘人发出时
   C. 送达发盘人时　　　　　　D. 发盘人收到后以电报确认时

8) 某项发盘于某月12日以电报形式送达受盘人，但在此之前的11日，发盘人以传真告知受盘人发盘无效，此行为属于（　　　）。
   A. 发盘的撤回　　B. 发盘的修改　　C. 一项新发盘　　D. 发盘的撤销

9) 发盘的撤回与撤销的区别在于（　　　）。
   A. 前者发生在发盘生效后，后者发生在发盘生效前
   B. 前者发生在发盘生效前，后者发生在发盘生效后
   C. 两者均发生在发盘生效前
   D. 两者均发生在发盘生效后

3. 判断题

1) 询盘与发盘都是达成交易的基本环节和必经的法律步骤，具有法律约束力。（　　　）

2) 某公司对外发盘，受盘人在有效期内来电表示接受，双方还未签订合同，该公司发现货源不可靠，交货有困难，因此可以不再签订合同，也不承担交货责任。（　　　）

3) 在交易磋商过程中，发盘都是由卖方做出的行为，接受都是由买方做出的行为。（　　　）

4) 在国际贸易中，订立合同只能以书面形式或口头形式表示，否则无效。（　　　）

5) 我国某公司向国外A公司发一实盘，在有效期内，A公司没有做出反应，而B公司却向我公司发出接受的通知。B公司的接受有效。（　　　）

6) 买方来电表示接受发盘，但要求将D/P即期改为D/P远期，此时合同成立。（　　　）

2.5.2 课堂训练

1. 简述国际贸易实际业务程序和出口合同的履行程序。
2. 构成发盘和接受的有效条件有哪些？分组讨论，以实际业务举例说明。

3. 案例分析。

A 向 B 发盘"蝴蝶牌缝纫机 JA-1 型 3000 架木箱装每架 62 美元 CFRC2%科威特 10 月装即期信用证限 6 日复到此地"。B 于 9 月 5 日回电："你 3 日电如 62 美元 CFRC3% D/P 即期接受。"A 对此未予答复，问双方合同是否成立？为什么？

2.5.3 实训操作

1. 2024 年 9 月 15 日，常州天信外贸有限公司从国外一个老客户那里得知加拿大客户 JAMES BROWN&SONS（以下简称 J. B. S 公司）要求订购型号 MQ791、MQ862 的男式衬衫。现在请你写一函电给 J. B. S 公司，以建立业务合作关系。

常州天信外贸有限公司
CHANGZHOU TIANXIN IMPORT & EXPORT CORP.
Room 2601，Changzhou International Trade Center
801 Yan Ling Road（w），Changzhou，Jiangsu　213001
TEL.：+86 519 86338175, FAX：+86 519 86338177

JAMES BROWN&SONS.
#304-310 JaJa Street，Toronto，Canada
TEL.：010-416-7709910, FAX：010-416-7701100

2. 2024 年 10 月 25 日，江苏天地木业有限公司收到美国现代公司的传真，要求订购木地板，现在请你回邮件，说明第二天给他们具体报价。

江苏天地木业有限公司
JIANGSU　TIANDI WOOD CO.，LTD
CUIBEI VILLAGE, HENGLIN TOWN, WUJIN DISTRICT, CHANGZHOU, JIANGSU
TEL.：0086-519-88507666
FAX：0086-519-88507777

MODERN　TRADE, INC.
66750 VOSE ST. NORTH HOLLYWOOD, CA 91605 USA
TEL.：001-323-8809066
FAX：001-323-2320388

3. 在中国制造网等相关网站上寻找男式衬衫、复合地板的生产厂家，进行询价比较，搜集这些产品的国内价格信息。

到常用的 B2B（企业对企业）、B2C（企业对顾客）网站上寻找男式衬衫、复合地板的国外客户，发出建立业务关系函，获取国外买家的意向购买价格。

情境 2　出口合同的磋商与订立

任务 3　订立合同的标的条款

知识目标

1. 熟悉表示商品品质的方法。
2. 了解溢短装条款的内容。
3. 掌握常用的计重方法和包装单位。

能力目标

1. 能够计算集装箱内所装货物的数量。
2. 能够正确确定运输标志。
3. 能正确订立出口合同的品质、数量、包装条款。

素质目标

1. 培养学生的对外贸易高品质发展理念、品牌立身意识。
2. 强化学生的品质意识、服务意识和责任意识。

任务 3　订立合同的标的条款

导学

良好的开端是成功的一半。国际货物贸易首先要选择畅销的商品，熟悉商品品质、包装等相关知识是一个外贸人员的基本功。

国际货物贸易首先需要在合同中明确商品名称、品质、数量和包装。这样方便合同履行，避免产生纠纷。

根据不同的商品选用恰当表示品质的方法（用样品或文字表示品质），品质条款要订有机动幅度或品质公差。

数量条款就是具体成交数量加计量单位。成交数量一般为 N 个集装箱所装商品的数量，所以先计算一个集装箱整箱所装商品的数量，同样为了履行合同的便利性，要订立溢短装条款。此外，还需要选择恰当的计量单位，考虑度量衡制度。

包装条款一般包括包装材料、包装方式、包装规格、运输标志等。

任务 3 导学

3.1 任务描述与分析

1. 任务描述

> 通过磋商，莱佛士公司有意向常信公司购买中国服装与玩具等日用消费品，第一笔订单希望先从服装开始。
>
> 由于是第一次和常信公司开展业务，莱佛士公司的试订单为一只40 ft[①]集装箱的服装，如果销售不错，以后再增加进口量。
>
> 常信公司的服装主要有均色均码和混色混码两种包装方式，孙潇已经和莱佛士公司的Lisa就具体业务磋商了一段时间。现在就具体出口服装的名称和品质、包装展开细致的讨论，准备拟订合同的品质条款、数量条款、包装条款。

2. 任务分析

合同的标的条款是国际货物买卖双方首先需要商定的条件，也是国际货物买卖合同中的重要条款。

品质条款一般包括商品的品名、规格、等级、品牌、标准以及交付货物的品质依据等。数量条款主要包括成交商品的具体数量、计量单位和溢短装条款等。按重量计算商品时，还需要明确计算重量的方法。包装条款主要包括包装材料、包装方式、包装规格、包装标志、包装费用和每件包装中所含物品的数量或重量等。

《公约》规定，卖方交付的货物必须与合同所规定的名称、品质、数量相符。如果卖方交货不符合约定的名称规定、品质条件，买方有权要求损害赔偿，也可以要求修理或交付替代物，甚至拒收货物和撤销合同。

如卖方交货数量大于约定的数量，买方可以拒收多交的部分，也可以收取多交部分中的一部分或全部，但应按合同价格付款。如卖方交货数量少于约定的数量，在允许分批交货的前提下，卖方可在规定的交货期届满前补交，但不得使买方遭受不合理的不便和承担不合理的开支，而且买方有保留索赔的权利。

如果卖方交付的货物未按约定的条件包装，或者货物的包装与行业习惯不符，买方有权拒收货物。

3.2 任务实施与心得

1. 任务实施

（1）订立商品的品质条款

双方经过一段时间的磋商，莱佛士公司准备先进口一批男式衬衫。孙潇于2024年7月15日给Lisa寄送了样品，男式衬衫样品编号为MP766。对方收到样品后，对品质进行了仔细检查，认可产品的品质。于是，双方在合同中约定的品质条款如下：

Men's cotton shirt, like original sample NO. MP766 sent on July 15, 2024.

[①] 1 ft = 0.3048 m，ft 即英尺。

(2) 订立商品的数量条款

一个 40 ft 的集装箱的体积大概是 67.7 m³，实际利用率为 80% 左右，所以一般可以装 55 m³ 的货物。每个纸箱尺寸为 50 cm×40 cm×80 cm，体积为 0.16 m³。⌊55÷0.16⌋ = 343（箱），每箱装 8 件衬衫，数量为 2744 件。为避免实际装箱时有误差，因此订立溢短装 5% 的幅度可以接受。

孙潇就服装的数量、颜色、尺寸等和 Lisa 取得了一致，在合同中签订数量条款见表 3-1。

订立商品的数量条款

表 3-1　QUANTITY（PCS）

	SIZE	WHITE	GREY	TOTAL
	M	343	343	686
Men's Cotton Shirt	L	343	343	686
	XL	343	343	686
	XXL	343	343	686
TOTAL		1372	1372	2744

注：2744PCS，5% more or less at seller's option.

(3) 订立商品的包装条款

双方同意包装采用混色混码，8 件装一只纸箱，订立包装条款如下：

8PCS per carton, assorted colors and sizes, per PC in polybag.

W×H×L：50×40×80

SHIPPING MARK：RTC
　　　　　　　CZCX2011180
　　　　　　　SINGAPORE
　　　　　　　NO. 1-343

2. 任务实施心得

(1) 正确选用表示品质的方法，品质条款要有科学性和合理性

一般来说，凡能用科学指标来说明商品品质的，可采用凭规格、等级、标准买卖；品质稳定、具有一定特色的名优产品，可采用凭商标或牌号、产地买卖；某些结构、性能复杂的机械产品，则采用凭说明书买卖；难以规格化、标准化的商品，则采用凭样品买卖。凭样品买卖时，应列明样品的编号、寄送日期，有时还要加列交货品质与样品"大致相符"等说明。

凡可用一种表示品质的方法，就不要采用两种或两种以上的方法，订得过于烦琐只会增加生产和交货的困难。在规定品质条款时，用词要简单、具体、明确，切忌使用"大约""左右""合理误差"等含糊的字眼，避免引起纠纷。

(2) 合理确定成交商品的数量，明确度量衡制度，避免误解

根据产能、进口市场规模等商谈每次成交的具体数量。如果采用集装箱运输，成交的商品数量一般应该正好满足集装箱整箱装运的需要，最大限度地利用装载空间，节省运输成本。如果数量太多或太少，采用拼箱装运，运费就昂贵了许多。

在数量条款中，对计量单位的规定，应该明确采用的度量衡制度，如以"吨"计量时，要订明是长吨、短吨还是公吨。对一些机械产品的螺纹，还要明确是英制还是公制。

(3) 明确包装条款，减少歧义与日后纠纷

如果由买方提供包装或包装物料，应明确规定买方提供包装或包装物料的时间，以及由于包装或包装物料未能及时提供而影响发运时买卖双方所负的责任。此外，还应明确填充物料及加固条件等。

按国际贸易惯例，运输标志一般由卖方决定，并无必要在合同中做具体规定。但如果买方要求指定，就需要在合同中具体规定运输标志的式样和内容；如果合同规定由买方另行指定，应规定买方通知卖方运输标志的最后期限，过时则卖方可自行决定。

包装费用一般包括在货价之中，不另计收。在进口国外商品时，尤其是包装技术较强的商品，最好在单价条款后注明"包括包装费用"，以免事后发生纠纷。

其他条款举例：

【例3-1】茶具　品质与5月16日航空邮递的样品CT78一致。
Tea Cups Quality Same as Sample No. CT78 Airmailed on May 16.

【例3-2】1515A型多梭箱织机，详细规格如所附文字说明与图样。
Multi-shuttle Box Loom Model 1515A, Detailed Specifications as per attached Descriptions and illustrations.

【例3-3】白籼米　碎粒（最高）25%
杂质（最高）0.25%
水分（最高）15%
White Rice, Long-Shaped
Broken Grains (max) 25%
Admixture (max) 0.25%
Moisture (max) 15%

【例3-4】东北红小豆，100公吨，单层新麻袋装，每袋约100 kg，以毛作净。
Northeast Small Red Beans, 100 metric tons packed in single new gunny bags of about 100 kg each, gross for net.

【例3-5】500公吨，上下5%，由卖方决定。
500M/T, with 5% more or less at seller's option.

【例3-6】数量1000公吨，为适应船舱容量需要，卖方有权多装或少装5%，超过或不足部分按合同价格计算。
Quantity: 1000M/T, the sellers have the option to load 5% more or less than the quantity contracted if it is necessary, such excess or deficiency to be settled of contracted price.

【例3-7】木箱装，每箱50 kg，净重。
In wooden cases of 50 kg net each.

【例3-8】包装：纸箱装，每箱60听，每听1000片。
Packing: In cartons containing 60 tins of 1000 tab. each.

【例3-9】每件装1塑料袋，半打为1盒，10打装1木箱。
Each piece in a polybag, half dozen in a box and 10 dozen in a wooden case.

【例3-10】 每台装1个出口纸箱，810只纸箱装1只40英尺集装箱运送。
Each set packed in one export carton, each 810 cartons transported in one 40ft container.

3.3 相关知识

3.3.1 商品的名称

买卖双方在签订进出口合同时，一定要具体地订明商品的名称（Name of Commodity），并尽可能使用国际上通用的名称，避免履约的麻烦。

> **课堂思考**
>
> 山东A公司出口苹果酒一批，国外来证货名为"Apple Wine"，于是A公司为单证一致起见，所有单据上均使用"Apple Wine"，不料货到国外后遭进口国海关扣留罚款，因该批酒的内外包装上均写的是"Cider"字样。结果外商要求A公司赔偿其罚款损失。问：A公司对此应负什么责任？

1. 商品的名称与HS编码

我国目前实施的商品分类全部采用了《商品名称及编码协调制度》（简称《协调制度》，*Harmonized System*，HS）目录中对商品的分类原则、结构和全部商品名称，将商品分为22类98章。因此，在国际贸易对外成交采用商品名称时，应与HS规定的品名相适应。

2. 品名条款的内容

合同中的品名条款一般比较简单，多在"商品名称"或"品名"的标题下，列明交易双方成交商品的名称。有时为了省略起见，也可不加标题，只在合同的开头部分，列明交易双方同意买卖某种商品的文句。

规定品名条款时，应注意以下事项。

1）在给商品命名时，需要充分考察消费者群体的文化背景、宗教信仰和当地习俗等因素，注意文化差异带给商品名称的影响。

2）一般使用国际通用的名称，不要使用地方的俗称。

3）商品的名称必须能够切实反映商品的实际情况，避免空泛、笼统的形容词，不必要的描述性的词句不应列入。

4）商品的名称在《协调制度》中能够准确归类。

5）对某些商品还应注意选择合适的品名，以利于降低关税，方便进出口和节省运费开支。例如，我国中远海运集装箱运输有限公司对棉手套（Cotton Gloves）、尼龙手套（Nylon Gloves）和劳保手套（Working Gloves）规定的运费等级就不同。

3.3.2 商品的品质

商品的品质（Quality of Goods）好坏，不仅关系到商品价格高低，还影响商品的销路和信誉。有些国家规定，凡品质不符合其法律法规规定的商品，一律不准进口。

在国际货物买卖中,商品种类纷繁复杂,规定商品品质的方法主要有以下两大类。

1. 以实物表示商品的品质

以实物表示商品的品质可分为看货买卖和凭样品买卖。

看货买卖又称凭现货买卖,是根据现有商品的实际品质买卖。采用这种方法时,通常是买方或其代理人在卖方存放货物的场所验看货物,如果满意,就与卖方达成交易。只要卖方交付的货物是验看的商品,买方就不得对品质提出异议。这种方法多用于寄售、拍卖和展卖等业务。

样品通常是从一批商品中抽取出来或由生产部门设计制造的,足以反映和代表整批商品品质的少量实物。凡以样品表示商品品质并以此作为交货依据的称为凭样品买卖(Sale by Sample)。

(1) 卖方样品、买方样品与对等样品

在国际贸易中,样品按提供者的不同,可分为卖方样品、买方样品和对等样品三种,见表 3-2。

表 3-2 样品的分类

项目	卖方样品(Seller's Sample)	买方样品(Buyer's Sample)	对等样品(Counter Sample)
定义	由卖方提供的样品	由买方提供的样品	卖方根据买方来样仿制或从现有货物中选择品质相近的样品提交买方确认,这种样品称为对等样品
凭样品成交	凡凭卖方样品作为交货品质依据者,称为凭卖方样品买卖	按买方提供的样品成交,称为凭买方样品买卖,在我国称为"来样成交"或"来样制作"	实际上是用卖方样品取代了买方样品,使卖方在交货时取得主动
交货商品的要求	卖方所交整批货物的品质,必须与卖方样品相同	卖方所交整批货物的品质,必须与买方样品相同	卖方所交整批货物的品质,必须与对等样品相同

在确认按买方样品成交之前,卖方必须充分考虑按买方样品生产产品所需的原材料供应、加工技术、设备和生产安排的可行性,以确保日后得以正确履约。应在合同中明确规定:如果发生由买方来样引起侵犯第三者工业产权的责任,概由买方负责,与卖方无关。

(2) 原样与复样

凭卖方样品买卖时,卖方提供的样品称为原样(Original Sample)或标准样品(Type Sample),送交买方时,应留存一份或数份同样的样品,这种样品称为留样(Keep Sample)或复样(Duplicate Sample)。复样以备将来组织生产、交货或处理品质纠纷时作核对之用。卖方应在原样和留存的复样上编制相同的号码,注明样品提交买方的具体日期。

(3) 参考样品

有时买卖双方为了增进彼此对对方商品的了解或为了促销,往往互相寄送样品。这种以介绍商品为目的而寄出的样品,最好标明"仅供参考"(For Reference Only)字样,这种样品称为参考样品(Reference Sample),对交易双方均无约束力。

(4) 色样与款式样

作为样品,一般都反映其所代表的商品的整体品质。但也有一些样品只被用作反映商品的一个或几个方面的部分品质,而不反映全部品质。例如,色样(Color Sample)只表示商品的颜色,花样款式样(Pattern Sample)只表示商品的花样款式。至于该商品的其他品质内容,则采用文字说明来表示。

凭样品买卖时,卖方交货品质必须与样品完全一致。 否则,买方有权提出索赔甚至拒收货物。因此,凭样品买卖容易产生品质纠纷,只能酌情采用;凡是能用科学的指标表示商品品质时,不宜采用凭样品买卖。如对品质无绝对把握,应在合同中做出灵活规定,如规定:品质与样品近似(Quality is nearly the same as the sample)。

用样品表示商品品质,一般适用于不能用科学的指标表示品质或在色、香、味或造型方面有特殊要求的商品,主要是一部分工艺品、服装、轻工产品和土特产品等。

> **小技巧:处理样品的要点**
>
> 首先要加强对样品的专利、专有技术的保密工作,保护本公司和外商的样品专利和专有技术。
> 其次是做好样品的收集整理工作,对样品妥善保管、编号保存。
> 最后是要及时向客户提供样品,处理好包括样品费、样品邮寄费在内的费用。

2. 用文字说明表示商品的品质

在国际货物买卖中,大多数商品采用文字说明来规定其品质,具体方式有6种,见表3-3。

表3-3 用文字说明表示商品品质的分类

方 式	注意事项	示 例	适用商品
凭规格买卖 (Sale by Specification)	将主要指标订入合同,如成分、含量、纯度、大小、粗细等,不宜罗列过多次要指标。另外,即使是同一商品,也会因用途不同而对规格的要求有差异。如用作榨油的大豆就要求列明含油量,用于食用时就把蛋白质含量作为重要指标	中国东北大豆:水分(最高)14%,含油量(最低)18%,杂质(最高)1%,不完善粒(最高)7%	大多数商品
凭等级买卖 (Sale by Grade)	商品的等级是指同一类商品根据其品质的差异划分为不同的级别和档次,从而产生品质优劣的若干等级。等级一般用甲、乙、丙、特级、一级、二级、三级、A、B、C等文字、数码表示	Chinese Green Tea Special Chunmee Special Grade Art. No.41022 中国绿茶 特珍眉特级 货号41022	有明确等级的商品,如矿产品等
凭标准买卖 (Sale by Standard)	采用凭标准买卖时,应尽量采用国际通行标准,以扩大出口;在援用标准时,应注明版本年份,以避免引起争议	Rifampicin B.P. 1993 利福平 英国药典1993年版	有通用标准的商品
凭商标或品牌买卖 (Sale by Trade Mark or Brand)	在规定品牌的同时,明确规定商品的具体型号或规格;在采用买方定牌交易情况下,卖方应对涉及的知识产权问题做出规定	SONY Brand Color TV Set Model:KV-2553TC 索尼牌彩电	在国际上久负盛名的名牌产品
凭产地名称买卖 (Sale by Name of Origin)	产地必须能够反映商品的品质,在国际市场上享有盛誉	Sichuan Preserved Vegetable 四川榨菜	在品质方面具有其他产区商品所不具有的独特风格和特色
凭说明书或图样买卖 (Sale by Description and Illustration)	买方为了维护自身利益,往往要求在合同中订立卖方品质保证条款和技术服务条款;说明书或图样成为合同的一部分	Quality and technical data to be strictly in conformity with the description submitted by the seller 品质和技术数据必须与卖方所提供的产品说明书严格相符	机器、电器、仪表、大型设备、交通工具等技术密集型商品

凭等级买卖，在列明等级的同时，最好也规定每一等级的具体规格。例如，我国出口的钨砂主要根据其三氧化钨和含锡量的不同，分为特级、一级、二级三种，见表3-4。

表 3-4 我国出口钨砂的等级标准

等　　级	三氧化钨（最低）	锡（最高）	砷（最高）	硫（最高）
特级	70%	0.2%	0.2%	0.8%
一级	65%	0.2%	0.2%	0.8%
二级	65%	1.5%	0.2%	0.8%

3. 表示品质灵活性的两种方法

（1）品质机动幅度

品质机动幅度（Quality Latitude）是指对特定品质指标在一定幅度内可以机动。具体方法有规定范围、极限和上下差异三种。品质机动幅度主要适用于初级产品，以及某些工业制成品的品质指标。

（2）品质公差

品质公差（Quality Tolerance）是指国际上公认的产品品质的误差，即允许卖方的交货品质可高于或低于一定品质规格的误差。这一方法主要适用于工业制成品。

3.3.3 商品的数量

1. 常用度量衡制度

目前国际贸易中常用的度量衡制度有四种。

1）公制，为欧洲及世界大多数国家所采用，如米、千克、公吨等。

2）国际单位制，是国际标准计量组织在公制基础上制定公布的。两者在含义上基本没有区别，如千克、米等，为许多国家所采用。

3）英制，为英联邦国家所采用，如英尺、英寸、长吨等。

4）美制，以英制为基础，多数计量单位的名称与英制相同，但含义有差别，主要体现在重量单位和容量单位中。

2. 常用的计量单位

在不同的计量方式下，通常采用的计量单位的名称及适用商品见表3-5。

表 3-5 常用计量单位

项目	常用计量单位	适用商品	具体商品举例
重量 （Weight）	公吨（Metric Ton）、长吨（Long Ton）、短吨（Short Ton）、千克（kg）、磅（Pound）、盎司（Ounce）、克拉（Carat）	农产品、矿产品以及部分工业制成品	羊毛、棉花、谷物、矿产品、油类和药品等
个数 （Number）	只（Piece 或 PC.）、件（Package 或 PKG.）、打（Dozen 或 DOZ.）、双（Pair）、台（套、架）（Set）、辆（Unit）、头（Head）。有些商品也可按箱（Case）、包（Bundle, Bale）、桶（Drum, Cask）、袋（Bag）	一般日用工业品、轻工业品以及一部分土特产品	文具、玩具、成衣、车辆和活牲畜等
长度 （Length）	米（Meter）、英尺（Foot）、码（Yard）、厘米（Centimeter）	纺织品、绳索	电线、电缆
面积 （Area）	平方米（Square Meter）、平方英尺（Square Foot）、平方码（Square Yard）、平方厘米（Square Centimeter）	皮制商品、塑料制品、地毯和玻璃	塑料地板、皮革和铁丝网等

（续）

项目	常用计量单位	适用商品	具体商品举例
体积（Volume）	立方米（Cubic Meter）、立方英尺（Cubic Foot）、立方码（Cubic Yard）、立方英寸（Cubic Inch）	化学气体、木材	天然气
容积（Capacity）	公升（Liter）、加仑（Gallon）、蒲式耳（Bushel）公升、加仑用于酒类、油类商品的计量，美国以蒲式耳作为各种谷物的计量单位	谷物类，以及部分液体、气体产品	小麦、玉米、汽油、酒精和啤酒等

注：1 升＝1 公升≈0.22 英制加仑≈0.264 美制加仑。

不同的度量衡制度下，同一计量单位表示的实际数量有时会有很大差异。例如，表 3-6 为计量单位"吨"在不同的度量衡制度下所代表的实际数量。

表 3-6　公吨、长吨、短吨所代表的实际数量

项　　目	千　　克	磅
公制—公吨	1000	2204.60
英制—长吨	1016	2240
美制—短吨	907.20	2000

小技巧：我国进出口商品采用的计量单位

我国采用的是以国际单位制为基础的法定计量单位。在外贸业务中，出口商品也可根据对方需要采用公制、美制或英制计量单位，但一般不进口非法定计量单位的仪器设备。如有特殊需要，须经有关标准计量单位管理机构批准。

3. 商品的重量计量

在国际货物买卖中，许多商品是按重量计量的。此时，计算重量的方法主要有以下几种。

（1）毛重

毛重（Gross Weight，简写为 Gr.Wt. 或 G.W.）是指商品本身的重量加皮重（Tare），即商品连同包装的重量。这种计量方法一般适用于低值产品。

（2）净重

净重（Net Weight，简写为 Nt.Wt. 或 N.W.）是指商品本身的重量，即从毛重中减去皮重。在国际货物买卖中，按重量计算的商品大多以净重计算。

某些单位价值不高的商品有时采用"以毛作净"（Gross for Net）的办法计重。例如，大米、大豆等农产品，用麻袋包装以毛作净，即以毛重作为计算价格和交付货物的计量基础。

由于这种计重方法直接关系到价格的计算，因此，在销售上述产品时，不仅在规定数量时需要标明"以毛作净"，在规定价格时也应该加注此条款，如：核桃 100 公吨，每公吨 300 美元，单层麻袋包装，以毛作净。

（3）其他计算重量的方法

公量（Conditioned Weight）是用科学方法除去商品的实际水分，再加上标准水分所得的重量，适用于吸湿性较强的商品，如羊毛、生丝、棉花等。公量的计算方法为

公量＝干净重+标准含水量

$$=\frac{实际重量×（1+标准回潮率）}{1+实际回潮率}$$

理论重量（Theoretical Weight）指从商品的件数推算出商品的重量，适用于按固定规格生产或买卖的商品，其每件重量大致相同，如马口铁、钢板、铝锭等。

法定重量（Legal Weight）是纯商品的重量加上直接接触商品的包装材料（如内包装）的重量。而除去包装重量的纯商品的重量，则是实物净重（Net Net Weight），又称为净净重。这两种重量是海关征收货物从量税的基础。

在国际货物买卖合同中，如果货物按重量计量和计价，而没有具体规定采用何种方法计算重量和价格时，**根据国际惯例应按净重计量和计价。**

 案例分析

> 我国甲外贸公司（以下简称甲公司）以 FOB 条件与澳大利亚客商（以下简称澳商）达成一笔进口 1000 公吨大豆的交易，合同规定：新麻袋（NEW GUNNY BAG）包装，每袋 25kg，每公吨 200 美元 FOB 悉尼，T/T 付款。货到后甲公司验货发现，大豆每袋毛重 25kg，净重 24kg，马上去电向澳商提出问题，要求扣除短量部分的货款，并向澳商寄送有关部门出具的检验证书。请问：甲公司的要求是否合理？为什么？
>
> 分析：甲公司的要求是合理的。卖方交货的数量应严格按照合同的规定执行，由于此合同未注明以毛作净，按照惯例，卖方应按照商品的净重交货。本案例中，澳商用新麻袋包装货物，每袋 25kg，但货物扣除皮重后每袋只有 24kg，说明澳商每袋短量 1kg，甲公司有权要求扣除短量部分的货款。

4. 溢短装条款与 UCP 约量的规定

以包装单位件数或货物自身件数的方式作为合同的商品数量时，交货的数量一件不能多，一件也不能少，否则卖方违约。因此，最好在合同中约定溢短装条款。

溢短装条款（More or Less Clause）是指买卖双方在数量条款中约定一个机动幅度，允许卖方交货数量可以在这个范围内灵活掌握。 只要卖方交货数量在该机动幅度之内，就属于按合同规定交货，买方不能以交货数量不符为由拒收或提出索赔。溢短装条款主要包括数量机动幅度、机动幅度的选择权以及溢短装部分的作价方法。数量机动幅度大小要适当，一般为 3%～5%；机动幅度选择权一般为负责租船订舱的一方。

《跟单信用证统一惯例》（简称《UCP600》）第 30 条 A 款对"大约"做出解释："大约"表示商品数量、金额或单价允许 10%的增减幅度。《UCP600》第 30 条 B 款规定，只要不超过信用证金额，对于不可精确计量的商品的装运，只要信用证没有明确规定禁止溢短装，则允许有 5%的溢短装。

3.3.4 商品的包装

国际贸易中的货物，除少数可直接装入运输工具的散装货物（Bulk Cargo 或 Cargo in Bulk），和在形态上自成件数，不必包装或只须略加捆扎即可成件的裸装货物（Nude Cargo）以外，其他绝大多数商品都需要有适当的包装。

3.3.4 商品的包装

1. 包装的分类

根据包装在流通过程中的不同作用，包装可分为运输包装和销售包装两种类型。

（1）运输包装

运输包装又称为大包装、外包装。它具有保障产品安全，方便储运装卸，加速交接、点验等作用。

运输包装可分为单件运输包装和集合运输包装两种。

1）单件运输包装。货物在运输过程中作为一个计件单位的包装称为单件运输包装。单件运输包装按包装的造型和使用材料的不同又分为不同的形式，见表3-7。此外，还有筐、坛、罐、缸、瓶等包装。

表 3-7 常见单件运输包装

包装种类	适用商品	具体形式
箱（Case）	适用于不能紧压的货物	木箱（Wooden Case）、板条箱（Crate）、纸箱（Carton）、瓦楞纸箱（Corrugated Carton）、漏孔箱（Skeleton Case）
桶（Drum, Cask）	适用于液体、半液体以及粉状、粒状货物	木桶（Wooden Drum）、铁桶（Iron Drum）、塑料桶（Plastic Drum）
袋（Bag）	适用于粉状、颗粒状和块状的农产品及化学原料等	麻袋（Gunny Bag）、布袋（Cloth Bag）、纸袋（Paper Bag）、塑料袋（Plastic Bag）等
包（Bundle, Bale）	通常适用于羽毛、羊毛、棉花、生丝、布匹等可以紧压打包的商品	包（Bale）、捆（Bundle）

2）集合运输包装。集合运输包装是指由若干单件运输包装组合而成的一件大包装，大大提高装卸效率，减轻劳动强度，降低运输成本，减少商品损耗，促进商品装运现代化的实现。

常见的集合运输包装有集装箱、集装包（袋）、托盘三种方式。托盘（Pallet）是用木材、金属或塑料制成的托板，将货物堆放在托板上面，并用箱板、塑料薄膜或金属绳索加以固定，组成的一件集合包装。

（2）销售包装

销售包装是以促进销售为主要目的、随商品进入零售市场直接与消费者见面的包装，又称为内包装。销售包装的美观感、新潮感、艺术感能激发消费者的购买欲望。

1）销售包装的装潢和文字说明。销售包装的装潢应突出商品的特性，能够吸引消费者，同时还应该考虑进口国的风俗习惯和对颜色、图形、数字的爱好和禁忌，针对不同的国家采用不同的图案和色彩。

销售包装的文字说明或粘贴、悬挂的商品标签、吊牌等，应注意有关国家的标签管理条例规定。例如，日本政府规定，凡销往该国的药品，除必须说明成分和服用方法外，还要说明其功能，否则就不准进口。此外，有的国家明文规定所有进口商品的文字说明必须使用本国文字或几种文字。如加拿大政府规定，销往该国的药品，必须同时使用英、法两种文字说明。

 案例分析

> 青岛B公司出口一批货物到加拿大。合同规定用塑料袋包装，每件要使用英、法两种文字的唛头。但B公司实际交货使用只有英文的唛头，国外商人为了适应当地市场的销售要求，不得不雇人重新更换唛头，后向B公司提出索赔，B公司理亏只好认赔。

2）销售包装的要求。销售包装的设计要符合绿色包装理念。包装材料本身的处理要安全、方便、可行，不会造成环境危害，能利用、再生和再循环。

3）条码标志。条码（Product Code）是一种产品代码，由一组粗细、间隔不等的平行线条及其相应的数字组成。它可以表示商品的许多信息，已经成为一种商品流通于国际市场的通用语言，是商品身份证的国际统一编号。

目前国际上通用的条码主要有两种：一种是由美国和加拿大组织的统一编码委员会（UCC）编制的 UPC（Universal Product Code，通用产品代码）码；另一种是由欧洲物品编码协会编制的 EAN（European Article Number，欧洲商品编码）码。现在两者已经相互兼容，共同组成了 EAN·UCC 全球统一标识系统。

2. 包装标志

包装标志主要有运输标志、指示性标志和警告性标志三种。

（1）运输标志

运输标志（Shipping Mark）又称为唛头，用于标识货物，使其在运输中迅捷、顺畅和安全地运达最终目的地，避免出现延误或混乱，并有助于对照单证核查货物。

标准运输标志由收货人名称、参考号、目的地及包装件号4项内容组成，每项内容占一行。例如：

1）收货人名称的首字母缩写或简称——ABC。根据《国际铁路货物运输公约》对铁路运输的规定，全部包装物均需要使用地址全称。另外，该公约还适用于公路运输。因此，除铁路和公路运输的习惯性做法外，其他各种运输方式均不需要在包装物上标明名称/地址的全称。

2）参考号——1234。参考号应简单明了，以避免转抄错误，使用所有参考号中最重要的那一个，如买卖双方商定的合同号或发票号。

3）目的地——MUMBAI。标明货物最终目的地港口或目的地的名称。

4）包装件号。包装件号标明包装物连续编号及已知的总件数，例如"1/25""2/25"……"25/25"。单证上"1/25"表示包装物编号从 1 到 25。如果包装件数待定，也可表示为"C/Nos：1/Up"。这种表示方法在客户订单或来往函电中常常见到。

知识链接：主唛与侧唛

唛头一般反映的是整批货物的信息，一般刷在箱子最大的相对的两面，所以俗称"主唛"（Main Mark）。箱子的另两个较小的侧面常刷一些商品的信息，如重量、体积及产地等，通常称为"侧唛"（Side Mark）。

在运输包装上标明包装的毛重、净重和体积，以方便运输、装卸。在内外包装上均注明产地，作为商品说明的一个重要内容。商品产地是海关统计和征税的重要依据。

例如：GROSS WEIGHT　108 kg
　　　NET WEIGHT　103 kg
　　　MEASUREMENT　50 cm×45 cm×30 cm
　　　MADE IN CHINA

（2）指示性标志

指示性标志（Indicative Mark）是对某些易碎、易损、易变质的商品，在装卸、运输和保管过程中需要注意的事项，用简单、醒目的图形和文字在包装上标出，以提醒有关人员在操作时注意。指示性标志有"此端向上"（This Way Up）、"小心轻放"（Handle with Care）、"保持干燥"（Keep Dry）、"禁止翻滚"（No Turning Over）、"勿用手钩"（No Use Hook）等。常见的指示性标志如图3-1所示。

（3）警告性标志

警告性标志（Warning Mark）又称为危险品标志，是针对易燃、易爆、有毒或具有放射性的货物，在外包装上以醒目的图形和文字标明危险性质以警示有关人员在货物的运输、保管和装卸过程中，根据货物的性质，采取相应的防护措施，以保护人身安全和运输货物的安全。常见的警告性标志如图3-2所示。

图3-1　指示性标志　　　　　　　　图3-2　警告性标志

除我国颁布的《危险货物包装标志》（GB 190—2009）外，国际海事组织也规定了一套《国际海上运输危险品货物标志》。因此，在我国危险货物的运输包装上，要同时标明我国和国际海事组织所规定的两套危险品标志。

在运输危险品时一定要按照有关规定在包装上的明显部位刷制警告性标志，要注意颜色必须牢固、醒目，并防止脱落、褪色。

3.4　知识拓展

1. 中性包装与定牌生产

中性包装（Neutral Packing）是指在商品和内外包装上不标明生产国别、原产地和厂商名称的包装。采用中性包装是为了打破某些进口国家或地区的关税壁垒和非关税壁垒，或者为适应交易的特殊性（如转口贸易等）。它是出口厂商加强对外竞争和扩大出口的一种手段。

中性包装主要有无牌中性包装及定牌中性包装两种。

定牌是指卖方按买方要求在其出售的商品或包装上使用买方指定的商标或品牌。目的是利用买方的经营能力、商业信誉和名牌声誉，以提高售价和扩大出口。

定牌在我国具体有以下几种做法。

1）在定牌生产的商品和/或包装上，只用外商所指定的商标或牌号，而不标明生产国别和出口厂商名称，这属于定牌中性包装。

2）在定牌生产的商品和/或包装上，标明我国的商标或牌号，同时也加注国外商号名称或表示其商号的标记。

3）在定牌生产的商品和/或包装上，在采用买方所指定的商标或牌号的同时，在其商标或牌号下标示"中国制造"字样。

2. 实用英语

Assorted Colors and Sizes　混色混码
Complete Knock Down（C. K. D.）　全拆卸
Flexible Package　软包装
Fragile　易碎的
Gross for Net　以毛重作净重
Gunny Bag　麻袋
Maximum & Minimum　最大和最小
Minimum Order Quantity（MOQ）　最小订货量
Moisture Proof Packaging　防潮包装
Neutral Packing　中性包装
Plastic Drum　塑料桶
Plywood　胶合板箱
Plastic Bag　塑料袋
Product Code　条码
Quality Tolerance　质量公差
Semi Knock Down（S. K. D.）　半拆卸
Size Assortment　尺码分配
Solid Color and Size　均色均码
Side Mark　侧唛
Top/Bottom/Side　顶/底/边
Water Proof Packing　防水包装

3.5 业务技能训练

3.5.1 自测习题

1. 翻译

1）Counter Sample ＿＿＿＿＿＿
2）Sale by Specification ＿＿＿＿＿＿
3）Quality Latitude ＿＿＿＿＿＿
4）Cubic Meter ＿＿＿＿＿＿
5）Gross Weight ＿＿＿＿＿＿
6）Net Weight ＿＿＿＿＿＿
7）Shipping Mark ＿＿＿＿＿＿
8）More or Less Clause ＿＿＿＿＿＿
9）Metric Ton ＿＿＿＿＿＿
10）Solid Color and Size ＿＿＿＿＿＿

2. 单选题

1）目前我国出口的某些工艺品、服装、轻工业品等常用来表示品质的方法是（　　）。
　　A. 凭样品买卖　　B. 凭规格买卖　　C. 凭等级买卖　　D. 凭产地名称买卖

2）凭样品买卖时，如果合同中无其他规定，那么卖方所交货物（　　）。
　　A. 可以与样品大致相同　　　　　B. 必须与样品完全一致
　　C. 允许有合理公差　　　　　　　D. 允许在包装规格上有一定幅度的差异

3）品质机动幅度条款一般适用于某些（　　）。
　　A. 制成品交易　　B. 初级产品交易　　C. 机电产品交易　　D. 仪表产品交易

4）不能作为明确商品品质的标准，因而对买卖双方都没有约束力的样品是（　　）。
　　A. 参考样　　B. 对等样　　C. 买方样　　D. 卖方样

5）国际贸易中，大宗农副产品、矿产品以及一部分工业制成品习惯的计量方法是（　　）。
　　A. 按面积计算　　B. 按长度计算　　C. 按重量计算　　D. 按容积计算

6）对进口羊毛、生丝等纺织原料，应使用的计量方法为（　　）。
　　A. 毛重　　B. 净重　　C. 公量　　D. 理论重量

7）如果合同中未明确规定以何种方法计量的话，其计量方法应为（　　）。

A. 毛重　　　　B. 净重　　　　C. 以毛作净　　D. 公量

8）根据《跟单信用证统一惯例》的规定，合同中使用"大约""近似"等约量字眼，可解释为交货数量的增减幅度为（　　）。

A. 不超过5%　　B. 不超过10%　　C. 不超过15%　　D. 由卖方自行决定

3. 判断题

1）在出口贸易中，表达品质的方法多种多样，为了明确责任，最好采用既凭样品又凭规格买卖的方法。（　　）

2）在凭样品成交的出口业务中，为了争取国外客户，便于达成交易，出口企业应尽量选择品质最好的样品请对方确认并签订合同。（　　）

3）在约定的品质机动幅度或品质公差范围内的品质差异，除非另有规定，一般不另行增减价格。（　　）

4）某外商来电要我方提供大豆，按含油量18%、含水量14%、不完善粒7%、杂质1%的规格订立合同。对此，在一般条件下，我方可以接受。（　　）

5）我国A公司向《公约》缔约国B公司出口大米，合同规定数量为50000公吨，允许卖方可溢短装10%。A公司在装船时共装了58000公吨，遭到买方拒收全部货物。按《公约》的规定，买方有权这样做。（　　）

6）运输包装上的标志就是指运输标志，也就是通常所说的唛头。（　　）

7）进出口商品包装上的包装标志，都要在运输单据上标明。（　　）

3.5.2 课堂训练

1. 一合同，国外开来信用证规定：数量1000公吨，散装货，不准分批装运，单价为250美元/公吨 CIF 悉尼。卖方装货时多装了15公吨，问银行是否会以单证不符为由而拒付？

2. 为什么在某些商品的买卖合同中要规定品质机动幅度条款和溢短装条款？

3. 如果包装由买方提供，签订合同包装条款时应该注意什么问题？刷制运输包装标志时应注意什么问题？

4. 请讨论如何确定商品的数量。合同数量除了集装箱的容积外，还受哪些因素的影响？

5. 短装后，卖方可以补交短少的数量吗？讨论在什么条件下卖方补交短少的数量，就不算违反合同约定。

6. 案例分析。

（1）朝鲜一家进出口公司与常州自行车厂洽谈业务，准备从我国进口"金狮"牌自行车6800辆。但要求我方改用"凤凰"牌商标。请问：常州自行车厂是否可以接受？在处理此项业务时，应注意什么问题？

（2）厦门A公司对外出口一批罐头，合同规定数量为454 g×24听纸箱装1000箱。A公司根据库存情况，实际出口454 g×48听纸箱装500箱。外商以A公司包装不符为由拒收货物。问：外商拒收是否合理？为什么？

（3）沈阳B公司出口至俄罗斯一批货物，合同的数量条款规定：每袋净重100 kg，共1000袋，合计100公吨。货抵俄罗斯后，经检验，货物每袋净重96 kg，1000袋合计96公吨。适值货物价格下跌，俄罗斯客户以单货不符为由提出降价5%的要求，否则拒收。请问买方的要求是否合理？为什么？

3.5.3 实训操作

1. 常州天信外贸有限公司于10月5日寄送两种型号MQ791、MQ862的男式衬衫给加拿大客户JAMES BROWN&SONS，样品编号发表为08091、08092，对方接到样品后，同意按卖方样品成交。请你拟订具体的品名和品质条款。

MQ791、MQ862的男式衬衫包装为：一件一个塑料袋，10件一个纸箱，均色均码，纸箱尺寸为80 cm×40 cm×50 cm，毛重为15 kg。请你拟订具体的包装条款，并设计一个唛头。

商定MQ791、MQ862的男式衬衫一共出一个40英尺集装箱的货物，两种型号的衬衫数量相等，假设40英尺集装箱能够装58CBM、21MT的货物。请你拟订具体的数量条款。

2. 江苏天地木业有限公司寄送5个规格的复合地板给美国现代公司，现代公司对M567、M695这两种型号的地板比较中意，决定购买这两种型号的地板，具体要求为：M567，胡桃木1215 mm×195 mm×8.3 mm，25G OVERLAYER，WHITE HDF；M695，苹果木1230 mm×200 mm×8.8 mm，35G OVERLAYER。请你拟订具体的品质条款。

M567、M695这两种型号的地板的包装为：8块地板一个纸箱，尺寸为1220 mm×200 mm×70 mm，毛重为15 kg，净重为14.5 kg。请你拟订具体的包装条款，并设计一个唛头。

江苏天地木业有限公司与美国现代公司商定M567、M695这两种型号的地板分别出一个40英尺集装箱的货物，假设40英尺集装箱能够装58CBM、21MT的货物。请你拟订具体的数量条款。

3. 我国A公司向日本JQL公司出口500 CARTONS产品，从上海运到大阪，合同号为01-268-05，请根据以上条件设计一个标准化的运输标志。

任务 4　订立合同的运输条款

知识目标

1. 了解班轮运输的特点与集装箱的技术参数。
2. 掌握运输条款的主要内容。

能力目标

1. 能订立出口合同的运输条款。
2. 能正确计算海运运费。

素质目标

1. 培养学生的交通强国理念。
2. 培养学生发现问题、解决问题的能力。

任务 4 导学

合同的运输条款 4W 问题解读

导学

在订立出口合同运输条款时，根据选定的贸易术语，需要思考如下问题：谁（Who）办理运输手续并支付运费？选择什么（What）运输方式？什么时间（When）安排货物装运？从哪个装运地运到哪个目的地（Where）？是否允许分批装运和转运？

如果采用 CIF 术语，由出口方办理运输手续，一般情况下采用班轮运输中的集装箱运输，所以重点掌握集装箱运输的相关知识。

熟悉国际贸易地理中的主要航线上的港口，合理安排装运港和目的港。可以结合信用证中的装运条款（43P、43T、44A、44B、44C）一起学习本任务。

4.1　任务描述与分析

1. 任务描述

> 常信公司拟与莱佛士公司签订服装出口合同，有海运和空运两种方式可供选择。考虑到不同运输方式下运输时间不同，孙潇和 Lisa 商量合同运输条款，确定装运时间。

2. 任务分析

不同国家（地区）之间的货物运输，环节多、距离长、涉及面广，情况复杂多变。

合理规定运输条款是保证进出口合同顺利履行的重要条件。如果在签订合同时忽略了运输问题，或运输条款订立不恰当，责任不明确，甚至脱离了运输的实际可能，就会使运输工作陷于被动,引发经济损失或其他种种纠纷,严重的还会使出口任务无法完成。

买卖双方必须就装运时间、装运地和目的地、能否分批装运和转运等问题商妥,有时还规定卖方应予交付的单据和有关装运通知等内容。

4.2 任务实施与心得

1. 任务实施

双方拟订合同中的装运条款如下。

  Time of Shipment：in September,2024

  Port of Loading：Shanghai China

  Port of Destination：Singapore

  Partial Shipments：Not Allowed

  Transshipment：Allowed

2. 任务实施心得

(1) 尽量订立装运合同,避免订立到达合同

国际贸易中常用的 FOB、CFR、CIE、FCA、CPT、CIP 六种贸易术语都属于装运合同,所以习惯上把"交货时间"与"装运时间"等同。要注意在装运合同中不要规定到达时间,避免把装运合同性质改变为到达合同。如出现买方提出必须限期抵达目的港,否则不签合同等特殊情况,需要事先征求运输部门的意见,或改用其他贸易术语。

(2) 关于装运期

装运期应是一个时间段。装运期必须明确年度及月份,对船舶较少去的偏僻港口,必须考虑船期情况。同时,装运期应结合商品的性质,考虑季节,如雨季不宜装烟叶,夏季不宜装沥青等,北欧港口不宜订在冰冻期,热带地区港口不宜订在雨季等。

(3) 关于装卸港

装卸港规定应明确,出口时尽可能将装运港订为"中国港口",或者订立几个中国港口,由卖方选择。我国出口时的目的港或进口时的装运港一般不使用"……地区主要港口",以免由于含义不明,给安排运输造成困难。

注意港口有无重名。世界各地重名的港口有很多,如维多利亚港(Victoria)、波特兰港(Portland)、波士顿港(Boston)在很多国家都有同名港。为了防止发生差错、引起纠纷,在买卖合同中应明确注明装卸港所在国家和地区的名称。

(4) 关于分批和转运

对某些数量较大的或运往条件较差的港口时,应考虑到港口条件,在没有直达船或虽有直达船但船期不固定、航班较少的港口,必须订明"允许转船及分批装运"。凡是"允许转船"的货物,不能接受买方指定中转港、二程船公司和船名的条件,也不要接受在提单中注明中转港和二程船舶名的条件。

其他装运条款举例:

【例4-1】不迟于5月31日装船,由上海至惠灵顿,允许分批和转船,卖方在装船后两天内发出装运通知。

Shipment：on or before May 31 from Shanghai to Wellington; partial shipments and transshipment allowed. The seller should fax the shipping details to the buyer within two days after shipment.

【例4-2】5月份装船,由伦敦至上海,允许分批,不允许转船,卖方在装运月份前45天将备妥货物可供装船的时间通知买方。

Shipment during May from London to Shanghai, partial shipments are allowed and transshipment is not allowed. The seller should advise the buyer the goods will be ready for shipment 45 days before the month of shipment.

【例4-3】3/4月份分两批每月平均装运,由香港转运,1/3正本提单和一套非议付单证在装船后3天内通过敦豪快运送交买方。

During March/April in two equal monthly shipments, to be transshipped at Hong Kong, 1/3 original B/L and one set of non-negotiable document to be sent to the buyer within 3 days after shipment by DHL.

【例4-4】卖方应以电报通知买方,说明装运数量、发票金额、装运船名、装货港和预定开航日期等,以便买方办理保险。

Shipment advice shall be cabled by seller with indication of quantity shipped, invoice value, carrying vessel, port of loading, ETD, etc, to enable the buyer to cover proper insurance accordingly.

【例4-5】目的港:下列港口之一由买方选择并负担选港附加费。买方应于船舶预期抵达第一个选卸港5天前向承运人宣布确定的目的港。

Destination port: One port at buyer's option. The buyer must declare the definite port of destination to the carriers five days before the vessel's expected time of arrival (ETA) at the first port of discharge and bear the optional fees thus incurred.

4.3 相关知识

4.3.1 国际货物运输方式

1. 海洋运输

海洋运输具有通过能力强、运输量大、运费低、速度较慢、受气候和自然条件影响大和风险较大等特点。目前,我国进出口货运总量的80%左右都是利用海洋运输。

根据船舶经营方式的不同,海洋运输可分为班轮运输和租船运输。

(1) 班轮运输的特点

班轮运输(Liner Transport)是指在固定的航线上,以既定的港口停靠顺序,按照事先公布的船期表和费率进行运营的水上运输方式。班轮运输适用于货流稳定、品种多和批量小的杂货运输。对于停靠的港口,不论货物数量多少,一般都可接受托运。

班轮运输具有"四固定一负责"的特点。

"四固定"指固定航线、固定停靠港口、固定船期和相对固定的运费率。这是班轮运输的基本特征。

"一负责"指**班轮运费包括装卸费用**,即承运人负责包括装卸货物及理舱在内的作业,并负责全部费用,不计收滞期费和速遣费。

(2) 班轮船期表

船期表(Liner Schedule)有多方面的作用,首先是为了招揽航线途经港口的货载,既满足了货主的需要，又体现了海运服务的质量；其次是有利于船舶港口和货物的及时衔接，以提高装卸的工作效率；再次是有利于提高船公司航线经营的计划质量。

班轮船期表的主要内容包括航线、船名、航次、编号、始发港、中途港和终点港的港名，到达和驶离的时间，其他有关的注意事项等。

托运人、货代等国际货物运输相关方可从中国船东协会官网、中国国际海运网等查询船期信息。

> **网站链接：运价查询参考网址**
>
> JCtrans 杰西圈 https://www.jctrans.com/cn/
> 中华航运网 https://www.chineseshipping.com.cn/
> 中远海运集装箱运输有限公司 https://lines.coscoshipping.com/home

 **知识链接**

> 租船运输（Charter Transport）是指租船人根据协议向船舶所有人租赁船舶用于货物运输，按商定的运价向船舶所有人支付运费或租金的运输方式。租船运输主要适用于货值较低的大宗散货。租船方式主要有定程租船（Voyage Charter）和定期租船（Time Charter）两种。

2. 航空运输

国际航空货物运输具有运送速度快、不受地面条件影响、深入内陆地区、安全准确、节约包装费用和保险费用等优点。它适宜运送急需物资、精密仪器、鲜活商品和贵重商品。近年来，国际货物航空运输日趋普遍。

航空运输有班机运输、包机运输、集中托运、航空快递、陆空陆联运和送交业务等方式，前四种是主要的运输方式。其中，班机运输难以满足大批量的货物运输要求；包机运输至少需要在发运前一个月与航空公司洽谈并签订协议；集中托运开展最为普遍，集中托运经营人类似于多式联运中的多式联运经营人；航空快递是一种最为快捷的运输方式，特别适用于各种急需物品和文件资料，其业务形式主要有门/桌到门/桌（Door/Desk to Door/Desk）、门/桌到机场（Door/Desk to Airport）和专人派送（Courier on Board）三种。

> **网站链接：世界著名的快递运输公司的网址**
>
> FedEx：https://www.fedex.com.cn/
> DHL：https://www.dhl.com/cn-zh/home.html
> UPS：https://www.ups.com/cn/en/Home.page
> EMS：https://www.ems.com.cn/

3. 集装箱运输

（1）国际标准集装箱

集装箱（Container）又称货柜。目前，国际上常用的干货集装箱有20英尺集装箱（Twenty Equivalent Unit，TEU）、40英尺集装箱（Forty Equivalent Unit，FEU）。其中使用较广泛的有：

IA 型，规格为 8 英尺×8 英尺×40 英尺；IAA 型，规格为 8 英尺×8.6 英尺×40 英尺；IC 型，规格为 8 英尺×8 英尺×20 英尺。为使集装箱箱数计算统一化，**把 20 英尺集装箱作为一个计算单位 TEU，称为标准集装箱**，40 英尺集装箱作为两个计算单位。主要集装箱参数见表 4-1。

表 4-1　主要集装箱参数

柜　型	内　容　积	配货毛重/t	配货体积/m³
20 英尺柜（20′GP）	5.69 m×2.13 m×2.18 m	17.5	24~26
40 英尺柜（40′GP）	11.8 m×2.13 m×2.18 m	22.0	54
40 英尺高柜（40′HQ）	11.8 m×2.13 m×2.72 m	22.0	68
45 英尺高柜（45′HQ）	13.58 m×2.34 m×2.71 m	29.0	86

小技巧

集装箱装运货物时，不但要受内容积的限制，还受配货重量的限制。

集装箱装箱有顺装和侧装两种方式。顺装是指将包装箱的长顺着集装箱的长摆放，侧装是指将包装箱的长顺着集装箱的宽摆放。绝大多数货物的箱形有多种配式，改变货物的堆码方式，可得到不同堆码的体积。在此基础上加上相关的包装厚度就可以得到不同的包装箱体积，分别对这些包装箱进行装箱计算，可以得到不同的装箱数量，从而选出适合装集装箱的箱形。

（2）集装箱货物的交接

集装箱的装箱方式可分为整箱货（Full Container Load，FCL）和拼箱货（Less than Container Load，LCL）。整箱货由发货人在工厂或仓库进行装箱，货物装箱后直接交集装箱堆场（Container Yard，CY）等待装运（货物也可以在集装箱堆场装箱出运），到达目的地后，收货人可直接从目的地的集装箱堆场提走货柜。拼箱货是指货量不足一整箱，需要由承运人在集装箱货运站（Container Freight Station，CFS）负责将不同发货人的货物拼装在一个集装箱内，货到目的地后，由承运人拆箱后分拨给各收货人。集装箱货物的交接方式见表 4-2。

表 4-2　集装箱货物的交接方式

货物交接方式	装　箱　人	拆　箱　人	交　接　地　点	表　达　方　式
整箱交整箱接（FCL/FCL）	货方	货方	门到门、门到场 场到门、场到场	Door to Door、Door to CY CY to Door、CY to CY
拼箱交拆箱接（LCL/LCL）	承运人	承运人	站到站	CFS to CFS
整箱交拆箱接（FCL/LCL）	货方	承运人	门到站、场到站	Door to CFS、CY to CFS
拼箱交整箱接（LCL/FCL）	承运人	货方	站到门、站到场	CFS to Door、CFS to CY

注："门"（Door）指发货人、收货人的工厂或仓库。

集装箱上都事先印有固定的集装箱编号，装箱后用来封闭箱门的铅封上印有号码。集装箱与集装箱封条如图 4-1 所示。集装箱号码和铅封号码可以取代运输标志，显示在主要出口单据上，成为运输中的识别标志和货物特定化的记号。

图4-1　集装箱与集装箱封条

4. 其他运输方式

（1）铁路运输

铁路运输主要承担长距离、大批量的货物运输。在没有水运条件的地区，几乎所有大宗货物的运输都是依靠铁路运输完成的。它在国际货物运输中仅次于海运。铁路运输有许多优点，例如一般不受天气条件的影响，可保障全年正常运输，运量大，速度快，有高度的连续性，风险也较小。它的主要缺点是灵活性差，只能在固定铁路线上运输。

拓展阅读：中欧班列

中欧班列（CHINA RAILWAY Express，CR Express）是由中国铁路总公司组织，按照固定车次、线路、班期和全程运行时刻开行，运行于中国与欧洲以及"一带一路"共建国家间的集装箱铁路国际联运列车。

目前中欧班列有西、中、东3条通道：西部通道由我国中西部经阿拉山口（霍尔果斯）出境，中部通道由我国华北地区经二连浩特出境，东部通道由我国东北地区经满洲里（绥芬河）出境。

中欧班列充分发挥其在时效、价格、运能、安全性等方面的优势，逐渐被中欧广大客户所接受，开行数量和质量持续稳步提升。

（2）邮政包裹物流

得益于万国邮政联盟和卡哈拉邮政组织（Kahala Post Group，KPG），邮政网络基本覆盖全球，比其他任何物流企业的渠道都要广。据不完全统计，我国出口跨境电商70%的包裹都是通过邮政系统投递的，其中中国邮政占据50%左右。

（3）国际多式联运

国际多式联运（International Multimodal Transport）是在集装箱运输的基础上产生和发展起来的一种以实现货物整体运输的最优化效益为目标的联运组织形式。它通常是以集装箱为运输单元，根据一份多式联运合同，以至少两种不同的运输方式，由多式联运经营人对全程运输负总责，将货物从一国境内的接管地点运至另一国境内指定交付地点的货物运输。国际多式联运适用于水路、公路、铁路和航空多种运输方式。

拓展阅读：跨境电商物流

跨境电商物流的主要目的是保证商品能够快速、安全地到达买家手中，同时降低物流成本，提高物流效率。常见的几种跨境电商物流模式如下。

（1）邮政物流

邮政物流模式是一种覆盖广且性价比较高的国际快件服务模式，主要有邮政航空小包、邮政航空大包、EMS、e 邮宝等。邮政业务通达全球 200 多个国家和地区，基本覆盖全球，物流渠道广，价格相对便宜，但是运输速度慢、物流跟踪困难、丢包率较高。

（2）国际商业快递

国际快递公司的优势明显，有区域航线、完整的物流配送链、专属的海关通关渠道，具备较强的竞争力。国际知名的四大快递公司包括 UPS、TNT、FedEx 和 DHL，运输价格高，并不能在跨境电子商务物流中占据主导地位，适用于价值高昂、运量小、库存周转率高的商品。

当前我国国内快递国际化进程加速，不少快递公司开始自建网络，或者与国外企业合作建立起国际速递业务。以顺丰国际速运为例，其服务覆盖范围日渐增大，可送达亚洲、欧洲及美洲多个国家和地区，配送效率不断提升，其中新加坡、马来西亚、泰国等地都仅需要 2~3 个工作日即可送达。

（3）跨境专线物流

跨境专线物流是利用航空飞机将货物运至国外，再通过当地的物流企业运输至目的地。这种物流模式能集中大批商品的运输，实现规模效益，降低运输成本，但是时效方面慢于商业快递。常见的专线物流有美国专线、欧洲专线、澳大利亚专线、俄罗斯专线等。相对而言，专线物流的网络覆盖范围较小，易发生"最后一公里"运输延迟问题。

（4）海外仓

海外仓是指在海外事先建设或租赁仓库，通过空运、海运、陆运或国际多式联运的方式把货物运送至海外的仓库。当有客户订单时，让仓库直接发货给顾客。这样可以避免单件发货运送成本高、退换货成本高，极大提升了跨境消费者的购物体验。

近年来，海外仓已成为跨境电商出口零售企业跨境物流的主要模式之一。

4.3.2 运输条款的主要内容

1. 装运时间

装运时间（Time of Shipment）又称为装运期，是指卖方将合同规定的货物装上运输工具或交给承运人的期限。

装运时间是合同的一项重要条款。如果卖方未按期装运货物，买方则有权解除合同，并要求卖方赔偿其损失。

国际贸易中，常见的装运时间的规定方法有以下几种。

1) 明确规定具体装运时间。可以规定某月或某几个月装运，也可以限定最迟装运时间。

例如："Shipment during March"（3 月份装运）；"Shipment before June 30"（6 月 30 日前装运）；"Shipment not later than June 30" 或 "Shipment on or before June 30"（不迟于 6 月 30 日装运）；"Shipment during February/March"（2/3 月装运）。

2) 规定在收到信用证后若干天内装运。

例如："Shipment within 30 days after receipt of L/C subject to buyer's L/C reaching the seller before March 1"（收到信用证后30天内装运，买方信用证须在3月1日前抵达卖方）。

3）规定在收到货款后若干天内装运。这种方法表明买方需要预付货款（Pre-payment）。因此，这种方式对卖方较有利。

> **小技巧：不宜采用的条款**
>
> 规定在合同签约后立即装运（Immediate Shipment）或尽快装运（Shipment as soon as possible）或即速装运（Prompt Shipment）等，由于这些词语各国解释不一，容易引起争议。《跟单信用证统一惯例》也明确规定不宜使用此类词，如果使用，银行将不予置理。因此，非特殊情况，一般不宜采用。

2. 装运港和目的港

装运港（Port of Shipment，Loading Port）是指货物起始装运的港口。一般情况下，装运港都是由卖方提出，经买方同意后确定。

目的港（Port of Destination）又称为卸货港（Unloading Port，Port of Discharge），是指买卖合同规定的最后卸货港口。目的港一般由买方提出，经卖方同意后确定。

装运港和目的港的规定方法有以下几种。

1）一般情况下，装运港和目的港都规定一个。例如："Port of Shipment：Qingdao"（装运港：青岛）；"Port of Destination：London"（目的港：伦敦）。

2）有时按实际业务的需要，也可分别规定两个或两个以上的装运港或目的港。例如："Port of Shipment：Qingdao，Dalian and Shanghai"（装运港：青岛、大连、上海）；"Port of Destination：London and Liverpool"（目的港：伦敦、利物浦）。

这种规定方法表示在多个港口都要装卸货物。

3）在磋商交易时确定装运港或目的港有困难，则可以采用选择港（Optional Port）办法或仅做笼统规定。例如："Port of Shipment：Qingdao/Dalian/Shanghai"（装运港：青岛/大连/上海）；"Port of Destination：London/Liverpool"（目的港：伦敦/利物浦）。

第三种与第二种的区别在于选择港最终只确定其中一个港口装卸货物。

> **小技巧：正确使用选择港**
>
> 在使用选择港时应注意：合同规定选择港的数目一般不超过三个；备选港口必须在同一条班轮航线上，而且是班轮公司的船舶都停靠的港口；在核定价格和计算运费时，应选择备选港口中最高的费率加上选港附加费计算。此外，一般要求买方在开信用证时宣布最终的目的港。

3. 分批装运和转运

分批装运和转运

分批装运和转运直接关系到买卖双方权益。一般来说，允许分批和转运对卖方来说比较主动（明确规定分期数量者除外）。合同中如对分批装运和转运不做规定，根据有些国家的法律，则不等于可以分批装运和转运。因此，为了避免不必要的争议，除非买方坚持，原则上应争取在合同中订入"允许分批装运和转运"。

(1) 分批装运

分批装运（Partial Shipments）是指一笔成交的货物，分若干批装运。

在买卖合同中规定分批装运的方法主要有三种。

1) 只规定允许分批装运，对于分批的具体时间、批次和数量均不做规定。这种做法对卖方比较有利，卖方可以全数出运不分批，也可以分批出运，每批数量不限。

2) 规定分若干批装运，而不规定每批装运的数量。卖方必须按规定批次装运。

3) 在规定分批装运条款时，具体订明每批的时间、批次和数量。这种做法往往是根据买方对货物的使用或销售的需要确定的，对卖方限制较严。例如："Shipment during March/June in four equal monthly lots"（3—6月分四批，每月平均装运）。

(2) 转运

转运（Transshipment）是指货物从装运港到目的港的运输过程中，允许在中途港口换装其他船舶转运至目的港。为了明确责任和便于安排转运，买卖双方应在买卖合同中对是否允许转运、转运办法、转运费的负担等问题做出具体规定。

知识链接：《UCP600》相关规定

《UCP600》第20条c款规定，只要同一提单包括运输全程，则提单可以注明货物将被转运或可被转运。即使信用证禁止转运，只要提单上标明货物已由集装箱、拖车或子母船运输，银行仍可接受注明将要发生或可能发生转运的提单。

《UCP600》第31条b款规定，表明使用同一运输工具并经由同次航程运输的数套运输单据在同一次提交时，只要显示相同目的地，即使运输单据上标明的装运日期不同或装卸港、接管地或发送地点不同，将不视为分批装运。如果交单由数套运输单据构成，其中最晚的一个装运日将被视为装运日。含有一套或数套运输单据的交单，如果表明在同一种运输方式下经由数件运输工具运输，即使运输工具在同一天出发运往同一目的地，仍将被视为分批装运。

符合"四同"情形的货物同时到达目的港，在收货人看来与一批装运没有显著差异，对收货人也不会造成明显的不利影响，故不视为分批装运。

《UCP600》第32条规定，如信用证规定在指定的时间段内分期支款或分期装运，任何一期未按信用证规定期限支款或装运时，信用证对该期及以后各期均告失效。

4. 装运通知

装运通知（Shipping Advice）是出口商向进口商发出货物已于某月某日或将于某月某日装运某船的通知。**装运通知的作用在于方便买方购买保险、准备提货手续或转售，其内容通常包括货名、装运数量、船名、装船日期、合同号或信用证号码等。**出口商发送装运通知时，有时需要附上或另行寄上货运单据副本，以便进口商明了装货内容。若碰到货运单据正本迟到的情况，方便进口商及时办理担保提货。

按照国际贸易的习惯做法，发货人在装运后应立即（一般在装船后两天内）发送装运通知给买方或其指定的人。如卖方未及时发送装运通知给买方而使其不能及时办理保险或接货，卖方应负责赔偿买方由此而引起的一切损失。

即使合同装运条款中没有列出装运通知的内容，出口商也需要及时发送装运通知。

4.3.3 运费的计算

班轮运费是班轮公司因运输货物而向货主收取的费用,根据散货运输和集装箱运输而有所不同。班轮运费是按照班轮运价表(Liner's Freight Tariff)的规定计算的。班轮运费包括基本运费(Basic Freight)和附加费(Additional or Surcharge)两部分,**即班轮运费=基本运费+附加费**。

班轮运费的计算

1. 基本运费

基本运费是指从装运港到目的港之间收取的运费,也是全程运费的主要部分。

基本运费按班轮运价表规定的计算标准计收。在班轮运价表中,根据不同的商品,班轮基本运费的计算标准见表4-3。

表 4-3 班轮基本运费的计算标准

计算标准	计算单位	运价表内的表示方式	说　明
重量法	按货物的毛重计收,即重量吨(Weight Ton)	W	1重量吨一般为1公吨 运费=实际重量吨 × 单位运费
体积法	按货物的体积计收,即尺码吨(Measurement Ton)	M	1尺码吨一般为 $1 m^3$ 运费=实际尺码吨 × 单位运费
从价法	一般以商品的FOB价按一定的百分率计收运费	AV 或 Ad Val	适用于体积、重量不大的贵金属、精密仪器、工艺品等货物 运费=实际FOB价 × 单位费率
选择法	按货物的毛重或体积从高计收	W/M	重量吨和尺码吨统称运费吨(Freight Ton) 运费=Max(实际运费吨)× 单位运费
	根据货物重量、体积或价值三者中较高者计收	W/M or AV	
	选择货物的重量、体积从高计收,然后再收取一定比例的从价运费	W/M Plus AV	
按件法	按货物的个数(辆、头……)计收运费	Per…	适用于车辆、活牲畜等
议定法	船、货双方临时议定运价(临时议定运价的运费率一般较低)	Open Rate	通常适用于粮食、矿石、煤炭等运量较大、货值较低、装卸容易、装卸速度快的农副产品和矿产品

> **课堂思考**
>
> 天津C公司出口货物对外报价FOB新港每公吨500港元。外商要求改报CIF香港价。业务人员查阅运价表知该商品每吨运费为50港元,并匡算保险费为6港元,便以CIF每公吨556港元对外报价,结果成交150公吨。到装运时发现运价表上运费吨50港元是指尺码吨,不是重量吨,因商品是轻抛货(1公吨重的货物体积为 $2.5 m^3$),造成损失11250港元。请问该业务员的正确运费报价应是多少?

2. 附加费

附加费是指对一些需要特殊处理的货物,或者突然事件的发生或客观情况变化等原因而另外加收的费用,一般是在基本运费的基础上加收一定百分比(附加运费率)的费用或规定每运费吨收取固定数值的费用。

常见附加费有超重附加费、超长附加费、直航附加费、转船附加费、港口附加费、港口拥挤附加费、选择港附加费、燃油附加费、货币贬值附加费等。

3. 班轮运费的计算

班轮运费是按照班轮运价表的规定计算的。班轮运价表的结构一般为说明及有关规定、港口规定及条款、货物的分类和等级表、航线费率表、附加费率表、冷藏货及活牲畜费率表等。计算步骤通常如下。

第一步，选择相关的班轮运价表；根据货物名称，在货物分级表中查到运费计算标准（BASIS）和等级（CLASS）。货物分级表是班轮运价表的组成部分，有"货物名称""等级"和"计算标准"三个项目，见表4-4。

表4-4 货物分级表

货物名称（COMMODITIES）	等级（CLASS）	计算标准（BASIS）
⋮	⋮	⋮
棉布及棉纱（COTTON GOODS & PIECE GOODS）	10	M
文具及办公用品（SATATIONERY & OFFICE APPLIANCE）	10	W/M
茶叶（TEA）	8	M
童车（TRICYCLES, CHILDREN VEHICLES）	9	M
瓷砖（TILES, PROCELAIN）	7	W
⋮	⋮	⋮

第二步，在航线费率表的基本费率部分，找到相应的航线、起运港、目的港，按等级查到基本运价。

第三步，从附加费率表中查出所有应付的附加费项目和数额（或百分比）及货币种类。

第四步，根据基本运费和附加费算出实际运价。

【例4-6】河北M公司出口箱装货，对外报价为每箱50美元CFR伦敦，英商要求改报FOB价，M公司应报多少？（已知：该货物体积规格为每箱长45 cm、宽40 cm、高25 cm，每箱毛重35 kg，运费计算标准为W/M，每运费吨基本运费为120美元，并加收燃油附加费20%，港口附加费10%。）

解：M：45 cm×40 cm×25 cm=45000 cm^3，即0.045 t

W：35 kg=0.035 t

因 0.045>0.035

故选用 M。

运费 F=120×0.045+120×0.045×20%+120×0.045×10%=7.02（美元）

FOB=CFR−F=50−7.02=42.98（美元）

答：M公司应报FOB中国港口，每箱42.98美元。

【例4-7】辽宁N外贸公司拟出口某商品的原报价为每箱100美元FOB大连，现国外要求改报CFR旧金山每箱的价格。假设该商品按重量计收运费，系木箱装，每箱货物净重20 kg，木箱重量5 kg，从大连至旧金山每吨运费为300美元，问N公司应如何对外报价？

解：毛重为25 kg=0.025 t

$F = 300×0.025 = 7.5$（美元）

$CFR = FOB + F = 100 + 7.5 = 107.5$（美元）

答：N 公司应报 CFR 旧金山每箱 107.5 美元。

4. 集装箱运费的计算

海运实务中，集装箱运费的计算相对简单。计算集装箱运费时，只需要知道待运货物是整箱货还是拼箱货，整箱货适用整箱货运价，拼箱货适用拼箱货运价。在整箱货物运输中，大多数公司都会采用以箱为单位的计费方式，实行包箱费率。包箱费率是船公司根据自身情况，以不同类型的集装箱为计费单位确定整箱货的不同航线包干费。整箱货包箱费率通常包括集装箱海上运输及装卸港口码头装卸费用。在拼箱货物运输中，采用与普通杂货班轮运输基本运费相同的方法，对具体的航线按不同的计费标准来计算基本运费。集装箱运输根据需要也会加收各种附加费。

包箱费率主要有三种形式：①FAK 包箱费率，是一种不分货物种类的统一费率，即对每个集装箱收取相同的费用，见表 4-5。②FCS 包箱费率，是按照货物的不同等级制定的包箱费率。③FCB 包箱费率，是按照货物的不同等级或类别以及计算标准制定的包箱费率。

表 4-5　上海港到部分港口的 FAK 包箱费率　　　　　　　　　（单位：美元）

目的港	拼箱货运费		整箱货运费	
	拼箱费率 1 LCL（M）MTQ	拼箱费率 2 LCL（W）TNE	包箱费率 1 FCL 20′GP	包箱费率 2 FCL 40′GP
SINGAPORE	65	—	1100	2035
BARCELONA	103	139	2100	4130
MARSEILLES	109	147	2250	4330
GENOA	115	156	2400	4730
NAPLES	121	165	2550	5030
ADELAIDE	103	139	2100	3960
MONTREAL	130	—	3150	4350
AUCKLAND	123	—	2090	3955
WELLINGTON	133	—	2290	4335

【例 4-8】上海 ABC 公司委托国际货运代理人出运一票货物，从上海到鹿特丹，共装 10 个 20 英尺集装箱。假设每只 20 英尺集装箱从上海港到鹿特丹港的费用如下：基本运费 USD1600，燃油附加费 USD200，绕航附加费 USD80，港口拥挤附加费 USD150，港口附加费 USD100。请问托运人需要支付多少运费？

解：$F = 10×(1600+200+80+150+100) = 21300$（美元）

4.4　知识拓展

1. 普通货物航空运费计算

采用班机运输时，普通货物航空运费等于计费重量与运价的乘积，计算公式为

$$航空运费 = 计费重量 \times 运价$$

(1) 计费重量

计费重量一般以千克为单位,在货物的毛重和体积重量中取较大的。体积重量的计算方法是测量货物的长、宽、高(尾数四舍五入),然后计算体积,再将体积转换成重量。

体积重量计算公式为

$$体积重量(kg) = 长(cm) \times 宽(cm) \times 高(cm) \div 6000$$
$$= 货物的体积(m^3) \times 167\ kg$$

(2) 运价

普通货物运价根据货物重量,分为若干个重量等级分界点运价。例如,"M"代表 Minimum Charge(最低运费),即货物的起运运价;"N"代表 45 kg 以下的普通货物的运价;同时还公布 Q45、Q100、Q300、Q500、Q1000 等重量等级分界点的运价。例如,Q45 表示重量为 45~100 kg(包括 45 kg 但不包括 100 kg)的货物的运价,以此类推。重量越大,运费单价越低。

 注意:如果计算的航空运费少于最低运费,按最低运费标准收取航空运费;如果计费重量比较接近较高一级计费重量临界点的,按"较高一级临界点计费重量×较高一级运价"的结果与上述计算结果相比,按较低者计收航空运费。

【例 4-9】上海机场到东京机场航班的普通货物运价如下:M 级运费为 CNY230,N 级运费为 CNY40.3,Q45 级运费为 CNY38.5,Q100 级运费为 CNY35.2,见表 4-6。

表 4-6 上海机场到东京机场航班的普通货物运价

Minimum	Normal	45 KGS	100 KGS
230	40.3	38.5	35.2

A 公司的一批普通货物,总毛重为 95 kg,每箱的包装体积规格为 80 cm×60 cm×50 cm,共 2 箱。请计算该批货物的航空运费。

$$货物的体积重量 = 80 \times 60 \times 50 \times 2 \div 6000 = 80\ (kg)$$

体积重量小于毛重,计费重量按毛重计算,对应的运价是 38.5 元人民币,按此方法计算的航空运费,用 F_1 表示。

$$F_1 = 95 \times 38.5 = 3657.5\ (元人民币)$$

用较高一级重量分界点计算的航空运费,用 F_2 表示。

$$F_2 = 100 \times 35.2 = 3520\ (元人民币)$$

比较 F_1 和 F_2,取较低者,因此该票货物的航空运费为 3520 元人民币。

2. 实用英语

Class Rate Freight Tariff 等级运价表
Classification of Commodities 货物分级表
Courier on Board 专人派送
Forty Equivalent Unit(FEU) 40 英尺集装箱
Full Container Load(FCL) 整箱货
International Multimodal Transport 国际多式联运
Less than Container Load(LCL) 拼箱货
Liner Schedule 船期表

Marine Transport　海洋运输
Merchant Vessel（M/V）　商船
Place of Receipt　收货地
Port of Call　挂靠港
Port of Discharge　卸货港
Port of Transshipment　转运港
Twenty Equivalent Unit（TEU）　20英尺集装箱/标准集装箱
Estimated/Expected Time of Arrival（ETA）预计到达时间
Estimated/Expected Time of Departure（ETD）预计开航时间

4.5　业务技能训练

4.5.1　自测习题

1. 翻译

1）FCL ＿＿＿＿＿＿＿＿＿　2）LCL ＿＿＿＿＿＿＿＿＿
3）CY ＿＿＿＿＿＿＿＿＿　4）CFS ＿＿＿＿＿＿＿＿＿
5）Partial Shipment ＿＿＿＿＿　6）Transshipment ＿＿＿＿＿
7）TEU ＿＿＿＿＿＿＿＿＿　8）Container ＿＿＿＿＿＿＿

2. 单选题

1）成交量较小、批次较多、交接港口分散的货物运输比较适宜（　　）。
　A. 班轮运输　　B. 租船运输　　C. 定期租船运输　　D. 定程租船运输

2）海洋运输的特点是（　　）。
　A. 投资大　　B. 运输量大　　C. 运费高　　D. 运输速度快

3）我国出口到蒙古的杂货运输应选择（　　）。
　A. 海洋运输　　B. 铁路运输　　C. 航空运输　　D. 管道运输

4）在国际货物运输中，使用最多的是（　　）运输。
　A. 公路　　B. 铁路　　C. 航空　　D. 海洋

5）在班轮运价表中用字母"M"表示的计收标准为（　　）。
　A. 按货物重量计收　　B. 按货物体积计收
　C. 按商品价格计收　　D. 按货物件数计收

6）在国际货物运输中，对需要进行拼箱处理的货物，一般需要承运人在（　　）负责将不同发货人的货物拼装在一个集装箱内。
　A. 集装箱堆场　　B. 集装箱货运站
　C. 发货人仓库　　D. 码头

7）下列运输方式中不能实现"门到门"运输的是（　　）。
　A. 航空运输　　B. 邮政运输　　C. 国际多式联运　　D. 集装箱运输

8）下列装运港和目的港的规定方法中，叙述不正确的是（　　）。
　A. 一般只规定一个装运港和目的港
　B. 无须列明港口名称
　C. 可规定选择港
　D. 可酌情规定两个或两个以上的装运港和目的港

9）不建议采用的装运期的规定方法是（　　）。
　　A. 明确规定具体装运期限　　　　B. 规定在收到信用证后若干天装运
　　C. 笼统规定近期装运　　　　　　D. 规定在交货期若干天前装运

3. 判断题

1）集装箱运输时，LCL 是指拼箱运输。　　　　　　　　　　　　　　（　　）
2）铁路运输是国际货物运输的主要方式之一。　　　　　　　　　　　（　　）
3）租船运输比较适合大宗货物的运输。　　　　　　　　　　　　　　（　　）
4）合同中规定装运条款为"9/10 月份装运"，我方出口公司必须将货物于 9 月、10 月两个月内，每月各装一批。　　　　　　　　　　　　　　　　　　　　　　　（　　）
5）如果信用证规定在指定时期内分批装运，若其中某一期未按规定装运，则信用证对该期即告失效，对其余各期仍有效。　　　　　　　　　　　　　　　　　　　（　　）
6）在统计不同型号的集装箱时，按照集装箱的长度换算成 40 英尺单位加以计算。
　　　　　　　　　　　　　　　　　　　　　　　　　　　　　　　（　　）

4.5.2　课堂训练

1. 进出口合同中的装运期有哪些规定办法？合同中的装运港和目的港有哪些规定办法？
2. 什么叫分批装运？《跟单信用证统一惯例》对此有何规定？讨论分批装运中有一批未按期发运的后果。
3. 案例分析。

（1）大连 A 公司对新加坡出口 5000 公吨大豆，国外开来信用证规定：不允许分批装运。结果 A 公司在规定的期限内分别在大连港、天津新港各装 2500 公吨于同一航次的同一船上，提单也注明了不同的装运地和不同的装船日期，但目的港相同。A 公司把二套提单同时提交银行议付，请问这是否构成违约？银行能否顺利议付？

（2）福建 B 公司对印度尼西亚按 CFR 合同出口一批化肥，合同规定 1—3 月份装运，国外来证也如此，无其他字样。B 公司在租船订舱时发生困难，因出口量大一时租不到足够的舱位，需要分三次装运。请问在这种情况下，是否需要国外修改信用证的装运条款？

（3）深圳 C 公司向俄罗斯出口茶叶 9000 箱，合同和信用证均规定"从 7 月份开始，连续每月 3000 箱"，问：C 公司于 7 月份装 3000 箱，8 月份没装，9 月份装 3000 箱，10 月份装 3000 箱，可否？

4. 计算题。

（1）大连纺织品进出口公司出口到日本横滨一批纺织品，共 9.6 m³，运费计算标准为"M"。从大连至日本横滨基本运费为每运费吨 36 元人民币，燃油附加费每运费吨 18 元人民币，港口拥挤费 25%。试计算总运费为多少？

（2）苏州 D 公司向德国推销箱装货，原报价每箱 50 美元 FOB 上海，现客户要求改报 CFR Hamburg。问在不减少收汇的条件下，应报多少？（该商品每箱毛重 40 kg，体积 0.05 m³。在运费表中的计费标准为 W/M，每运费吨基本运费率为 200 美元，另加收燃油附加费 10%。）

4.5.3 实训操作

1. 常州天信外贸有限公司与加拿大客户 JAMES BROWN&SONS 通过磋商，决定货物从张家港运到加拿大的温哥华，不允许分批装运，允许转运，时间为 2025 年 3 月上旬。请你拟订具体的运输条款。

2. 江苏天地木业有限公司与现代公司商定，决定货物从宁波港运到美国的旧金山，允许分批装运，不允许转运，最迟时间为 2024 年 12 月底。请拟订具体的运输条款。

3. 常州常信外贸公司向法国金山贸易公司出口一批男式衬衫，经过双方磋商决定，2024 年 7 月、8 月、9 月从上海港分三批等量装运，目的港为法国马赛，允许分批装运和转运。请你拟订具体的运输条款。

任务 5 订立合同的运输保险条款

知识目标

1. 熟悉各种国际货物运输保险险别的责任范围。
2. 能区分共同海损和单独海损。

任务 5　订立合同的运输保险条款

能力目标

1. 选择恰当的海运货物保险险别。
2. 能够订立出口合同的运输保险条款。
3. 计算出口货物的保险金额和保险费。

素质目标

1. 培养学生良好的职业道德和团队合作精神。
2. 培养学生外贸经营活动中的风险意识和风险防范能力。

导学

带着以下问题学习本任务：为什么（Why）要办理国际货物运输保险？谁（Who）办理运输保险手续？在不同的国际货物运输方式下，应该投保什么（What）保险险别？投保金额与保险费应该如何（How）计算？

任务 5 导学

海洋运输保险主要是为了防范海上风险和外来风险造成的损失（全部损失和部分损失，共同海损和单独海损）和产生的费用。主要辨析共同海损和单独海损的区别。

主要学习我国保险条款，在海洋运输保险基础上拓展其他运输保险。平安险、水渍险、一切险和附加险的选择，主要看其承保范围的大小，另外注意不同险别不同术语下的保险责任的起讫。

5.1 任务描述与分析

1. 任务描述

常信公司多数情况下出口采用 CIF 术语，进口采用 FOB 术语。此前孙潇已经和莱佛士公司就运输条款达成一致。现在孙潇开始和 Lisa 讨论货物运输保险的相关事项，订立合同的保险条款。

2. 任务分析

在国际贸易的货物运输等诸多环节中，可能遇到各种风险，造成货物损失，产生一定的费用。为了转移货物在运输途中的风险，通常要投保货物运输险。

不同的贸易术语下，办理保险手续的责任人不一样。按 FOB、FCA、CFR、CPT 术语签订买卖合同，由买方办理保险手续，并支付保险费。在此情况下，合同保险条款比较简单，只需要明确保险由买方负责办理（Insurance：To be covered by the buyer）。

在 CIF、CIP 术语下，由卖方负责办理保险手续并缴纳保险费。此时，保险涉及买卖双方的利益。保险条款应明确保险责任、保险金额、投保险别和适用条款等内容。

5.2 任务实施与心得

1. 任务实施

（1）约定保险险别

目前，我国通常采用中国人民财产保险股份有限公司（以下简称中国人保财险）《海洋运输货物保险条款》（2018 版），选择平安险、水渍险、一切险三种基本险别中的一种，再根据货物特性和实际情况加保一种或若干种附加险。

现在根据货物的具体情况，双方约定投保一切险、战争险和罢工险。

（2）签订保险条款

保险：由卖方按发票金额的 110%投保一切险、战争险和罢工险，以中国人保财险海洋运输货物保险条款（2018 版）为准。

Insurance：To be covered by the Seller for 110% of total invoice value against All Risks, War Risks and Strike Risks as per ocean marine cargo clause of the PICC Property and Casualty Company Limited，dated 2018.

2. 任务实施心得

订立合同保险条款需要注意以下事项。

1）明确依据何种保险条款进行投保。通常采用中国人保财险《海洋运输货物保险条款》（2018 版），也接受英国伦敦保险业协会货物保险条款（ICC Clause）。

2）明确投保险别。根据货物的性质和特点，选择平安险、水渍险和一切险中的一种，另加保一种或几种附加险。在双方未约定险别的情况下，按照惯例，在 CIF 术语下，卖方可以投保最低险别，在 CIP 术语下，卖方需要投保最高的险别。但在实际业务中，最好投保一切险并加保战争险、罢工险等，以免投保险别过低，货物发生损失后得不到赔偿。

3）规定投保加成率。一般按照发票金额再加一成投保。如果买方要求按较高金额投保，而保险公司也同意承保，卖方也可接受，但因此而增加的保险费原则上应由买方承担。如果合同对此未做规定，《**UCP600**》**规定卖方有义务按 CIF 或 CIP 价格的总值另加 10%作为保险金额。**

4）明确保险单据形式。合同中明确注明投保人应提交保险单据的名称（保险单或保险凭证等）。

5）保险单所采用的币种通常与发票币种一致。

> 其他保险条款参考示例：
> 【例 5-1】保险由买方委托卖方按发票金额的 110%代为投保水渍险和串味险，保险费由买方负担，以中国人保财险《海洋运输货物保险条款》（2018 版）为准。

Insurance: To be effected by the Seller on behalf of the buyers for 110% of total invoice value against W.P.A. including Taint of Odors, premium to be for buyer's account as per and subject to the relevant Ocean Marine Cargo Clauses of the PICC Property and Casualty Company Limited, dated 2018.

【例5-2】保险由卖方按发票金额的120%投保协会货物条款A险，以伦敦保险协会2009年1月1日货物保险条款为准。

Insurance: To be covered by the Seller for 120% of total invoice value against ICC (A), as per Institute Cargo Clause dated January 1st, 2009.

5.3 相关知识

5.3.1 海上货物运输保险承保范围

1. 海运货物保险保障的风险

在海运途中，船只和货物可能遭受自然灾害（Natural Calamity）和意外事故（Fortuitous Accident）等海上风险，此外还有偷窃、渗漏、短量、雨淋、提货不着、串味、受热、受潮等一般外来风险和由于军事、政治、国家政策法令以及行政措施等特殊外来原因造成的风险。海上货物运输风险见表5-1。

理解风险、损失和险别的关系

表5-1 海上货物运输风险

风险	海上风险	自然灾害	暴风、巨浪、雷电、海啸、洪水等
		意外事故	船舶搁浅、触礁、沉没、碰撞、失火、爆炸等
	外来风险	一般外来风险	偷窃、渗漏、短量、雨淋、提货不着、串味、受热、受潮等
		特殊外来风险	战争、罢工、交货不到、货物被当局拒绝进口或没收等

2. 海运货物保险保障的损失

被保险货物在海洋运输中由于以上风险所造成的损坏或灭失，称为海损。按货物损失的程度，海损可分为全部损失和部分损失。海损的分类见表5-2。

表5-2 海损的分类

海损	全部损失	实际全损
		推定全损
	部分损失	共同海损
		单独海损

（1）全部损失

全部损失（Total Loss）是指运输中的整批货物或不可分割的一批货物的全部损失。全部损失又可分为实际全损和推定全损两种。

实际全损（Actual Total Loss）是指被保险货物（保险标的物）全部灭失，或货物毁损后不能复原，或完全丧失原有用途，已不具有任何使用价值，或不能再归被保险人所有等。例如，货物沉没海底无法打捞，水泥被水浸泡后完全丧失原有用途，货物全部被海盗劫走等。

推定全损（Constructive Total Loss）是指被保险货物受损后完全灭失已不可避免，或修复受损货物的费用将超过货物本身价值，或被保险货物遭受严重损失后，继续运抵目的地的运费将超过残损货物的价值。

在发生推定全损的情况下，被保险人既可要求按部分损失赔偿，也可以按全部损失赔偿。如要求按全部损失赔偿，被保险人必须向保险人发出委付通知，经保险人同意，才能按推定全损赔付。所谓委付（Abandonment），是指被保险货物发生推定全损时，被保险人自愿将货物的一切权利转移给保险人，要求保险人按全损给予赔偿。

案例分析

> 宁波B公司向美国A公司以CIF旧金山出口一批布料。货轮在运输途中因触礁导致某舱舱底出现裂口，舱内存放的A公司的布料全部严重受浸。因舱内进水，船长不得不将船就近驶入避风港修补。如果将受水浸的布料漂洗后，再运至原定的目的港旧金山，所花费的费用超过该批布料的本身价值。请问：该批布料的损失属于什么性质的损失？
>
> 分析：该批布料的损失应属于推定全损。当损失发生时，为挽回损失对被保险货物采取措施的支出超过全部损失的情况下，可要求保险公司按全部损失给予赔偿。同时，A公司须将布料及其权利委付给保险公司。

（2）部分损失

部分损失（Partial Loss）是指被保险货物的损失没有达到全部损失的程度。按照造成损失的原因，它可分为共同海损和单独海损两种。

1）共同海损。共同海损（General Average，GA）是指载货船舶在航行途中遭遇灾害、事故，威胁到船、货共同的安全，为了解除这种威胁，维护船、货的共同安全，或者使航程得以继续完成，由船方有意识地、合理地采取措施而造成的特殊损失或支出的额外费用。

共同海损的成立必须具备以下条件。

① **必须确实遭遇危难**。共同海损的危险是真实存在不可避免的，而不是主观臆测的。

② **必须是为船、货共同安全而采取的措施**。如果只是为了船舶或货物单方面的利益而造成的损失，不能作为共同海损。

③ **所支付的费用是额外的**，损失是非常性质的。例如，船舶搁浅之后，为使船舶脱浅，非正常地使用船上轮机，因而导致主机损坏，船舶无法航行，被其他船只拖至安全处，由此支付救助的费用，就属于额外费用。

④ **必须是主动地、有意识地采取的合理措施**。例如，船只在海上遭遇风暴，船只剧烈倾斜，如不减轻重量，会导致船身整个倾入海中而沉没。为此，将偏重部分货舱中的货物抛入大海以保证船身平衡，这种有意采取合理措施造成的损失属于共同海损。

共同海损牺牲和费用均为使船舶、货物和运费方免于遭受损失而支出的，因此，应该由船方、货主和运费方按最后获救价值共同按比例分摊。这种分摊称为共同海损的分摊（GA Contribution）。

【例5-3】某货轮航行途中发生共同海损，船体损失30万元，货物牺牲20万元，将船拖至港口所用拖轮费用为5万元，损失运费5万元，共60万元。假设各方分摊总值为1500万元，具体如下:船舶价值为1000万元,货主甲的分摊价值为200万元,货主乙的分摊价值为100万元,货主丙的分摊价值为100万元,运费为100万元。求各方共同海损分摊值。

解:损失额60万元,分摊总值为1500万元,分摊比率为:60÷1500＝4%。

各方分摊价值的情况见表5-3。

表5-3 各方分摊价值的情况

分摊对象		分摊价值	分摊额
货主	甲	200万元	200×4%＝8（万元）
	乙	100万元	100×4%＝4（万元）
	丙	100万元	100×4%＝4（万元）
船主		1000万元	1000×4%＝40（万元）
运费方		100万元	100×4%＝4（万元）
总计		1500万元	60万元

2)单独海损。单独海损(Particular Average,PA)是指除共同海损以外的部分损失,即由于遭受海上风险所造成的损失,其损失未达到全损程度,而且该损失应由受损方单独承担。

案例分析

> 某货轮从天津新港驶往新加坡,在航行途中船舶货舱起火,大火蔓延到机舱。船长为了船、货的共同安全,决定采取紧急措施,往舱中灌水灭火,火虽然扑灭,但由于主机受损,无法继续航行。于是船长决定雇用拖轮将船拖回新港,修理后重新驶往新加坡。事后调查,这次事件造成的损失有:A.1000箱货被火烧毁;B.600箱货由于灌水灭火受到损失;C.主机和部分甲板被烧毁;D.拖船费用;E.额外增加的燃料和船长、船员工资。上述各项损失属于共同海损还是单独海损?
>
> 分析:根据共同海损和单独海损的概念,判断的依据主要在于发生损失的原因是主观还是客观,如果是人为的,就是共同海损,反之则是单独海损。B、D、E属于共同海损,A、C是单独海损。

可见,共同海损和单独海损均属部分损失,但二者的性质、起因和补偿方法有较大的区别。

① 造成海损的原因不同。单独海损是海上风险所直接导致的损失,共同海损则是为了解除船、货的共同危险有意采取合理措施而造成的损失。

② 损失的承担责任不同。单独海损由受损方自行承担,共同海损要由受益方(船方、货主、运费方)按照受益大小的比例共同分摊。

3. 海运货物保险保障的费用

遭遇海上货物运输风险,不仅使货物本身受到损毁导致经济损失,还可能会产生费用。保险人承保的费用包括施救费用(Sue and Labour Expense)和救助费用(Salvage Charge),见表5-4。保险人对上述费用都负责赔偿,但总和不超过保险金额。

表 5-4　保险人承保的费用

费用	施救费用	被保险人或其代理人、雇员等为防止损失扩大而采取抢救措施所支付的费用
		常与单独海损相联系，施救无论有无效果均予以赔偿
	救助费用	以被保险人本身的力量无法脱困，保险人和被保险人以外的第三方采取救助措施，并获成功，由被救助方支付给第三方的费用
		常与共同海损相联系，救助如无效果，则不予以赔偿

5.3.2　我国海洋货物运输保险的险别

保险险别是保险人对风险和损失的承保责任范围，是保险人与被保险人履行权利与义务的基础，也是保险人承保责任大小和被保险人缴付保险费多少的依据。

在我国，进出口运输保险最常用的是"中国保险条款"（*China Insurance Clause*，CIC）。该条款是由中国人保财险制定，按照不同的运输方式，分为海洋货物运输、陆上货物运输、航空货物运输和邮包货物运输四类保险条款等。

我国的货物运输保险险别按照能否单独投保，可分为基本险和附加险两类。**基本险可以单独投保，附加险不能单独投保**，只有在投保某一种基本险的基础上才能加保附加险。

1. 我国海洋货物运输保险的基本险

按照我国现行 CIC《海洋运输货物保险条款》的规定，海洋货物运输保险的基本险分为平安险、水渍险和一切险三种。

（1）平安险

平安险（Free from Particular Average，FPA）的英文原意是指单独海损不负责赔偿，但是随着国际贸易的发展，其承保范围已经突破了原先的严格限制，现在保险公司对一部分单独海损也负责赔偿。目前，平安险的责任范围如下：

1）被保险货物在运输途中由于恶劣气候、雷电、海啸、地震、洪水自然灾害造成整批货物的全部损失或推定全损。

2）由于运输工具遭遇搁浅、触礁、沉没、互撞、与流冰或其他物体碰撞以及失火、爆炸意外事故造成货物的全部或部分损失。

3）在运输工具已经发生搁浅、触礁、沉没、焚毁意外事故的情况下，货物在此前后又在海上遭遇恶劣气候、雷电、海啸等自然灾害所造成的部分损失。

4）在装卸或转运时一件或数件整件货物落海造成的全部损失或部分损失。

5）被保险人对遭受承保责任内危险的货物采取抢救、防止或减少货损的措施而支付的合理费用，但以不超过该批被救货物的保险金额为限。

6）运输工具遭遇海难后，在避难港由于卸货所引起的损失，以及在中途港、避难港由于卸货、存仓和运送货物所产生的特别费用。

7）共同海损的牺牲、分摊和救助费用。

8）运输契约订有"船舶互撞条约"，根据该条款规定应由货方偿还船方的损失。

 案例分析

对于下列各项损失，平安险是否应给予赔偿？①运输货物的船舶在运输途中触礁，海水涌进船舱，将甲商人的 5000 公吨货物浸泡 2000 公吨；②货物在运输途中遭遇恶劣天气，海水涌进船舱，将乙商人的 6000 公吨货物浸泡 3000 公吨；③货物运输途中遭遇恶劣天气，海水涌进船舱，将丙商人的 6000 公吨货物全部浸泡；④货物运输途中遭遇恶劣天气，海水涌进船舱，将丁商人的 6000 公吨货物浸泡 3000 公吨之后又触礁，海水涌进船舱，货物又被浸泡 1000 公吨。

分析：①货物被浸泡 2000 公吨是由于意外事故造成的部分损失，予以赔偿。②货物被浸泡 3000 公吨是自然灾害造成的部分损失，不予赔偿。③6000 公吨货物全部被浸泡是自然灾害造成的全部损失，予以赔偿。④3000 公吨货物被浸泡是遭遇意外事故前由于自然灾害造成的损失，予以赔偿；1000 公吨是由于意外事故造成的损失，予以赔偿。

（2）水渍险

水渍险（With Particular Average，WPA/WA）的责任范围，除包括上述平安险的各项责任外，还负责被保险货物由于恶劣气候、雷电、海啸、地震和洪水自然灾害所造成的部分损失。因此，水渍险比平安险的责任范围大，保险费率也比平安险高。

（3）一切险

一切险（All Risks）的责任范围除包括平安险和水渍险的各项责任外，还负责货物在运输途中因一般外来原因所致的全部损失或部分损失，如货物被盗窃、钩损、碰损、受潮、受热、淡水雨淋、短量、包装破裂和提货不着等。

案例分析

南京一外贸公司向坦桑尼亚出口一批坯布 300 包，CIF 达累斯萨拉姆。该外贸公司按合同规定保险金额投保了水渍险。货轮在航运途中，船舱内一食用水管渗漏，致使该批坯布中的 50 包遭水渍受损。请问：该损失可否向保险公司索赔？为什么？如果投保了一切险，结果会怎么样？

分析：船舱内的食用水管渗漏致使货物受损，属于一般外来风险损失，不属于水渍险的赔偿责任范围。因此，保险公司不予赔偿。

一切险的责任范围包括一般外来风险造成的损失。本案中，船舱内食用水管渗漏致使货物受损，属于一般外来风险损失。因此，如果该外贸公司投保了一切险，保险公司应予赔偿。

从三种基本险别的责任范围来看，**平安险范围最小**。它对自然灾害造成的全部损失和意外事故造成的全部和部分损失负赔偿责任。水渍险的责任范围比平安险大，凡因自然灾害和意外事故所造成的全部和部分损失，保险公司均负责赔偿。**一切险的责任范围是三种基本险别中最大的。一切险是平安险和水渍险加一般附加险的总和。**

小技巧

在保险实务中，平安险一般适用于低值的大宗货物，例如铁丝、钢板、建筑用的板材、沙石等；水渍险一般适用于不大可能由于其本身的特性或外部环境变化而导致损失的货物，例如小五金工具等；一切险提供的保障范围比较全面，适用于各类易受损的货物，例如纺织品、工艺品、精密仪器等。

2. 我国海洋货物运输保险的附加险

我国海洋货物运输保险的附加险有一般附加险和特殊附加险两类。

(1) 一般附加险

一般附加险所承保的是由于一般外来风险所造成的全部或部分损失。其险别共有下列11种：偷窃、提货不着险（Risk of Theft, Pilferage and Non-delivery, T.P.N.D.）、淡水雨淋险（Risk of Fresh Water & Rain Damage, F.W.R.D.）、短量险（Risk of Shortage）、混杂和玷污险（Risk of Intermixture & Contamination）、渗漏险（Risk of Leakage）、碰损和破碎险（Risk of Clash & Breakage）、串味险（Risk of Odour）、受热和受潮险（Risk of Damage Caused by Heating & Sweating）、钩损险（Risk of Hook Damage）、包装破裂险（Risk of Loss or Damage Caused by Breakage of Packing）、锈损险（Risk of Rust）。

一般附加险不能作为一个单独的项目投保，只能在投保平安险或水渍险的基础上，根据需要加保一种或若干种一般附加险。但**如已投保了一切险，就不需要再加保一般附加险，因为保险公司对于承保一般附加险的责任已包含在一切险的责任范围内**。

(2) 特殊附加险

特殊附加险是指承保由于军事、政治、国家政策法令以及行政措施等特殊外来原因所引起的风险与损失的险别，有8种：战争险（War Risk）、罢工险（Strikes Risk）、交货不到险（Failure to Deliver Risk）、进口关税险（Import Duty Risk）、舱面险（On Deck Risk）、拒收险（Rejection Risk）、黄曲霉素险（Aflatoxin Risk）、货物出口到香港（包括九龙）或澳门存仓火险责任扩展条款。

下面介绍两种常用的特殊附加险。

1) 战争险。它承保战争或类似战争行为等引起保险货物的直接损失，不能单独投保。

战争险的承保责任范围包括：直接由战争、类似战争行为和敌对行为、武装行为或海盗行为所致的损失，以及由此所引起的捕获、拘留、扣留、禁止和扣押所造成的损失，或由各种常规武器（包括水雷、鱼雷、炸弹）所致的损失，以及由上述责任范围引起的共同海损的牺牲、分摊和救助费用。但对原子弹、氢弹等核武器造成的损失，保险公司不负责赔偿。

2) 罢工险。它对被保险货物由于罢工、工人被迫停工或参加工潮、暴动等人员的行动或任何人的恶意行为所造成的直接损失和上述行动或行为引起的共同海损的牺牲、分摊和救助费用负责赔偿。

 案例分析

> 江苏M公司按CIF出口一批冷冻食品，合同规定投保平安险加罢工险。货到目的港后发生码头工人罢工，港口无人作业，货物无法卸载。不久，货轮因无法补充燃料以致冷冻设备停机，该批冷冻食品变质。请问保险公司是否赔偿该损失？
>
> 分析：保险公司只对因罢工造成的直接损失负责赔偿，对于间接损失则不负责赔偿。例如，由于罢工引起劳动力不足，冷冻机因无燃料而中断致使货物变质，货物堆积在码头淋湿受损等均属间接损失。故此案中，保险公司不赔偿该损失。

按国际保险业惯例，已投保战争险后另加保罢工险，不另增收保险费，如仅要求加保罢工险，则按战争险费率收费。

风险、损失和险别的关系见表5-5。

表5-5 风险、损失和险别的关系

风险和险别			损失				
			海损			其他损失	
			全部损失	部分损失		一般其他损失	特殊其他损失
				共同海损	单独海损		
风险	海上风险		√	√	√		
	外来风险	一般外来风险				√	
		特殊外来风险					√
险别	基本险	平安险	√	√	*		
		水渍险	√	√	√		
		一切险	√	√	√	√	
	附加险	一般附加险				√	
		特殊附加险					√

注:"*"表示平安险负责赔偿部分单独海损。

3. 除外责任

我国《海洋运输货物保险条款》中的除外责任(Exclusion)共包括以下5条:①被保险人的故意行为或过失所造成的损失(如买方指使船员把完好的货物抛弃并谎称发生海难);②属于发货人责任引起的损失(如货物标志错误导致货物误运);③在保险责任开始前,被保险货物已存在的由于品质不良或数量短差所造成的损失(例如铁丝在装运前就存在严重的锈损现象);④由被保险货物的自然损耗、本质缺陷、特性以及市价跌落、运输延迟所造成的损失和费用(如运输延迟导致鲜活货物死亡);⑤属于战争险条款和罢工险条款规定的责任范围和除外责任。

4. 保险公司的保险责任的起讫

我国《海洋运输货物保险条款》中除战争险以外的所有险别保险责任的起讫,均采用国际保险业惯用的"仓至仓"条款(Warehouse to Warehouse Clause,W/W Clause),即**保险公司的保险责任是从被保险货物运离保险单所载明的起运港(地)发货人仓库开始,一直到货物到达保险单所载明的目的港(地)收货人的仓库时为止**。当货物进入收货人仓库,保险责任即告终止。但是,当货物从目的港卸离海轮后满60天,或当货物卸离海轮后进行了分配、分派或分散转运时,不论保险货物是否进入收货人的仓库,保险责任均告终止。

"仓至仓"条款

财产保险的被保险人在保险事故发生时对保险标的应当具有保险利益。保险利益原则是为了通过法律防止保险活动成为一些人谋取不正当利益的手段。

在FOB、CFR合同中,货物在装运港装上船后风险由买方承担,由买方作为被保险人向保险公司投保,保险合同只在货物装上船后才生效。保险公司的责任起讫为装运港船上到目的港收货人的仓库。货物装上船以前,买方不具有保险利益,因此不属于保险人对买方所投保险的承保范围。为避免保险盲区,卖方可以在装船前单独向保险公司投保"装船前险",也叫国内运输险,这样一旦发生装船前的损失,卖方即可从保险公司获得赔偿。

以 CIF 方式达成的交易，卖方向保险公司投保，卖方拥有货物所有权并具有保险利益。保险合同在货物起运地起运后即生效。保险公司的责任起讫为"仓至仓"条款。货物在装运港装上船后，所有权和风险转移给买方，若发生损失，买方具有保险利益，应该由买方向保险公司进行索赔。保险公司应该赔付给买方。

海洋货物运输战争险的保险责任起讫不采用"仓至仓"条款，而是仅限于水上危险或运输工具上的危险，即自货物在起运港装上海轮或驳船时开始，直到在目的港卸离海轮或驳船时为止。如果货物不卸离海轮或驳船，则从海轮到达目的港的当日午夜起算满 15 天，保险责任自行终止。如在中途港转船，不论货物是否在当地卸货，保险责任以海轮到达该港或卸货地点的当日午夜起算满 15 天为止，待再装上续运海轮时恢复有效，保险人仍继续负责。

5. 索赔期限

我国《海洋运输货物保险条款》中的三种基本险别的索赔时效，从保险事故发生之日起算，最多不超过两年。

5.3.3 其他货物运输保险

保险公司对不同运输方式的货物都订有相应的专门条款。

1. 其他运输的货物保险的种类

陆上运输货物保险的基本险别分为陆运险（Overland Transportation Risk）和陆运一切险（Overland Transportation All Risks）两种；航空运输货物保险的基本险别有航空运输险（Air Transportation Risk）和航空运输一切险（Air Transportation All Risks）两种；邮包运输保险的基本险别包括邮包险（Parcel Post Risk）和邮包一切险（Parcel Post All Risks）两种。

陆运险、航空运输险和邮包险的承保责任范围与《海洋运输货物保险条款》中的水渍险大致相同。保险公司负责赔偿被保险货物在运输途中遭受暴风、雷电、地震和洪水等自然灾害，或由于运输工具（主要是指火车、汽车、飞机）遭受碰撞、倾覆、出轨，或在驳运过程中因驳运工具搁浅、触礁、沉没、碰撞，或由于遭受隧道坍塌、崖崩或火灾、爆炸等意外事故所造成的全部损失或部分损失。

陆运一切险、航空运输一切险和邮包一切险的承保责任范围与《海洋运输货物保险条款》中的一切险相似。保险公司除承担上述陆运险、航空运输险和邮包险的赔偿责任外，还负责被保险货物在运输途中由于一般外来原因造成的短少、短量、偷窃、渗漏、碰损、破碎、钩损、雨淋、生锈、受潮、受热、发霉、串味和玷污等全部损失或部分损失。

此外，还有陆上运输冷藏货物险的专门险，以及陆上运输货物战争险（火车）、航空运输货物战争险、邮包运输货物战争险等附加险。由于邮包运输可能通过海、陆、空三种运输方式，因此保险责任兼顾了海、陆、空三种运输工具的特征。

知识链接

在附加险方面，除战争险外，《海洋运输货物保险条款》中的一般附加险和特殊附加险险别和条款均适用于陆、空、邮运输货物保险。

2. 保险公司对运输货物险的保险责任起讫

陆上运输货物险的责任起讫也采用"仓至仓"责任条款。保险人负责被保险货物运离保险单所载明的起运地发货人的仓库或储存处所开始运输时生效,包括正常陆运和有关水上驳运在内,直到该项货物运达保险单所载明的目的地收货人仓库或储存处所,或被保险人用作分配、分派的其他储存处所为止。但如未运抵上述仓库或储存处所,则以被保险货物到达最后卸载的车站满60天为止。航空运输货物保险的责任起讫同样适用于"仓至仓"条款。如未进仓,以保险货物在最后卸载地卸离飞机后满30天为止。

陆运货物战争险的责任起讫与海运货物战争险相似,以货物置于运输工具为限,即自货物装上保险单所载起运地火车时开始,至卸离保险单所载目的地火车时为止。如不卸离火车,以火车到达目的地的当日午夜起满48 h为止。航空运输货物战争险的责任起讫自被保货物装上飞机时开始至目的地卸离飞机为止。如不卸离飞机,以飞机到达目的地的当日午夜满15天为止。

各种货物运输保险责任起讫对照表见表5-6。

表5-6 各种货物运输保险责任起讫对照表

运输保险险别		责 任 起 讫	最长保险责任期限
海运险		装运港发货人仓库至目的港收货人仓库	如果不进仓库,从目的港卸离海轮满60天
陆运险		起运地发货人仓库至目的地收货人仓库	如果不进仓库,运抵最后卸货车站满60天
空运险		起运地发货人仓库至目的地收货人仓库	如果不进仓库,从目的地卸离飞机满30天
邮包险		起运地邮局的寄件人处所至所载明的目的地邮局	如果不进邮局,邮局发出通知书给收货人的当日午夜满15天
战争险	海运	装上运输工具至卸离运输工具(海运、空运在中途转运港卸下的15天内可以存在该转运港口辖区,一旦续运,保险责任又重新开始)	如果不卸离船,到达目的港满15天
	陆运		如果不卸离火车,火车到目的地站午夜满48 h,到中途站午夜满10天
	空运		如果不卸离飞机,到达目的地起满15天
	邮包	开始运送起至送交收货人止	

5.3.4 保险金额与保险费

保险金额是指保险人承担赔偿或者给付保险责任的最高限额,也是保险人计算保险费的基础。保险金额一般由买卖双方协商确定。

按照国际惯例,保险金额通常在CIF或CIP发票金额的基础上加一定的投保加成计算,一般为10%。这增加的10%作为买方进行这笔交易所支付的费用和预期利润。

保险金额的计算公式为

$$\text{保险金额} = \text{CIF价(或CIP价)} \times (1 + \text{投保加成率})$$

投保人交付保险费是保险合同生效的前提条件。

$$\text{保险费} = \text{保险金额} \times \text{保险费率}$$
$$= \text{CIF价(或CIP价)} \times (1 + \text{投保加成率}) \times \text{保险费率}$$

5.4 知识拓展

1. 伦敦保险协会海运货物保险

在国际保险市场上,最为普遍采用的是英国伦敦保险协会所制定的"协会货物条款"(*Institute Cargo Clause*, ICC)。"协会货物条款"最早制定于1912年,经多次补充和修改,最新版条款的生效日期为 2009 年 1 月 1 日。

新版的伦敦保险协会的海运货物保险条款共有 6 种险别：①协会货物 A 险条款［ICC（A）］；②协会货物 B 险条款［ICC（B）］；③协会货物 C 险条款［ICC（C）］；④协会战争险条款（货物）（Institute War Clause-Cargo）；⑤协会罢工险条款（货物）（Institute Strikes Clause-Cargo）；⑥恶意损害险条款（Malicious Damage Clause）。

以上 6 种险别中，**ICC（A）相当于 CIC 中的一切险**，其责任范围更为广泛，故采用承保"除外责任"之外的一切风险的方式表明其承保范围。**ICC（B）大体上相当于 CIC 中的水渍险。ICC（C）相当于 CIC 中的平安险**，但承保范围较小。ICC（B）和 ICC（C）都采用列明风险的方式表示其承保范围。

ICC 中的海运货物保险条款中，除了前三者可单独投保外，在需要时，战争险、罢工险也可独立投保。

2. 实用英语

Actual Total Loss　实际全损
China Insurance Clause，CIC　中国保险条款
Commencement and Termination　起讫
Constructive Total Loss　推定全损
Fortuitous Accident　意外事故
Franchise　相对免赔率
Free All Average，FAA　不计一切海损
General Average　共同海损
Import Duty Risk　进口关税险

Insurable Interest　保险利益；可保权益
Insured Amount　保险金额
Natural Calamity　自然灾害
Ocean Marine Cargo Clause，OMCC　海洋运输货物保险条款
Salvage Charge　救助费用
Subject Matter Insured　保险标的物
Sue and Labour Expense　施救费用
W/W Clause　"仓至仓"条款

5.5　业务技能训练

5.5.1　自测习题

1. 翻译

1) Total Loss ＿＿＿＿＿＿＿　2) Partial Loss ＿＿＿＿＿＿＿
3) GA ＿＿＿＿＿＿＿　4) PA ＿＿＿＿＿＿＿
5) FPA ＿＿＿＿＿＿＿　6) WPA/WA ＿＿＿＿＿＿＿
7) ICC ＿＿＿＿＿＿＿　8) W/W Clause ＿＿＿＿＿＿＿

2. 单选题

1) 下列属于自然灾害的是（　　）。
　　A. 恶劣气候　　　　B. 共同海损　　　　C. 淡水雨淋　　　　D. 黄曲霉素超标
2) "仓至仓"条款是（　　）。
　　A. 承运人负责运输起讫的条款　　　　B. 保险人负责保险责任起讫的条款
　　C. 出口人负责交货责任起讫的条款　　D. 进口人负责付款责任起讫的条款
3) 我国海运货物保险条款中基本险的责任起讫采用（　　）条款。

A. OCP　　　　　　B. "仓至仓"　　　　C. "港至港"　　　D. "门到门"

4）为防止运输途中货物被窃，应该投保（　　）。

　　A. 一切险、偷窃险　　　　　　　　B. 水渍险
　　C. 平安险、偷窃险　　　　　　　　D. 一切险、平安险、偷窃险

5）某公司出口货物在运输途中遭遇风暴，运输船舶与货物均沉入海底。该公司损失的货物应属于（　　）。

　　A. 部分损失　　　B. 全部损失　　　C. 单独海损　　　D. 共同海损

6）公司出口茶叶5公吨，在海运途中遭受暴风雨，海水涌入仓内，致使一部分茶叶发霉变质，这种损失属于（　　）。

　　A. 实际全损　　　B. 推定全损　　　C. 共同海损　　　D. 单独海损

7）按我国《海洋运输货物保险条款》的规定，投保一切险后还可加保（　　）。

　　A. 偷窃、提货不着险　　　　　　　B. 平安险
　　C. 战争险、罢工险　　　　　　　　D. 淡水雨淋险

8）按照国际保险市场的惯例，投保时的保险加成率一般为（　　）。

　　A. 2%　　　　　B. 5%　　　　　C. 10%　　　　　D. 没有惯例

3. 判断题

1）某载货船舶在航行途中因故搁浅，船长为了解除船、货共同危险，命令将部分货物抛入海中，使船舶起浮，继续航行至目的港。上述搁浅和抛货的损失均属共同海损。（　　）

2）附加险不能单独投保，水渍险的责任范围小于平安险。（　　）

3）我国某公司按FOB贸易术语进口时，在国内投保了一切险，保险公司的保险责任起讫期限应为"仓至仓"。（　　）

4）出口玻璃器皿，因运输途中易出现破碎，故应在投保一切险的基础上加保碰损和破碎险。（　　）

5）全部损失是指运输中的整批货物或不可分割的一批货物的全部损失。（　　）

6）ICC（A）类似于我国的平安险。（　　）

5.5.2 课堂训练

1. 简述构成共同海损的条件。
2. 我国海洋货运保险有哪三种基本险别？（写出中文名称及英文简称）
3. "仓至仓"条款的主要内容是什么？
4. 什么叫共同海损？什么叫单独海损？二者有何区别？
5. 计算题。

（1）佛山A公司以每件30美元CIF迪拜出口服装5000件。货物出口前，由A公司向中国人民财产保险有限公司投保水渍险、淡水雨淋险及战争险，水渍险、淡水雨淋险及战争险的保险费率分别为0.6%、0.3%、0.2%，按发票金额110%投保。问：该批货物的投保金额和保险费各是多少？

（2）无锡B公司以每公吨10000英镑CIF伦敦（按加一成投保一切险，保险费率为1%），向外商出售一批轻工业产品。该外商拟自行投保，要求改报CFR价。问：CFR价格为多少？B公司应从CIF价中扣除多少保险费？

5.5.3 实训操作

1. 常州天信外贸有限公司与加拿大客户 JAMES BROWN & SONS 磋商决定，以发票金额的 120%投保 ICC（A）和战争险。请拟订具体的保险条款。

2. 江苏天地木业有限公司与美国现代公司商定，采用 CFR 术语，买方委托卖方按发票金额的 110%代为投保水渍险和串味险，保险费由买方负担。以中国人保财险《海洋运输货物保险条款》（2018 版）为准，请拟订具体的保险条款。

3. 常州常信外贸公司向法国金山贸易公司出口一批男式衬衫，双方磋商决定，成交总价为 CIF Marseille USD 20000。常信外贸公司欲向中国人保财险依据其《海洋运输保险条款》投保货物运输保险（已知保险费率：一切险为 0.2%，水渍险为 0.15%，平安险为 0.1%）。假设你是常信外贸公司的业务员，请回答：

（1）依据保险惯例，常信外贸公司应如何确定货物的保险金额？该批货物的保险金额是多少？

（2）应该投保何种险别比较合适？

（3）如最后确定投保一切险加战争险、罢工险，请拟订英文保险条款。

任务 6　订立合同的价格条款

知识目标

1. 了解商品的价格构成和计价货币的选择。
2. 掌握佣金与折扣的表示方法和计算方法。

能力目标

1. 完成成本核算与盈亏预算。
2. 进行不同贸易术语之间的价格换算。
3. 拟订出口合同的价格条款。

素质目标

1. 培养学生的成本意识。
2. 培养学生积极进取的竞争意识。

任务 6 导学

导学

价格是国际商品竞争的主要因素之一，是买卖双方谈判的焦点，直接关系到买卖双方的经济利益。通过本任务的学习，主要掌握成本核算与合理报价的技能。

本任务主要介绍了出口报价的核算、常用不同贸易术语价格（FOB、CFR、CIF、FCA、CPT、CIP）之间的换算、佣金与折扣的计算等。

单价由计价货币、单位价格金额、计量单位、贸易术语四部分组成，每个部分都要认真思考，做到最佳。

6.1　任务描述与分析

1. 任务描述

> 王明在去广交会前已获供应商报价，现进入报价核算阶段，再次获供应商确认出口的男式衬衫采购成本为每件 56.50 元，包含 13% 的增值税，出口退税率为 13%，公司的定额费率为 10%，预期利润为报价的 10%。此时该商品的面料价格不断上涨，美元对人民币汇率不断走低。
>
> 王明和孙潇核算成本后，与对方进行价格磋商，订立合同的价格条款。

2. 任务分析

国际贸易的商品价格包括单价（Unit Price）和总价（Total Amount）两项基本内容。单价由计价货币、单位价格金额、计量单

编制出口商品报价表

位、贸易术语四部分组成,示例见表6-1。此外,商品价格还经常涉及佣金和折扣等。

表6-1 单价组成示例

USD	1000	Per M/T	CIF NEW YORK
计价货币	单位价格金额	计量单位	贸易术语

在与国外客户进行价格磋商时,应考虑各种影响因素,不同的价格往往意味着不同的质量、数量、包装等。除了按照国际市场价格水平,结合经营意图和国别地区政策确定价格外,还应正确选择计价货币、适当地选用贸易术语、列明作价方法。对佣金和折扣应视交易的具体情况,正确地加以运用和规定。

6.2 任务实施与心得

1. 任务实施

(1) 选择合适的贸易术语

虽然运费由于原油价格的变动而波动,但由我方办理运输和保险能控制货物的出运,故选择使用"CIF SINGAPORE"的贸易术语。

(2) 进行商品的价格核算与报价

孙潇对商品价格进行核算,从工厂采购成本为每件56.50元,包含13%的增值税,出口退税率为13%,定额费率为10%,上海到新加坡的40'FCL运费换算为人民币1000元,公司如按客户要求加一成投保一切险和战争险,费率分别为0.8%和0.08%,公司的预期利润为报价的10%,由任务3的商品数量条款(见表3-1)可知,一个40'集装箱装可装2744件该类衬衫,核算过程如下。

核算出口产品价格

实际采购成本=含税采购成本−退税收入

$$=含税采购成本-含税采购成本\times\frac{出口退税率}{1+增值税税率}$$

$$=56.50-\frac{56.50}{1+13\%}\times13\%=50(元/件)$$

CIF = 实际采购成本+国内费用+国外运费+国外保险费+净利润

$=50+56.50\times10\%+1000\div2744+CIF\times110\%\times0.88\%+CIF\times10\%$

$[1-(110\%\times0.88\%+10\%)]\ CIF=56.01$

$$CIF=\frac{56.01}{1-(110\%\times0.88\%+10\%)}$$

$$\approx 62.91(元/件)$$

以美元兑人民币汇率为7.1计算:

$$CIF=\frac{62.91}{7.1}\approx 8.86(美元/件)$$

进口商要求3%的佣金,孙潇核算含佣价:

含佣价=净价/(1−佣金率)= 8.86÷(1−3%)≈9.13(美元/件)

(3) 拟订价格条款

考虑到交货期较近,虽然存在美元贬值和原材料价格上涨因素,但并未拟订价格调整条款和外汇保值条款，双方签订以下价格条款。

单价：每件9.13美元CIF新加坡含3%佣金

总值：25052.72美元

Unit Price：USD9.13 per piece CIF SINGAPORE including 3% Commission

Total Value：USD25052.72（Say U.S. Dollars Twenty Five Thousand and Fifty Two and Cents Seventy-two Only）

2. 任务实施心得

订立合同价格条款的难点在于事先进行准确的价格核算，并考虑各种价格影响因素。

（1）根据经营意图和实际情况选用适当的贸易术语

目前在国际贸易中，较多使用象征性交货的术语，即以装运港或装运地交货的方式成交。**在出口贸易中，争取按CIF或CIP方式成交。在进口大宗商品贸易中，争取使用FOB或FCA术语**，由我方自行租船、投保，以免卖方与船方勾结，利用租船提单，骗取货款。

采用货到付款或托收等商业信用的收款方式时，出口尽量避免采用FOB或CFR术语。

要注意术语中所涉地点与贸易术语相适应，例如：F组术语所涉地点为装运地，C组术语所涉地点为卸货地；FOB、CFR、CIF术语所涉地点为港口，FCA、CPT、CIP术语所涉地点可以是港口，也可以是机场等。

（2）正确选择计量单位和计价货币

一般情况下，单价中的计量单位与数量条款中的计量单位一致。

选择的货币应能够自由兑换成其他货币且比值相对稳定。进口交易一般选择软货币（贬值趋势），而出口选择硬货币（升值趋势）。

（3）合理确定商品的单价，防止作价偏高或偏低

制定进出口商品价格时，应注意国际市场价格走势和商品供求变化，并应考虑下列因素，如商品的质量和档次、运输距离、交货地点和交货条件、市场需求、季节性需求变化、成交数量、支付条件和汇率变动、客户类别和产品类别（新老产品）等。

如交货品质和数量约定有一定的机动幅度，则对机动部分的作价也应一并规定；如包装材料和包装费另行计价，则对其计价办法也应一并规定；港口拥挤费、选择费等特殊费用，如果由对方负担，也须在价格条款中订明。

其他价格条款参考示例：

（1）净价条款

单价：每公吨120美元CIF曼谷

总值：13000美元

Unit Price：USD120 per M/T CIF Bangkok

Total Value：USD13000（Say U.S. Dollars Thirteen Thousand Only）

（2）含佣价条款

单价：每箱15英镑FOB广州含2%佣金

总值：14350英镑

Unit Price：GBP15 per box FOB Guangzhou including 2% Commission

Total Value：GBP14350（Say Pounds Sterling Fourteen Thousand Three Hundred and Fifty Only）

(3) 含折扣单价条款

单价：每码 100 美元 FOB 上海减 2%折扣

Unit Price：USD100 per yard FOB Shanghai less 2% discount

(4) 固定价格条款

单价：每公吨 235 美元 CIF 纽约包含佣金 2%。合同成立后，不得调整价格。

Price：USD235 per M/T CIFC 2% New York. No price adjustment shall be allowed after conclusion of this contract.

6.3 相关知识

6.3.1 出口报价

1. 出口商品的价格核算

出口商品的价格由成本、费用和预期利润三个部分构成。

（1）成本

商品成本即实际采购成本，是在采购成本中扣除出口退税收入后的成本。

$$退税收入 = \frac{含税采购成本}{1+增值税税率} \times 出口退税率$$

实际采购成本 = 含税采购成本 − 退税收入

$$= 含税采购成本 - 含税采购成本 \times \frac{出口退税率}{1+增值税税率}$$

（2）费用

费用可分为国内费用（如包装费、仓储费、国内运费、检验及证书费用、商检费、出口捐税、银行手续费、垫款利息、业务费用等）和国外费用（视贸易术语不同，可能是海运或陆运、空运费和运输保险费）。

出口费用有三种计算方法。

1) 比例计算法。根据企业经营状况和管理规定，按采购成本的一定比例（出口费用率）计算出口费用。例如，某商品采购成本为 10000 元，出口费用率为 8%，则计算出口费用为 10000×8% = 800（元）。

2) 明细计算法。把可能产生的各项具体费用相加得到出口费用。

3) 比例法加明细法。这种方法把上面二者结合起来计算费用，把可以列明的各项具体费用相加，把不可以具体分摊的诸如水电费、管理费等按采购成本的一定费用率计算，然后相加。

银行费用是根据出口发票金额的一定百分比收取，计费基础是成交价格。垫款利息按照采购成本计算，远期收款利息按照成交价格计算。

（3）预期利润

利润与公司的预期利润率有关。利润率有成本利润率和销售利润率之分。前者是利润占成本的百分比，后者是利润占销售价格的百分比。计算利润的依据不同，销售价格和利润额也不一样。在实际业务中，采用哪一种利润率计算价格，并没有统一的规定，但多数公司采用销售利润率,本书在计算利润时也采用此方法。

$$FOB 价 = 实际采购成本 + 国内费用 + 净利润$$
$$CFR 价 = 实际采购成本 + 国内费用 + 国外运费 + 净利润$$
$$CIF 价 = 实际采购成本 + 国内费用 + 国外运费 + 国外保险费 + 净利润$$

注：FCA、CPT 与 CIP 价格构成与此相似。

【例 6-1】新扬公司将出口一个 20'货柜的商品 2028 辆至斯里兰卡的科伦坡。已知商品每辆购货成本为 80 元，包含 13% 的增值税，出口退税率为 13%。这批货国内运杂费共计 600 元，仓储费为 300 元，出口商检费为 200 元，报关费为 150 元，港区港杂费为 800 元，其他业务费用为 2000 元。上海到科伦坡的 20'货柜运费换算为人民币 15000 元。公司如按客户要求加一成投保一切险，费率为 0.8%。如果新扬公司的预期利润率为 7%，且该商品无须缴纳出口关税，请报出 FOB SHANGHAI、CFR COLOMBO、CIF COLOMBO 的人民币价格。

解：实际采购成本 = 80 − 80 ÷ (1 + 13%) × 13% ≈ 70.7965(元)
国内费用 = (600 + 300 + 200 + 150 + 800 + 2000) ÷ 2028 ≈ 1.9970(元)
国外运费 = 15000 ÷ 2028 = 7.3964(元)
国外保险费 = CIF × 110% × 0.8%

FOB 报价：FOB = 实际采购成本 + 国内费用 + 净利润
             = 70.7965 + 1.9970 + FOB × 7%
    FOB = (70.7965 + 1.9970) ÷ (1 − 7%) ≈ 78.27(元/台)

CFR 报价：CFR = 实际采购成本 + 国内费用 + 国外运费 + 净利润
             = 70.7965 + 1.9970 + 7.3964 + CFR × 7%
    CFR = (70.7965 + 1.9970 + 7.3964) ÷ (1 − 7%) ≈ 86.23(元/台)

CIF 报价：CIF = 实际采购成本 + 国内费用 + 国外运费 + 国外保险费 + 净利润
             = 70.7965 + 1.9970 + 7.3964 + CIF × 110% × 0.8% + CIF × 7%
    CIF = (70.7965 + 1.9970 + 7.3964) ÷ (1 − 7% − 110% × 0.8%)
        ≈ 87.05(元/台)

注意：价格核算出来之后，可以采用逆算法验算，即报价产生以后，用"收入−支出=利润"来核算对外报价是否正确。

2. 出口效益核算

出口效益核算的指标主要有以下两种。

(1) 出口换汇成本（换汇率）

该指标反映出口商品每取得一美元外汇净收入所耗费的人民币成本。换汇成本越低，出口的经济效益越好。出口商品换汇成本如高于结汇时银行的外汇牌价，则出口为亏损；反之，则出口有盈利。其计算公式为

$$出口换汇成本 = 出口总成本(元) ÷ 出口外汇净收入(美元)$$

这里的出口总成本是指出口商品的进货成本加上国内费用（出口前的一切费用和税金）。出口外汇净收入指的是扣除运费和保险费后的 FOB 外汇净收入。

【例 6-2】某商品国内进价为 5070 元，加工费为 800 元，流通费为 700 元，税金为 30 元，出口销售外汇净收入为 1100 美元，则：

$$出口总成本 = 5070 + 800 + 700 + 30 = 6600(元)$$

$$出口换汇成本 = 6600 \div 1100 = 6(元/美元)$$

（2）出口盈亏率

该指标说明出口商品盈亏额在出口总成本中所占的百分比，正值为盈，负值为亏。

$$出口盈亏率 = \frac{出口销售人民币净收入 - 出口总成本}{出口总成本} \times 100\%$$

式中，出口销售人民币净收入是指出口商品的 FOB 价按当时外汇牌价折成人民币的数额。

【例 6-3】A 公司向加拿大出口商品价格为每公吨 500 美元 CIF 温哥华，支付运费为 70 美元，保险费为 6.5 美元。如果该公司收购该商品的收购价为每公吨 1800 元，且国内直接费用和间接费用之和为收购价的 17%，试计算该商品的出口总成本、出口销售外汇净收入和出口换汇成本。假若当期银行外汇牌价为 1 美元合 6.4 元人民币，试计算该笔出口贸易的盈亏率。

解： 出口总成本 = $1800 \times (1 + 17\%) = 2106$（元）

出口外汇净收入 = $500 - (70 + 6.5) = 423.5$（美元）

出口换汇成本 = $2106 \div 423.5 \approx 4.973$（元/美元）

出口人民币净收入 = $423.5 \times 6.4 = 2710.40$（元）

出口盈亏率 = $(2710.4 - 2106) \div 2106 \times 100\% \approx 28.70\%$

6.3.2 商品的价格换算

FOB 价换算为其他价：

CFR 价 = FOB 价 + 运费

CIF 价 = FOB 价 + 运费 + 保险费

= FOB 价 + 运费 + CIF 价 × (1 + 投保加成率) × 保险费率

$$CIF 价 = \frac{FOB 价 + 运费}{1 - (1 + 投保加成率) \times 保险费率}$$

完成出口产品报价

CFR 价换算为其他价：

FOB 价 = CFR 价 − 运费

$$CIF 价 = \frac{CFR 价}{1 - (1 + 投保加成率) \times 保险费率}$$

CIF 价换算为其他价：

FOB 价 = CIF 价 × [1 − (1 + 投保加成率) × 保险费率] − 运费

CFR 价 = CIF 价 × [1 − (1 + 投保加成率) × 保险费率]

FCA、CPT 和 CIP 三种贸易术语的价格换算与 FOB、CFR 和 CIF 类似。

【例 6-4】我方对外报价为每公吨 1000 美元 CIF 新加坡，而外商还盘为每公吨 902 美元，FOB 中国口岸。经查，该货物由中国港口运至新加坡每公吨运费为 88 美元，保险费率合计为 0.95%。试问单纯从价格角度讲，我方可否接受此项还盘？

解： 将我方报价 CIF 新加坡换算成 FOB 中国口岸价格，其结果为

FOB 中国岸价 = CIF 价 × [1 − (1 + 投保加成率) × 保险费率] − 运费

= $1000 - 1000 \times 110\% \times 0.95\% - 88 = 901.55$（美元）

而外商报价为 FOB 中国口岸 902 美元，二者相差无几，可以接受外商还盘。

【例 6-5】某商品的出口价为每公吨 CFR 香港 700 美元，买方提出改报 CIF 价，并要求按 CIF 价的 110% 投保水渍险和战争险，总保险费率为 1.2%，求 CIF 报价。

解：CIF = CFR/[1−(1+投保加成率)×投保费率]
　　　 = 700/[1−(1+10%)×1.2%]
　　　 ≈ 709.36（美元）

6.3.3 佣金和折扣

1. 佣金

（1）佣金的含义

在国际贸易中，有些交易是通过中间代理商进行的。因中间商介绍生意或代买代卖而需要收取一定的酬金，此项酬金叫作佣金（Commission）。**包含佣金的价格称为含佣价，不含佣金的价格则为净价（Net Price）**。凡在合同中明确规定佣金的百分比，叫作明佣。如果中间商为了从买卖双方获取双头佣金或为了逃税，有时要求在合同中不规定佣金，而另按双方暗中达成的协议支付。这种暗中约定佣金的做法，叫作暗佣。货价中是否包括佣金以及佣金比例的大小，都会影响商品的价格。

（2）佣金的规定方法

1）以文字来说明佣金。例如："USD200 per M/T CIF San Francisco including 2% commission"（每公吨 200 美元 CIF 旧金山，包括2%佣金）。

2）在贸易术语上加注佣金的缩写英文字母 C 和佣金的百分比来表示。例如："USD200 per M/T CIFC2% San Francisco"（每公吨 200 美元 CIFC2%旧金山）。

3）用绝对数来表示佣金。例如："USD25 of commission per metric ton"（每公吨付佣金25美元）。

佣金的规定应合理，其比率一般掌握在 1%~5%，不宜过高。

（3）佣金的计算

在国际贸易中，计算佣金的方法不一，有的按成交额约定的百分比计算，有的按成交商品的数量计算，有的则以卖方净收入 FOB 为基数计算。

在实际业务中，一般按成交额作为计算佣金的基数，用公式表示为

$$佣金额 = 含佣价 \times 佣金率$$

$$佣金额 = 含佣价 - 净价$$

上述公式也可写成

$$净价 = 含佣价 \times (1 - 佣金率)$$

$$含佣价 = \frac{净价}{1 - 佣金率}$$

【例6-6】 一批出口商品的成交金额按 FOB 条件含佣价为 200000 美元，佣金率为3%，则佣金为多少？扣除佣金后的净价为多少？

解：佣金 = 200000×3% = 6000（美元）
　　 净价 = 200000−6000 = 194000（美元）

佣金的支付一般有两种做法：一种是由中间代理商直接从货价中扣除佣金；另一种是在委托人收清货款之后，按事先约定的期限和佣金比率，另行付给中间代理商。后一种情况对委托人比较有利。

2. 折扣

（1）折扣的含义

折扣（Discount，Allowance）是指卖方按原价给予买方一定百分比的优惠，主要有数量折扣、回款速度折扣以及年终回扣等。凡在价格条款中明确规定折扣率的，叫作明扣；凡交易双方已就折扣问题达成协议，而在价格条款中不明示折扣率的，叫作暗扣。折扣率越高，价格越低。

（2）折扣的规定方法

在国际贸易中，折扣通常在合同价格条款中用文字明确表示出来。例如："USD200 per metric ton CIF London including 3% discount"（CIF 伦敦每公吨 200 美元，折扣 3%）。此例也可这样表示："USD200 per metric ton CIF London Less 3% discount"（CIF 伦敦每公吨 200 美元，减 3% 折扣）。此外，折扣也可以用绝对数来表示。例如："Less USD6.00 per metric ton"（每公吨减 6 美元）。

（3）折扣的计算

折扣通常是以成交额或发票金额为基础计算。其计算公式为

$$单位货物折扣额 = 原价（或含折扣价）\times 折扣率$$

$$卖方实际净收入 = 原价 - 单位货物折扣额$$

【例 6-7】 南通 B 公司以每公吨 520 美元 CIF 香港，以折扣 2% 的价格对外出口一批货物，那么，B 公司每公吨扣除折扣的净收入为多少？

解： B 公司单位商品净收入 $= 520 \times (1 - 2\%) = 509.6$（美元）

折扣一般是在买方支付货款时预先予以扣除，也有的折扣金额不直接从货价中扣除，而按暗中达成的协议另行支付给买方，这种做法通常在给"暗扣"或"回扣"时采用。

6.4 知识拓展

1. 跨境电商产品定价公式

影响跨境电商产品定价的因素很多，主要有产品的生产成本或采购成本、跨境电商平台的佣金、境内运费、产品包装费用、跨境物流运费、店铺运营推广成本、售后维护成本及跨境收汇成本等。基本计算公式为

$$销售价格（美元）= \frac{国内采购价 + 国内运费 + 跨境物流运费}{(1 - 平台佣金率 - 毛利润率 - 其他成本比率) \times 美元汇率}$$

2. 跨境电商产品上架价格设置

在计算出产品售价以后，跨境电商卖家产品上架价格设置还有以下技巧。

（1）尾数定价法

跨境电商卖家在定价时要充分了解消费者的心理，采用恰当的尾数定价策略，满足消费者追求"价廉"和"吉利"的心理愿望。例如，中国消费者普遍认为"8"是带来吉利的数字。卖家在定价时，都喜欢使用 88 或 98 这样的数字定价。再如，某打印机的价格为 99.9 美元，虽然比 100 美元只少了 0.1 美元，但人们在心理上会认为该商品不足一百美元，经济实惠。

（2）折扣定价法

为了激励消费者及早下单或大量购买，跨境电商卖家可以给予折扣定价。卖家设置促销价

格，能够激励买家的购买欲望，从而促进销售。比如在亚马逊平台，卖家可以同时设置标准价和折扣价。在 Wish 平台，卖家可以设置产品的销售价和制造商建议零售价。在速卖通平台上，卖家可以同时设置上架价格和折扣率。

以亚马逊平台为例，折扣价可以按卖家的销售价格设置，那标准价可以采用以下的公式计算得出。

$$标准价 = \frac{折扣价}{1-折扣率}$$

（3）设置价格区间

如果某款产品有多个 SKU①，可以针对不同的 SKU 设置不同的价格。价格以区间的方式呈现，可以提高产品排名，从而有利于提高转化率。

（4）设置梯度价格

根据一次购买产品数量的不同可以设置梯度价格，以刺激消费者购买。例如，购买 1 盒面膜的价格为 13.96 美元/盒，购买 2 盒面膜的价格为 12.96 美元/盒，购买 5 盒面膜的价格为 10.96 美元/盒。

3. 实用英语

Balance Rate of Export　出口商品盈亏率　　Lowest Price Limit　最低售价
Commission　佣金　　Measurement Unit　计量单位
Currency Exchange Cost　出口换汇成本（换汇率）　　Net Price　净价
　　Total Amount　总价
Discount；Allowance　折扣　　Unit Price Figure　单价金额
Foreign Exchange Exposure　外汇风险

6.5　业务技能训练

6.5.1　自测习题

1. 翻译

1）Commission _____　2）Net Price _____
3）Unit Price _____　4）Quantity Discount _____

2. 单选题

1）在我国进出口业务中，计价货币选择应（　　）。
　　A. 力争采用硬币收付
　　B. 力争采用软币收付
　　C. 出口时采用软币计价收款，进口时采用硬币计价付款
　　D. 进口时采用软币计价付款，出口时采用硬币计价收款

2）合同中规定佣金率时，其幅度通常应掌握在（　　）。
　　A. 1%以下　　　B. 1%~5%　　　C. 5%~10%　　　D. 10%以上

---

① SKU（Stock Keeping Unit），库存量单位，可以以件、盒、托盘等为单位。

3）下列我国进口商品单价表达正确的是（　　）。
　　A. 每箱 100 元 CIF 鹿特丹　　　　B. 每吨 100 英镑 CFR 纽约
　　C. 每箱 50 法郎 FOB 上海　　　　D. 每箱 50 美元 FOB 东京

4）以下正确表示含佣价的是（　　）。
　　A. FOBS　　　　B. FOBT　　　　C. FOBC　　　　D. FOBST

5）在国际贸易中，含佣价的计算公式是（　　）。
　　A. 净价×佣金率　　　　　　　　B. 含佣价×佣金率
　　C. 净价×（1+佣金率）　　　　　D. 净价÷（1-佣金率）

6）在合同对外洽商过程中，如果报出的净价为 2000 美元，可是对方要求 2%的佣金，为了保证实收 2000 美元，所报的含佣金价应是（　　）。
　　A. 2040 美元　　B. 2000 美元　　C. 2040.82 美元　　D. 2200 美元

3. 判断题

1）在实际业务中，较常采用的作价方法是固定作价。　　　　　　　　（　　）
2）不论在何种情况下，固定作价都比非固定作价有利。　　　　　　　（　　）
3）CIF 合同和目的港交货合同是两种不同性质的合同。　　　　　　　（　　）
4）佣金是买方给卖方的价格优惠。　　　　　　　　　　　　　　　　（　　）

6.5.2 课堂训练

1. 商品价格由哪几部分内容组成？
2. 简述 FOB、CFR、CIF 三种主要贸易术语之间的价格转换关系。
3. 计算题。

（1）我方对外出口某商品，CFRC3%价为 1500 美元，现在外商要求改报 CFRC5%价。在保持我方净收入不变的前提下，应如何报价？

（2）一批货物的 FOB 价为 10000 美元，该批货物的运费为 2000 美元，投保一切险加战争险，两者保险费率合计为 1.5%，加 20%投保。请计算 CIF 价格。

4. 下列我方出口单价的写法是否正确？如有错误或不完整，请予以更正。

每码 3.50 元 CIF HONGKONG　　　　每件 580 日元 FOB SHANGHAI
每打 5.80 元 CIFC NEW YORK　　　　每吨 100 美元 FOB TOKYO
每箱 100 FOB TOKYO　　　　　　　　每公吨 200 美元 FOB 厦门
每打 30 英镑 CFR 英国　　　　　　　每箱 CIF 伦敦 50.50 元
每台 300 欧元 CIF 上海　　　　　　　每辆 40 美元 CFR 新加坡

5. 请讨论影响进出口商品价格的具体因素主要有哪些。出口商品价格过高或过低会带来哪些不利影响？

6.5.3 实训操作

1. 常州天信外贸有限公司与加拿大客户 JAMES BROWN & SONS，商定 MQ791、MQ862 的男式衬衫一共出一个 40 英尺集装箱的货物。请计算并报 FOB 美元价、CIF 价。

货号：　　　　　　　含税采购成本（每件）
MQ791（男式衬衫）　　120 元
MQ862（男式衬衫）　　100 元

每个 40 英尺 FCL（整箱货）出口运费为 4400 美元。

除此以外的其他信息如下：

一个集装箱装 MQ791 和 MQ862 男式衬衫各 1800 件，10 件衬衫装一只纸箱。

出口退税率 13%，增值税税率 13%。

国内费用：出口包装费 15 元/纸箱，仓储费 5 元/纸箱。

当时的外汇牌价：1 美元 = 7.1 元人民币。

一个 40 英尺集装箱的其他国内费用为：国内运杂费 400 元，商检费 550 元，报关费 50 元，港口费 600 元，其他费用 1400 元。

保险：按发票金额加成 10% 投保一切险和战争险，费率分别为 0.6% 和 0.3%。

预期利润：报价的 10%，付款方式是即期信用证。

2. 请对江苏天地木业有限公司的 M567、M695 地板进行 FOBC5% 美元报价。

货号：　　　　　　含税采购成本

M567　　　　　　　40 元/块

M695　　　　　　　52 元/块

每个 40 英尺 FCL 出口运费为 4400 美元。

除此以外的其他信息如下：

每个货号的地板装一个集装箱，数量为 1400 箱（11200 块）。

出口退税率 0，增值税税率 13%。

公司费用为采购净成本的 5%，利润为报价的 8%。

当时的外汇牌价：1 美元 = 7.1 元人民币。

任务 7 订立合同的商品检验、不可抗力与仲裁条款

知识目标

1. 熟悉检验条款的内容。
2. 掌握不可抗力的构成要件及处理。
3. 掌握仲裁的特点。

能力目标

1. 能够订立合同的检验条款。
2. 能根据实际情况，选择合适的争议解决方式。
3. 能正确处理合同履行中遭受的不可抗力事件。

素质目标

1. 培养学生诚信守法的外贸职业道德。
2. 培养学生外贸经营活动中的合作共赢理念。

任务7导学

导学

可通过探究5W1H六大问题来学习商检条款：商品检验的原因（Why）、对象（What）、地点（Where）、时间（When）、人员或机构（Who）、方法（How）。

不可抗力属于免责条款。为避免双方争议，要掌握不可抗力的构成要件，以及发生不可抗力后的处理，避免违约的一方把不可抗力当作其没有履约的借口。

对比其他争议的解决方法，仲裁的特点与前提是什么？仲裁协议使得仲裁庭取得案件的管辖权，排除法院的管辖权；仲裁裁决是终局裁决，对双方都有约束力。

订立仲裁条款时力争在我国仲裁，尽量选择我国的仲裁机构和仲裁规则。

7.1 任务描述与分析

1. 任务描述

常信公司和莱佛士公司就其他条款已经达成一致，孙潇现在准备和Lisa洽谈商检与索赔的相关事项，订立合同的商品检验与索赔条款、不可抗力与仲裁条款。

2. 任务分析

在进出口贸易中，经常发生争议与索赔。为了避免进出口贸易中发生争议，顺利解决争议，正确处理索赔和理赔工作，需要在合同中订立商品检验与索赔条款；需要在合同中明确不可抗力条款，避免违约的一方把不可抗力当作其没有履约的借口；最后是订立仲裁条款，选择仲裁作为解决争议的方式。

商品检验与索赔条款一般包括检验的时间和地点、检验机构、检验证书、复验、索赔依据以及期限等相关事项。不可抗力条款主要明确不可抗力的规定办法以及事件发生后的处理。仲裁条款是明确仲裁的地点、机构以及仲裁裁决的效力。

7.2 任务实施与心得

1. 任务实施

在我国的出口贸易中，一般采用在出口国检验，进口国复验的办法。莱佛士公司要求中国海关出具质量检验证书。

双方签订以下商品检验与索赔、不可抗力与仲裁条款：

买卖双方同意以装运港中国海关签发的质量检验证书作为信用证项下议付所需单据之一，买方有权对货物的质量进行复验，复验费由买方承担。如发现质量与合同规定不符，买方有权向卖方索赔，并提交经卖方同意的公证机构出具的检验报告。

索赔期限为货到目的港180天内。如果货物已经过加工，买方即丧失索赔的权利。

It is mutually agreed that the certificate of quality issued by the China Customs at the port/place of shipment shall be part of the documents to be presented for negotiation under the relevant L/C. The buyers shall have the right to reinspect the quality of the cargo. The reinspection fee shall be borne by the buyers. Should the quality be found not in conformity with that of the contract, the buyers are entitled to lodge with the sellers a claim which should be supported by survey reports issued by a recognized surveyor approved by the sellers.

The claim, if any, shall be lodged within 180 days after arrival of the goods at the port of destination. If the goods have already been processed, the buyers shall thereupon lose the right to claim.

除本合同列举的不可抗力原因外，卖方不能按时交货，在卖方同意由付款银行在议付货款中扣除违约金或由买方于支付货款时直接扣除违约金的条件下，买方应同意延期交货。违约金率按每7天收取延期交货部分总值的0.5%，不足7天者以7天计算。但违约金不得超过延期交货部分总金额的5%。如果卖方延期交货超过合同规定期限10周，买方有权撤销合同，但卖方仍应不延迟地按上述规定向买方支付违约金。

Unless caused by the Force Majeure Specified in this contract, in case of delayed delivery, the sellers shall pay to the buyers for every week of delay a penalty amounting to 0.5% of the total value of the goods whose delivery has been delayed. Any fraction part of a week is to be considered a full week. The total amount of penalty shall not, however, exceed 5% of the total value of the goods involved in late delivery and is to be deducted from the amount due to the sellers by the paying bank at the time of negotiation, or by the buyers direct at the time of payment. In case the period of delay exceeds ten weeks later than the time of shipment as stipulated in the contract, the buyers have the right to terminate this contract but the sellers shall not thereby be exempted from payment of penalty.

如因战争、地震、水灾、火灾、暴风雨、雪灾或其他人力不可控制的原因，致使卖方不能全部或部分装运货物或延迟装运合同货物，卖方不负责任，但是卖方必须立即以电报通知买方。如果买方提出要求，卖方应在30天内以航空挂号信向买方提供由中国国际贸易促进委员会或有关机构出具的证明，证明事故的存在。

The sellers shall not be held responsible for failure or delay to perform all or any part of this contract due to war, earthquake, flood, fire, storm, heavy snow or other cause of Force Majeure. However, the sellers shall inform immediately the buyers by cable. The sellers shall deliver to the buyers by registered airmail within 30 days, if it is requested by the buyers, a certificate issued by the China Council for the Promotion of International Trade or by any competent authorities, attesting such event or events.

仲裁：凡因执行本合约或有关本合约所发生的一切争执，双方应以友好方式协商解决；如果协商不能解决，应提交上海国际经济贸易仲裁委员会，根据该会的仲裁规则进行仲裁。仲裁裁决是终局的，对双方都有约束力。

Arbitration：All disputes arising in connection with this Sales Contract or the execution thereof shall be settled by way of amicable negotiation. In case no settlement can be reached, the case at issue shall then be submitted for arbitration to the Shanghai International Economic and Trade Arbitration Commission in accordance with the provisions of the said Commission. The award by the said Commission shall be deemed as final and binding upon both parties.

2. 任务实施心得

（1）明确规定双方应承担的义务、违约的责任

许多合同只规定双方交易的主要条款，却忽略了双方各自应尽的责任和义务，特别是违约应承担的责任。这样，无形中等于为双方解除了应负的责任，架空了合同或削减了合同的约束力。还有一种情况是，这些合同条款写得十分含糊笼统，即使是规定了双方各自的责任、义务，也无法追究违约者的责任。

注意英美法系国家的法律只承认损害赔偿，不承认带有惩罚性的违约金。所以在与英国、美国、澳大利亚、新加坡等国家进行贸易时，应注意约定的违约金额的合法性。违约金条款常用于大宗商品或成套设备的合同中。

（2）合同要明确商品检验条款

双方明确对进出口商品进行检验的机构，以确立其合法性。确定出具的检验检疫证书的名称和份数，以满足不同部门的要求。

根据业务需要规定检验标准、抽样方法和检验方法。检验标准是指检验机构从事检验工作所遵循的尺度和准则，是评定检验对象是否符合规定要求的准则。一般应按我国的有关标准和抽样方法进行。

出口食品和动物产品的卫生检验检疫，一般均按我国标准和有关法令规定办理。如外商提出特殊要求或按国外法规有关标准检验检疫，应要求对方提出有关资料，经出入境检验检疫机构和有关部门研究后，才能接受。

（3）处理不可抗力事件应注意的事项

发生事故的一方当事人应按约定期限和方式将事件情况通知对方，另一方也应及时答复。双方当事人应就不可抗力的后果，按约定的处理原则和办法进行协商处理。

双方当事人都要认真分析事件的性质，看其是否属于不可抗力事件的范围。发生事件的一方当事人应出具有效的证明文件，以作为发生事件的证据。

7.3 相关知识

7.3.1 商品检验检疫

1. 商品检验检疫的概念

进出口商品检验检疫（Commodity Inspection and Quarantine）是指在国际贸易过程中由商品检验检疫机构对商品的质量、数量、重量、包装、安全、卫生以及环境保护等进行检验，并对涉及人、动物、植物的传染病、病虫害、疫情等进行检疫的工作。在国际贸易活动中，进出口商品检验检疫通常简称为商检工作。

商检工作是使国际贸易活动顺利进行的一个重要环节，也是一个国家为维护国家安全、保障人民健康、保护环境而采取的技术法规和行政措施。

每个国家都设置有管理进出口商品检验检疫工作的机构，并制定了大量的相关法律、法规和技术标准等。世界贸易组织和其他国际组织也通过了许多关于检验检疫的协议。学习和掌握相关的国际国内法律法规、商品检验检疫的内容和程序、质量认证和质量许可制度是顺利履行国际贸易合同、安全完成货物交接和货款收付的重要保障。

检验检疫从性质上可分为法定检验检疫和非法定检验检疫两种。对于法定检验检疫的产品，必须经过海关检验后才通关放行。对于非法定检验检疫的产品，通常由买卖双方在合同中对检验检疫做出规定，检验证书作为卖方履行合同的依据或买方索赔的依据。

2. 商品检验机构

当前活跃在国际贸易领域中的各类商品检验检疫鉴定机构很多，既有官方的，如国家设立的检验机构，也有非官方的，如同业公会、协会或私人开设的检验机构。检验机构的名称也多种多样，如检验局、公证行、鉴定公司、实验室等。

2018年起，我国海关总署主管全国进出口商品检验工作。海关总署设在省、自治区、直辖市以及进出口商品的口岸、集散地的出入境检验检疫机构，管理所负责地区的进出口商品检验工作。

中国检验认证集团（简称中国中检，英文缩写 CCIC）作为国内甚至世界知名的第三方检验检测认证机构，办理进出口商品的检验和鉴定业务。中国检验认证集团及其设在各地的子公司根据海关的指定，也以第三方的身份办理进出口商品的检验和鉴定业务。

> **知识链接**
>
> 知名商检机构有瑞士通用公证行（SGS）、日本海外货物检验株式会社（OMIC）、美国保险人实验室（UL）、英国劳氏公证行（Lloyd's Surveyor）、法国船级社（BV）以及香港天祥公证化验行等。

> 瑞士通用公证行（SGS）成立于1878年，总部设在瑞士日内瓦，是世界上最大的第三方检验、测试和质量认证公司，在商检领域一直是全球的领导者和创新者。在中国，SGS与中国标准技术开发公司于1991年合资成立SGS通标标准技术服务有限公司，逐步建立了50多个分支机构、100多间实验室。
>
> SGS的网站链接为https://www.sgsonline.com.cn/。

3. 商品检验的时间与地点

关于合同中检验时间与地点的规定，基本有以下几种。

（1）在出口国检验

在出口国检验又可以分为产地检验、装运前或装运时检验。在出口国检验的方法对卖方有利，对买方不利，所以很少采用。

1) 产地检验。产地检验即在货物离开生产地点（如工厂、农场或矿山）之前，由卖方或其委托的检验机构对货物进行检验或验收。卖方承担货物离开产地之前的责任，货物进行检验或验收后，在运输途中出现的品质、数量等方面的风险由买方负责。

2) 装运前或装运时检验。这种做法又称为"离岸品质、离岸重量"（Shipping Quality and Shipping Weight）。货物在装运港装运前或装运时，以双方约定的商检机构对货物进行检验后出具的商检证明作为决定商品品质和数量的最后依据。货物运抵目的港后，买方如再对货物进行检验，即使发现问题，也无权拒收或提出异议和索赔。

（2）在进口国检验

在进口国检验是指货物运抵目的港或目的地卸货后，由双方约定的目的地检验机构验货并出具检验证明作为最后依据，这叫作"到岸品质、到岸重量"（Landed Quality and Landed Weight）。对于技术密集型商品或卸货后不宜拆开包装的商品，也可在买方营业地或最终用户的所在地进行检验。

在进口国检验的方法对买方有利，对卖方不利，所以也很少采用。

（3）在出口国检验，在进口国复验

货物在出口国装船前进行必要的检验，但此时出具的装运港检验证明不能作为卖方交货质量和重量的最后依据，只是作为卖方向银行议付货款的一种单据。货物到达目的港后，在双方约定的时间内，买方有权对货物进行复验，复验后若发现货物与合同不符，可根据复验的结果向卖方索赔。

这种做法避免了上述两类方法的缺点，兼顾了双方权益，比较公平合理，因而在国际贸易中广泛采用。

7.3.2 索赔与理赔

1. 争议与索赔

争议（Dispute）是指交易的一方认为另一方未能部分或全部履行合同义务而引起的业务纠纷。在国际贸易中，经常产生纠纷，并引发索赔或支付违约金。

索赔（Claim）是指在合同的履行过程中，受损方向违约方提出赔偿的要求。理赔（Settlement of Claim）是违约方赔偿受损方的损失。涉及国际货物买卖的索赔一般有三种情况。

(1) 买卖索赔

它是以买卖合同为基础的,当一方当事人违反买卖合同规定时,受损方可依据买卖合同规定和违约事实提出索赔。属于卖方违约,主要表现为交货的时间、品质、数量、包装等不符合合同的规定;属于买方违约,主要表现为不按时接货、不付款、无正当理由拒收货物,在FOB条件下不按时办理租船订舱等。

(2) 运输索赔

以运输合同为基础,当一方当事人违反运输合同规定时,受损人可以依据运输合同规定和违约事实提出索赔。如收货人持有清洁提单而收到的货物发生残损短缺,这与发货人无关,收货人只能凭运输合同向承运人索赔。

(3) 保险索赔

以保险合同为基础,当发生保险合同承保范围内的风险并由此造成损失,被保险人可向保险公司索赔。例如,按CIP条件成交的货物,在运输途中遭遇暴雨致水浸损坏,由于投保了一切险,买方可凭保险合同向保险公司索赔。

2. 违约责任

买卖合同是对缔约双方均具有约束力的法律文件。任何一方违反了合同规定,都应承担违约的法律后果,受损方有权提出损害赔偿要求。但是,各国法律及国际公约对于违约方的违约行为、由此产生的法律后果及处理有不同的规定和解释。

国际货物买卖索赔该找谁

(1)《联合国国际货物销售合同公约》(简称《公约》)的法律规定

与英美法律不同,《公约》根据违约的后果及其严重性进行判断,将违约分为根本性违约和非根本性违约。

根本性违约是指违约方的故意行为造成的违约,比如卖方完全不交货,买方无正当理由拒收货物或拒付货款,其结果给受损方造成实质损害。如果一方当事人根本违约,另一方当事人可以宣告合同无效,并可要求损害赔偿。

非根本性违约是指违约的状况尚未达到根本性违反合同的程度,**受损方只能要求损害赔偿,而不能宣告合同无效。**

【例7-1】美国公司A从外国公司B进口一批冻火鸡,以供应圣诞节市场。合同规定卖方应当在9月以前装船。但是卖方违反合同,推迟到10月7日才装船,因此公司A拒绝收货,并主张撤销合同。试问公司A是否可以拒收货物和撤销合同?为什么?(注:圣诞节的火鸡就像我国中秋节的月饼,节前基本已采购充足,节后鲜有人买。)

分析:公司A是否可以拒收货物和撤销合同,要视船只到达后对买方影响的程度而定。卖方违约程度以及买方的处置方式见表7-1。

表7-1 卖方违约程度以及买方的处置方式一览表

船只到达时间和买方销售火鸡的时间		买方的处置以及理由	
船只在圣诞节前到达	买方有足够的时间销售火鸡	买主不能拒收货物或解除合同	卖方并未构成根本性违约
	买方有时间售出大部分火鸡		卖方并未构成根本性违约
	买方仅有时间销售极少部分火鸡	买主可以拒收货物和解除合同	卖方构成根本性违约
船只于圣诞节后到达	买方没有时间销售火鸡		卖方构成根本性违约

（2）我国的法律规定

《中华人民共和国民法典》规定，当事人可以约定一方违约时应当根据违约情况向对方支付一定数额的违约金，也可以约定因违约产生的损失赔偿额的计算方法。约定的违约金低于造成的损失的，人民法院或者仲裁机构可以根据当事人的请求予以增加；约定的违约金过分高于造成的损失的，人民法院或者仲裁机构可以根据当事人的请求予以适当减少。当事人就迟延履行约定违约金的，违约方支付违约金后，还应当履行债务。

3. 违约金

违约金（Penalty）又称为罚金，是指合同当事人一方未履行合同义务而向对方支付约定的金额。只要一方违反合同，无论其违约行为有没有给对方造成损失，都必须向其支付违约金。违约金条款一般适用于卖方延期交货，或者买方延迟开立信用证和延期接运货物等情况。

计算违约金日期的方法有两种：一种是以约定的交货期或开证期终止后立即起算；另一种是规定宽限期，即在约定的有关期限终止后再宽限一段时期，在此宽限期内仍可免于罚款，待宽限期届满后再起算违约金。

7.3.3　不可抗力

不可抗力（Force Majeure）又称为人力不可抗拒，是指合同签订后，不是由于当事人一方的过失或故意，发生了当事人在订立合同时所不能预见、不能避免并且不能克服的事件，导致不能履行合同或不能如期履行合同。遭受不可抗力事件的一方，可以据此免除履行合同的责任或推迟履行合同，对方无权要求赔偿。因此，**不可抗力条款是一项免责条款**。

1. 不可抗力的特点

因为不可抗力条款是一项免责条款，所以区分商业风险和不可抗力事故显得非常重要。根据国际贸易惯例的解释：商品价格和运费的变动、汇率的变动等不属于不可抗力，是正常的商业风险。构成不可抗力一般应当具备以下条件。

1）事件必须发生在合同签订以后。
2）事件不是因为合同当事人自身的过失或故意导致的。
3）事件是合同当事人无法预见、无法控制、无法避免的。

 案例分析

> 印度商人与英国商人签订出口农产品合同，条件为 CIF 伦敦，交货期为 11 月份。后发生战争，苏伊士运河被封闭。印度商人称发生战争导致的不可抗力因素导致不能交货。英国商人不同意，称可绕道好望角，而印度商人说要增加许多运费，让英国商人承担。英国商人不同意承担。请问：战争是否构成此次合同履行的不可抗力？
>
> 分析：战争是当事人不能预见、不能避免的，但是当事人能够克服困难，即绕道好望角。绕道好望角增加了卖方的负担，但并没有达到不可克服的程度，因此，不适用履行合同不可抗力条款。

> **课堂思考**
>
> 我国从阿根廷进口普通豆饼2万吨,交货期为8月底,拟转售欧洲。然而,4月份阿根廷商人原定的收购地点发生百年未见洪水,收购计划落空。阿根廷商人要求按不可抗力免除交货责任。请问:洪水是否构成不可抗力?

2. 不可抗力的范围

不可抗力通常包括两种情况:一种是自然原因引起的,如水灾、旱灾、暴风雪、地震等;另一种是社会原因引起的,如战争、罢工、政府禁令等。

但不可抗力事件目前国际上并无统一的解释。各国法律一般都允许买卖双方在合同的不可抗力条款中约定。

3. 不可抗力条款

我国进出口合同中的不可抗力条款,通常有下列3种规定方法。

(1) 概括式规定

概括式规定是指在合同中不具体规定不可抗力事件的范围,只做概括的规定。

例如,如果由于不可抗力的原因导致卖方不能履行合同规定的义务,卖方不负责任,但卖方应立即电报通知买方,并须向买方提交证明发生此类事件的有效证明书。

这种方法由于对不可抗力事件的范围定得过于笼统,一旦发生问题,容易引起贸易纠纷,难以作为解决问题的依据,一般很少采用。

(2) 列举式规定

列举式规定是指在合同中明确规定不可抗力事件的范围,凡在合同中没有订明的,均不能作为不可抗力事件加以援引。

例如,如果由于战争、洪水、火灾、地震、雪灾、暴风雨的原因致使卖方不能按时履行义务,卖方可以推迟这些义务的履行时间,或者撤销部分或全部合同。

这种方法虽然明确具体,但规定得过死,不可能列举所有可能发生的不可抗力,一旦发生条款未列入的事件,会引起争议,而一一列明使得合同文字烦琐。

(3) 综合式规定

这种方法具有以上两种方法的优点,既明确又有一定的灵活性,在我国进出口贸易业务中多采用此种表示方法。

例如,如因战争、洪水、火灾、地震、雪灾、暴风雨或其他不可抗力的原因,买卖双方不能在规定的时间内履行合同,如此种行为或原因在合同期满后仍持续三个月,则本合同的未交货部分即视为取消,买卖双方的任何一方不负任何责任。但卖方应立即电报通知买方,并须在××天内向买方提交中国国际贸易促进委员会出具的有效证明书。

If the fulfillment of the contract is prevented by reason of war, flood, fire, earthquake, heavy snow and storm or other causes of force majeure, which exists for three months after the expiry of the contract, the non-shipment of this contract is considered to be void, for which neither the seller nor the buyer shall be liable. However, the seller shall notify the buyer immediately and furnish a certificate issued by the China Council for the Promotion of International Trade attesting such evet or events within ×× days.

4. 不可抗力事件的处理方式

发生不可抗力事件后，应按约定的处理原则和办法及时进行处理：一是解除合同；二是变更合同（延期履行合同或部分履行合同）。

如果不可抗力事件持续时间较长，导致合同的履行对双方均已不具备实际合理性和经济效益，双方可协商解除合同。

如果不可抗力事件发生后，导致无法全面履行合同，且双方同意继续履行本合同，应根据实际情况重新协商变更合同，包括替代履行、减少履行或延期履行。

5. 不可抗力事件的通知期限、方式

不可抗力事件发生后如影响合同履行，发生事件的一方当事人要获得免责的权利，必须按约定的通知期限和通知方式，将不可抗力事件情况如实通知对方，一般先用电报通知对方，并在15天内以航空信提供事故的详尽情况和影响合同履行程度的证明文件。对方在接到通知后，无论同意与否都应及时答复。否则，按有些国家的法律，将被视为默认。

有关不可抗力的通知，必须确保对方能够收到；否则，遭受不可抗力的一方，必须对另一方"未收到通知而造成的损害"而非"因遭受不可抗力而造成的损害"负赔偿责任。

6. 不可抗力事件的证明

在国际贸易中，当一方援引不可抗力条款要求免责时，必须向对方提交有关机构出具的证明文件，作为发生不可抗力事件的证明。在国外，一般由当地的商会或合法的公证机构出具。在我国，由中国国际贸易促进委员会（China Council for the Promotion of International Trade，CCPIT）或其设在口岸的贸促分会出具。

7.3.4 仲裁

7.3.4 仲裁

在国际贸易实践中，对于争议和索赔的处理，通常可以采用友好协商、调解、仲裁或诉讼的方式来解决。

1. 仲裁的含义与特点

仲裁（Arbitration）又称为公断，是指买卖双方在争议发生之前或发生之后，签订书面协议，自愿将争议提交双方所同意的仲裁机构予以裁决。这个裁决是终局性的，对双方都有约束力，双方都必须遵照执行。

仲裁立案快，处理案件时间短，费用较低。一般仲裁气氛缓和，当事人双方感情上有回旋余地，有利于双方继续开展业务。因此，**仲裁是最广泛采用的解决国际贸易争议的一种方式**。

2. 仲裁协议

仲裁协议是双方当事人达成的、自愿将其已发生或将来可能发生的争议交付仲裁机构解决的书面表示，是申请仲裁的必备材料。任何国际贸易仲裁机构都不受理没有仲裁协议的案件。

一般来说，仲裁协议主要有以下两种形式。

1）仲裁条款（Arbitration Clause），是双方当事人在争议发生之前在合同中订立的一项条款，自愿把将来可能发生的争议交付仲裁机构解决的书面文件。

2）提交仲裁协议（Submission Agreement），是双方当事人在争议发生以后订立的，表示自愿把已经发生的争议提交仲裁解决的协议。

这两种形式的仲裁协议的法律效力相同。为避免发生争议后，一方欲仲裁而另一方不愿意的局面出现，最好在合同中订立仲裁条款。

按照大多数国家的法律规定，仲裁协议的作用主要有以下三个方面。

1）约束双方当事人只能以仲裁方式解决其争议，且不得向法院起诉。

2）**排除法院对有关案件的管辖权**。如果一方违背仲裁协议，自行向法院起诉，另一方可根据仲裁协议要求法院不予受理，并将争议案件退交仲裁庭裁决。

3）**仲裁机构取得争议案件管辖权的依据**。

3. 仲裁条款的内容

仲裁条款应当明确合理，不能过于简单，其内容一般应包括仲裁地点、仲裁机构、仲裁规则、仲裁裁决的效力、仲裁费用的负担等。

（1）仲裁地点

在仲裁条款中，确定在哪国仲裁，一般就适用哪国的仲裁法律。由于适用的法律不同会导致结果大相径庭，故仲裁地点经常会成为一个焦点问题。我国进出口贸易合同中的仲裁地点，一般有三种方法可选：力争规定在我国仲裁；有时规定在被告所在国仲裁；规定在双方同意的第三国仲裁。

（2）仲裁机构

仲裁机构是依法对争议案件进行审理裁决的专门机构，根据组织形式不同可以分为两种形式。

一种是由双方当事人在仲裁协议中规定一个常设的仲裁机构。我国主要的仲裁机构是中国国际经济贸易仲裁委员会及其分会。在外贸业务中，涉及的仲裁机构还有如瑞士苏黎世商会仲裁院、瑞典斯德哥尔摩商会仲裁院、美国仲裁协会及英国伦敦国际仲裁院等。

另一种是由双方当事人指定仲裁员所组成的临时仲裁庭，当争议处理完毕，即自动解散。

知识链接：中国国际经济贸易仲裁委员会

中国国际经济贸易仲裁委员会（英文简称为CIETAC，中文简称为"贸仲委"）是世界上主要的常设商事仲裁机构之一。其前身为1956年成立的对外贸易仲裁委员会，1988年改为现名。2000年，中国国际经济贸易仲裁委员会同时启用中国国际商会仲裁院的名称。

贸仲委设在北京，并在深圳、上海、天津和重庆分别设有华南分会、上海分会、天津国际经济金融仲裁中心（天津分会）和西南分会。贸仲委在香港特别行政区设立贸仲委香港仲裁中心。

贸仲委及其分会/仲裁中心是一个统一的仲裁委员会，适用相同的仲裁规则和仲裁员名册，在整体上享有一个仲裁管辖权。

贸仲委为快速解决电子商务纠纷及其他经济贸易争议的需要，于2009年推出《网上仲裁规则》。该规则在"普通程序"之外根据案件争议金额大小分别规定了"简易程序"和"快速程序"，以真正适应通过网络快速解决贸易纠纷的需要。

（3）仲裁规则

仲裁规则主要是规定进行仲裁的程序和方法，其中包括仲裁的申请、答辩、仲裁员的指定、案件的审理和仲裁裁决的效力等。其主要作用在于为当事人和仲裁员的行动提供一套准则，便于有序地完成仲裁过程。它是仲裁方面的程序法。

（4）仲裁裁决的效力

裁决是仲裁程序的最后一个环节。裁决做出后，审理案件的程序即告终结，因而这种裁决被称为终局裁决。

我国和世界上大多数国家的法律承认**仲裁裁决是终局的，对双方当事人均有约束力，双方必须依照执行，任何一方不得向法院起诉要求变更。**

当事人对于仲裁裁决书，应依照其中所规定的时间自动履行，裁决书未规定期限的，应立即履行。一方当事人不履行的，另一方当事人可以根据中国法律的规定，向中国法院申请执行，或根据有关国际公约和中国缔结或参加的其他国际条约的规定办理。

（5）仲裁费用的负担

一般规定由败诉方承担仲裁费用，也可以规定由仲裁庭酌情处理。

7.4 知识拓展

1. 产品认证与体系认证

产品认证是由可以充分信任的第三方证实某一产品或服务符合特定标准或其他技术规范的活动。产品认证分为强制性产品认证和自愿性产品认证两种。

强制性产品认证是通过制定强制性产品认证的产品目录和实施强制性产品认证程序，对列入强制性产品认证目录中的产品实施强制性的检测和审核。凡列入目录的产品，必须经国家指定的认证机构认证合格，取得相关证书并加施认证标志后，方能出厂、销售。

中国强制性产品认证于 2002 年 5 月 1 日起实施，认证标志的名称为"中国强制认证"（China Compulsory Certification，CCC）。

体系认证是指企业通过第三方认证机构对其管理体系进行评估和认可，以确保其管理体系符合相关标准和要求。体系认证可以帮助企业建立和实施有效的管理体系，从而提高运营效率和质量，可以帮助企业识别和解决潜在问题，提高管理水平和风险控制能力。体系认证主要有 ISO9000 质量管理体系认证和 ISO14000 环境管理体系认证等。

通过第三方认证机构的质量保证体系认证和产品认证，企业可以获得客户和合作伙伴的信任，取得通往国际市场的通行证，提高自身的国际竞争力。

2. 实用英语

Arbitral Tribunal　仲裁庭
Arbitration Agreement　仲裁协议
Arbitration Clause　仲裁条款
Arbitration Procedure　仲裁程序
Authentic Surveyor　公证鉴定人
CCC　中国强制认证
China Council for the Promotion of International Trade（CCPIT）　中国国际贸易促进委员会
CQC　中国质量认证中心
Discrepancy and Claim Clause　异议与索赔条款
FDA　美国食品药品监督管理局
Force Majeure　不可抗力
IEEE　美国电气与电子工程师协会
Inspection and Certificate Fee　检验签证费
Inspection before Delivery　交货前检验
Inspection of Incoming Merchandise　到货验收
Inspection of Packing　包装检验
Reinspect; Reinspection　复验
Survey Report　检验报告
Surveyor　检验行，公证行

7.5 业务技能训练

7.5.1 自测习题

1. 翻译

1) Shipping Quality _____
2) Inspection and Quarantine _____
3) Force Majeure _____
4) Dispute _____
5) Arbitration _____
6) Claim _____

2. 单选题

1) 在进出口合同的商品检验条款中，关于检验时间和地点的规定使用最多的为（   ）。
   A. 在出口国检验   B. 在进口国检验
   C. 在出口国检验，在进口国复检   D. 在出口国检验重量，在进口国检验品质

2) 双方合同约定在装运港检验的情况下，货物在装运港装运前双方约定的检验机构对货物进行检验，该机构出具的检验证书作为决定交货质量、重量和数量的（   ）。
   A. 初始依据   B. 最后依据   C. 粗略依据   D. 次要依据

3) 按照国际惯例，索赔都有一定期限，超过期限的索赔为（   ）。
   A. 无效   B. 有效   C. 双方协商后确定   D. 由理赔方决定

4) 仲裁地点应首先选择在（   ）。
   A. 本国   B. 对方国   C. 第三国   D. 本国和对方国

5) 按照《公约》的解释，如果违约的情况尚未达到根本性违反合同的程度，则受损害的一方（   ）。
   A. 只可宣告合同无效，不能要求赔偿损失
   B. 只能提出损坏赔偿的要求，不能宣告合同无效
   C. 不但有权向违约方提出损坏赔偿的要求，而且可宣告合同无效
   D. 可根据违约情况选择以上答案

6) 在我国，出具不可抗力事件证明的机构是（   ）。
   A. 商品检验检疫局   B. 海关
   C. 公证机构   D. 中国国际贸易促进委员会

3. 判断题

1) 法定检验是根据国家法律法规，对规定的重要进出口商品进行的强制性检验。（   ）

2) 货物检验就是特指对商品质量的检验。（   ）

3) 卖方应按照合同约定，在规定的时间和地点，将符合合同规定的货物装上指定的运输工具或交给指定的承运人。如卖方无故延迟交货或拒不交货，则构成违约。（   ）

4) 不可抗力事件通常是在合同签订之前就已经发生的当事人无法预见、无法预防、无法避免和无法控制的自然灾害或意外事故。（   ）

5) 仲裁协议使得仲裁成为解决争议（或纠纷）的唯一方式，从而排除了法院对争议案件的管辖权。（   ）

6）只要支付了罚金，就可以不履行合同。（　　）

7）当事人将争议提请仲裁机构仲裁时，必须提交书面的仲裁协议。否则，仲裁机构不予受理。（　　）

8）若合同中未规定索赔条款，买方便无权提出索赔。（　　）

7.5.2　课堂训练

1. 讨论下面检验条款的利弊：装运前买方检验商品质量，以决定商品质量是否符合合同约定，凭买方签发的质量合格证装运。

2. 不可抗力的构成要件有哪些？不可抗力可能有哪些后果？

3. 简述仲裁程序。

4. 如果公司遭受不可抗力事件，在不可抗力发生后该如何处理？

7.5.3　实训操作

1. 常州天信外贸有限公司与加拿大客户JAMES BROWN&SONS，就男式衬衫的检验达成一致：买卖双方同意以装运港中国海关签发的质量检验证书作为信用证项下议付所需单据之一，买方有权对货物的质量进行复验，复验费由买方承担。如发现质量与合同规定不符，买方有权向卖方索赔，并提交经卖方同意的公证机构出具的检验报告。请你拟订具体的检验检疫英文条款。

2. 请你为江苏天地木业有限公司和美国现代公司就M567、M695地板出口合同，拟订具体的检验条款（中英文）。

任务 8　订立合同的支付条款

知识目标

1. 熟悉汇票的内容和使用程序。
2. 了解汇付和托收的种类、风险。
3. 掌握信用证的特点及内容。

能力目标

1. 能选择适当的支付方式。
2. 能订立出口合同的支付条款。

素质目标

1. 培养学生外贸经营活动中的资金安全意识。
2. 培养学生面对失败和打击的承受能力。

任务 8 导学

导学

支付条款是合同的关键条款之一。订好合同的支付条款，要选好支付方式，确定支付时间和地点以及所涉单据的交付条件和时间等。

支付方式是国际贸易中最基础、最重要的知识点之一，主要有汇付、托收、信用证等。汇付方式是进口人通过银行汇款给出口人，付款时间及金额是关键；托收方式是出口人委托银行向进口人收款；信用证方式是银行做出的有条件付款承诺。

汇付、托收属于商业信用，信用证属于银行信用。汇付的银行费最低，信用证的银行费用最高。

国际贸易中使用的票据主要有汇票、本票、支票，其中以汇票为主。在信用证和托收方式下，出口人一般出具商业汇票，向付款行或进口人索要款项。

8.1　任务描述与分析

1. 任务描述

常信公司和莱佛士公司是第一次开展业务合作，彼此之间缺乏信任。因此，在订立合同的支付条款时，孙潇和 Lisa 都颇为重视，争取制定对己方有利的支付条件。

2. 任务分析

在国际贸易中，货款的收付互为买卖双方的基本权利和义务。货款的收付直接影响双方的资金周转及各种金融风险和费用的负担。这是关系到买卖双方利益的问题。

订好合同中的支付条款，要选好支付方式，确定支付时间和地点。**在选择支付方式时，首先考虑的是货物和款项的安全，其次是占用资金时间的长短，最后是办理手续的繁简、银行费用。**

8.2 任务实施与心得

1. 任务实施

孙潇经过和对方磋商，决定采用即期信用证方式，签订以下支付条款。

The buyers shall open through United Overseas Bank an irrevocable sight Letter of Credit to reach the sellers 45 days before the month of shipment, valid for negotiation in China until the 10th day after the month of shipment, but within the validity of the L/C.

2. 任务实施心得

选择结算方式时考虑以下主要因素。

（1）客户信用

对于信用不是很好或尚未充分了解的客户，交易时应选择风险较小的支付方式，如在出口业务中，应尽量争取以预付货款（前 T/T）方式支付，也可采用跟单信用证方式。若客户信用很好，可选择手续简单、费用较少的方式，如在出口业务中可采用付款交单（D/P）的托收方式。承兑交单（D/A）或赊账交易（后 T/T）仅限于本企业的分支机构或者确有把握的个别对象，对一般客户应从严掌握，原则上不能采用。

（2）经营意图

在货物畅销时，卖方不仅可以提高售价，还可以选择对己有利的支付方式；而在货物滞销或商品竞争激烈时，不仅售价要降低，而且在支付方式上也需要做出必要让步，否则可能难以达成交易。

（3）贸易术语

在使用 CIF、CFR、CIP 和 CPT 等属于象征性交货术语的交易中，采用的是凭单交货、凭单付款的方式，卖方交货与买方收货不同时发生，转移货物所有权以单据为媒介，此时就可选择跟单信用证方式。在买方信用较好时，也可采用跟单托收（D/P）方式收取货款。但在**使用 DAP、DPU、DPP 等属于实际性交货术语的交易中，卖方无法通过单据控制物权，因此一般不能使用托收。**即使是以 **FOB、FCA** 条件达成的买卖合同，虽然在实际业务中也可凭运输单据交货与付款，但这种合同的运输由买方安排，由卖方将货物装上买方指定的运输工具或交给买方指定的承运人，卖方很难控制货物，所以**也不宜采用托收方式。**

（4）运输方式

如货物通过海洋运输或多式联运，海运提单或可转让的多式联运单据是货物所有权凭证，出口商可通过这些单据控制物权，故可适用于信用证或托收方式结算货款。

如货物通过航空、铁路或邮政运输，航空运单、铁路运单或邮包收据都不是货物所有权凭证（海运中的海运单同样如此）。因此，**这些情况都不适宜托收**。即使采用信用证，大多也规定必须以开证行作为运输单据的收货人，以便银行控制货物。

1. 汇付条款举例

（1）预付货款

买方应不迟于10月15日将100%的货款经由票汇（或电汇）预付给卖方。

The buyer shall pay 100% the sales proceeds in advance by Demand Draft (or T/T) to reach the sellers not later than Oct. 15.

（2）预付货款和货到付款结合

买方同意在本合同签字之日起1个月内将合同总金额30%的预付款，以电汇方式汇交卖方。其余70%的货款，买方在收到合同所列单据的传真后，于2天内电汇付款。

30% of the total contract value as advance payment shall be remitted by the buyer to the seller through telegraphic transfer within one month after signing this contract. The remaining 70% of the contract value shall be remitted by the buyer to the seller through telegraphic transfer not later than 2 days after receipt of the fax documents listed in the contract.

要点：为明确责任，防止拖延付款时间，影响及时发运货物和企业的资金周转，应在合同中明确规定汇付时间、具体的汇付方法和金额等。

2. 托收条款举例

（1）即期付款交单

买方应凭卖方开具的即期跟单汇票，于见票时立即付款，付款后交单。

Upon first presentation the buyers shall pay against documentary draft drawn by the sellers at sight. The shipping documents are to be delivered against payment only.

（2）远期付款交单

买方对卖方开具的见票后60天付款的跟单汇票，于提示时应立即承兑，并应于汇票到期日付款，付款后交单。

The buyers shall duly accept the documentary draft drawn by the sellers at 60 days sight upon first presentation and make payment on its maturity. The shipping documents are to be delivered against payment only.

（3）承兑交单

买方对卖方开具的见票后60天付款的跟单汇票，于提示时应立即承兑，并应于汇票到期日付款，承兑后交单。

The buyers shall duly accept the documentary draft drawn by the sellers at 60 days sight upon first presentation and make payment on its maturity. The shipping documents are to be delivered against acceptance.

3. 信用证条款举例

（1）即期信用证

买方应通过卖方可接受的银行于装运月份前45天开立并送达卖方不可撤销即期信用证，有效期至装运月份后第15天在中国议付。否则，若因此不能按规定装运，卖方不负责任，而且有权撤销合同并向买方提出索赔。

The buyers shall open through a bank acceptable to the sellers an irrevocable sight Letter of Credit to reach the sellers 45 days before the month of shipment, valid for negotiation in China 15 days after the month shipment, failing which the sellers shall not be responsible for shipment as stipulated and shall have the right to rescind this contract and claim for damages against the buyers.

（2）远期信用证

买方应通过卖方可接受的银行于装运月份前45天开立并送达卖方不可撤销见票后30天付款的信用证，有效期至装运日后第15天在中国议付。买方应在信用证内规定：在装运时，如有港口拥挤附加费，由开证人负担，可凭受益人开具的发票和船公司表明实际已付附加费的正本收据，在信用证金额外支付给受益人。

The buyers shall open through a bank acceptable to the sellers an Irrevocable Letter of Credit at 30 day's sight to reach the sellers 45 days before the month of shipment, valid for negotiation in China until the 15th day after the month of shipment. The buyers shall stipulate in the L/C: Port congestion surcharges, if any, at the time of shipment is for opener's account and shall be paid to the beneficiary in excess of the credit amount against their invoices and shipping company's original receipt showing actual surcharges paid.

要点：应在合同支付条款中明确规定开证时间、开证银行、信用证的受益人、种类、金额、装运期和到期日等。

8.3 相关知识

8.3.1 结算工具

国际贸易结算中使用的票据主要有汇票、本票和支票，其中以汇票为主。

1. 汇票的定义和内容

汇票（Bill of Exchange, Draft）是出票人签发的，委托付款人在见票时或者在指定日期无条件支付确定金额给收款人或者持票人的票据。

汇票样张如图8-1所示。

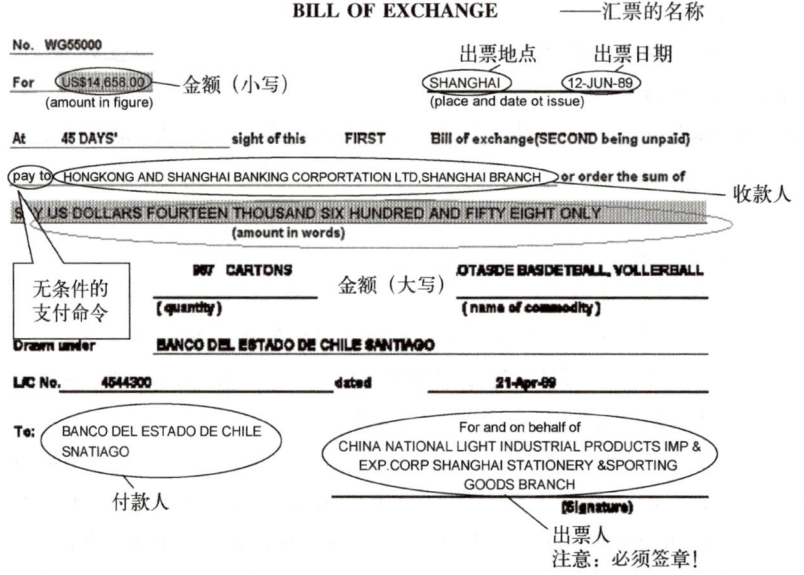

图8-1 汇票样张

2. 汇票的当事人

商业汇票主要当事人有出票人、付款人和收款人,见表8-1。出票人也可以是收款人。

表8-1 商业汇票主要当事人

项 目	内 容	要 点 提 示
出票人(Drawer)	即签发汇票的人	通常为出口商
付款人(Drawee, Payer)	也称为受票人	在信用证支付方式下通常为银行(开证行或其指定的银行),在托收支付方式下通常为进口商
收款人(Payee)	也称为抬头人	实务中常做成指示式抬头,以便背书转让

> **课堂思考**
>
> CHANGZHOU CHANGXIN IMPORT & EXPORT CORP. 向 RAFFLES TRADING CO., LTD. 出口一批男式衬衫,现 CHANGZHOU CHANGXIN IMPORT & EXPORT CORP. 签发汇票以收回货款,请问该汇票的出票人、付款人和收款人分别是谁?

3. 汇票的种类

汇票的种类很多,可以从汇票的当事人、付款期限等不同角度对汇票进行分类,见表8-2。

表8-2 汇票的分类

分类标准	分 类	特 征
是否附有单据	跟单汇票(Documentary Bill)	附有装运单据,以收取货款,使用较多
	光票(Clean Bill)	不附有装运单据,常用于收取小额款项(如货款尾数、佣金或代垫费用),使用较少
付款期限	即期汇票(Sight Bill/Demand Draft)	付款期限:at sight,付款人见票即付
	远期汇票(Time Bill/Usance Draft)	付款期限:at ×× days sight,付款人到期付款
出票人	银行汇票(Banker's Bill)	出票人和付款人都是银行,常用于汇付(票汇)
	商业汇票(Commercial Bill)	出票人不是银行,付款人不限,常用于信用证和托收
承兑人	银行承兑汇票(Banker's Acceptance Bill)	由银行承兑,易贴现
	商业承兑汇票(Commercial Acceptance Bill)	非由银行承兑,不易贴现

一张商业汇票可以同时是即期的跟单汇票,一张远期的商业跟单汇票同时可以是由银行承兑的汇票。

4. 汇票的使用程序

即期汇票的使用程序为出票、提示和付款,如图8-2所示。远期汇票的使用程序为出票、提示、承兑和付款,如图8-3所示。如需要转让,还要经过背书手续。汇票遭到拒付时,还会涉及制作拒绝证书和行使追索权等法律问题。

图8-2 即期汇票的使用程序   图8-3 远期汇票的使用程序

(1) 出票

出票（Issue，Draw）是指出票人签发汇票并把汇票交付给收款人。其中，汇票的收款人和付款时间主要填写方法见表 8-3 和表 8-4。

表 8-3　汇票收款人（抬头）的填写方法

抬头分类	常见格式	要点提示
记名抬头	Pay to ××× ONLY，或 Pay to ××× NOT NEGOTIABLE	不可以转让汇票
不记名抬头	Pay to bearer（付给持票人）	也称为持票人抬头或来人抬头 无须背书即可转让
指示抬头	Pay to order of ×××，或 Pay to ××× or order 两者效果相同，即付款给×××指定的人，当然包括×××	必须背书才能转让，实务中使用最多 ×××一般可以做成××× CO.（出口商）或×××BANK.（议付银行）

表 8-4　汇票付款时间的填写方法

付款时间	常见表述
即期付款	见票即付（At sight）
远期付款	① 见票后若干天付款（At...days after sight）
	② 出票后若干天付款（At...days after date） 注意：此处 date 为汇票出票日
	③ 提单签发日后若干天付款（At...days after date of B/L）
	④ 指定日期付款（At a fixed date in future）

(2) 提示

提示（Presentation）是指汇票持有人将汇票提交付款人要求承兑或付款的行为。提示可以分为如下两种。

1）提示付款（Presentation for Payment），是指即期汇票或已到期的远期汇票的持票人向付款人出示汇票，要求付款人付款的行为。

2）提示承兑（Presentation for Acceptance），是指远期汇票的持票人向付款人出示汇票，要求付款人承兑的行为。

即期汇票：直接提示付款，无须提示承兑。远期汇票：必须先提示承兑，再提示付款。

(3) 承兑

承兑（Acceptance）是指付款人对远期汇票表示承担到期付款责任的行为。远期汇票一经承兑，付款人成为承兑人，即汇票的主债务人，而出票人则成为汇票的从债务人。

承兑的手续包括：由付款人在汇票正面写上"承兑"（Accepted）字样，注明承兑日期并签名，有时还加注汇票到期日；付款人把承兑后的汇票交还持有人（或者把承兑通知书交给持有人）。

(4) 付款

付款（Payment）是即期汇票的付款人或远期汇票的承兑人接到付款提示时进行付款的行为。

对即期汇票，在持有人提示时，付款人应立即付款；对远期汇票，付款人经过承兑后，在汇票到期日付款。收款人或持有人在收取票款时应交出汇票，该汇票即成为付款人已付款的证明。付款人一般应以汇票载明的货币支付。

（5）背书

背书（Endorsement） 是转让汇票的一种手续。背书人（Endorser，即打算把收取汇票款项的权利转让出去的人）在汇票背面背书（即在汇票背面背书人一栏中签章），或再加上被背书人（Endorsee，即打算接受汇票款项的人），并把汇票交给被背书人的行为。第一背书人是汇票的收款人，以后的背书人都是上一背书的被背书人。

汇票可以经过背书不断地转让下去。背书的意义在于：经背书后，汇票的收款权利便由背书人转移给被背书人。对被背书人来说，所有以前的背书人及出票人都是他的"前手"；对背书人来说，所有在他交付或让与以后的被背书人都是他的"后手"。前手对后手负有担保汇票必然会被承兑或付款的责任。

背书方式见表8-5。

表8-5 背书方式

背书分类	常见格式	要点提示
限定性背书（Restrictive Endorsement）	背书人：签章 被背书人：Pay to ××× ONLY，或Pay to ××× NOT NEGOTIABLE	不得继续转让（或背书人对被背书人以后的被背书人免责），使用较少
特别背书（Special Endorsement）	背书人：签章 被背书人：Pay to order of ×××（付给×××的指定人）	又称为记名背书、完全背书 继续背书即可继续转让
空白背书（Blank Endorsement）	背书人：签章 被背书人：空白	又称为不记名背书 无须背书即可继续转让，使用最多

常见的贴现就是汇票背书转让的一种方式。**远期汇票经承兑后，汇票持有人在汇票到期前在贴现市场上转让，由银行或贴现公司作为受让人，扣除贴现利息后将余款付给出让人的行为，叫作贴现（Discount）**。

（6）拒付

拒付（Dishonour） 是指当汇票提示时，遭到付款人拒绝付款或拒绝承兑，或者由于付款人破产、死亡等原因，使付款或承兑实际上成为不可能。

如果汇票经过转让，一旦被拒付，最后的持有人有权向所有的"前手"追索，可以一直追索到出票人。追索时可以按背书的顺序从后向前追索，也可以不按顺序追索。

持有人为了行使追索权，应及时做成拒付证书（Protest）。拒付证书是由付款地的公证人所做出的付款人拒付的正式文件，作为向其"前手"进行追索的法律依据。

8.3.2 支付方式之一：汇付

汇付（Remittance）又称为汇款，是指付款人主动通过银行或其他途径将款项汇交收款人的一种支付方式。

8.3.2 支付方式之一：汇付

1. 汇付方式的当事人

汇款人在委托汇出行办理汇款时，要出具汇款申请书。一旦汇出行接受其汇款申请，就要按申请书中的指示通知汇入行向收款人付款。汇付中的主要当事人详见表8-6。

表 8-6　汇付中的主要当事人

当事人	英 文 名	进出口贸易中的适用方	职　责
汇款人	Remitter	进口商	交款，付费 填写汇款申请书
汇出行	Remitting Bank	进口地银行	指示汇入行付款给收款人
汇入行	Paying/Receiving Bank	出口地银行	通知收款人领取汇款
收款人	Payee/Beneficiary	出口商	主动到汇入行领款

2. 汇付方式的种类

根据汇出行向汇入行发出汇款委托的方式，汇付有三种形式。

（1）电汇

电汇（Telegraphic Transfer，T/T）是汇款人将款项交与汇出行，委托汇出行以电报或电传方式指示国外的汇入行将款项解付给收款人。电汇因其交款迅速，在三种汇付方式中使用最广，电汇的费用较高。电汇使用程序如图 8-4 所示。

在外贸实务中，电汇通常分为前 T/T 和后 T/T，两者的比较见表 8-7。

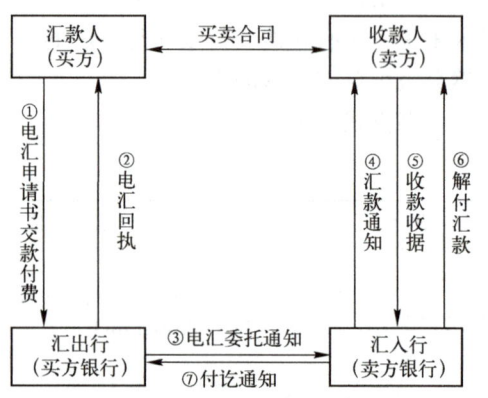

图 8-4　电汇使用程序

表 8-7　前 T/T 与后 T/T 的比较

电汇分类	进口商付款时间	出口商交单时间	出口商的风险
前 T/T	1）货物生产前付款	收到货款后	较小
	2）货物装运前付款		
后 T/T	1）收货×××天后付款	收到货款前	较大 但有利于成交
	2）提单日后×××天付款	收到货款前	
	3）货物装运，且收到卖方提单传真件后付款（最常见）	收到货款后	

 注意：①前 T/T 一定要确认货款到账。②前 T/T 比例不可太小，一般为 30%，建议金额至少为货物来回运杂费或略多。③后 T/T 最好只和资信较好的客户做；如果要做后 T/T，一定要做好风险防范，后 T/T 最好与前 T/T 等其他支付方式结合使用。

（2）票汇

票汇（Demand Draft，D/D）是以银行即期汇票为支付工具的一种汇付方式。由汇出行应汇款人的申请，开立以其代理行或分行为付款人的银行即期汇票，交由汇款人自行寄给收款人。由收款人凭票向汇票上的付款人（银行）取款。

票汇方式下，收款人主动凭票取款，而不像电汇、信汇方式一样，需要汇入行向其发出汇款到达通知。注意：需要谨防汇款人伪造汇票，要先确认汇票真伪！

票汇使用程序如图 8-5 所示。

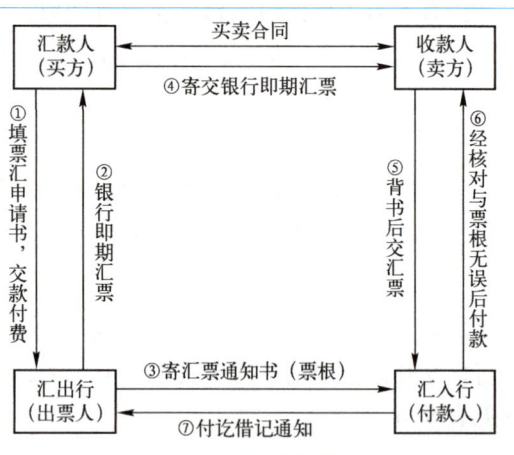

图 8-5　票汇使用程序

(3) 信汇

信汇（Mail Transfer，M/T）和电汇基本相同，因信汇方式人工手续较多，时间较长，目前大多数银行已不再办理信汇业务。三种汇款方式的比较详见表8-8。

表8-8 三种汇款方式的比较

汇款方式	利	弊	业务费用	速度	适用情况
T/T	较安全，款通过银行付给指定的收款人；汇款人可充分利用资金；减少利息损失	银行不能占用资金，汇款人要多付电讯费和手续费	高	最快	最多
D/D	汇入行不必通知取款，背书后可流通转让，汇出行可占用客户资金	易丢失、被窃	低	最慢	较少
M/T	银行可占用客户的资金	速度较慢，有可能在邮寄中延误或丢失	低	比T/T慢	较少，已停用

3. 汇付的应用及风险

汇付方式具有手续简便、费用低廉等优点，但**汇付属于商业信用**，在进出口双方互不信任的情况下，具有风险大、资金负担不平衡的缺点。

案例分析：T/T 的风险

> 江苏A公司一位业务员与国外客户商定，货款结算使用电汇支付。货物发出后十余天，A公司业务员收到客户电汇付款的银行收据传真件，当即书面指示船公司将货物电放给提单上的通知人，客户将货提走，货款却未到账。经查，客户在银行办理了电汇付款手续后，取得银行收据，马上传真给卖方，并要求立即电放货物，在拿到卖方给船公司的电放指示提货后，即去银行撤销了这笔电汇付款，造成了A公司8万美元的损失。

知识链接：跨境电商小额汇款

> 在跨境电商贸易中，西联汇款（Western Union）的优势主要体现在收款方不需要支付手续费，极大地降低了交易成本，流程简单，建有全球化的汇款网络，可在几分钟之内完成汇款，效率极高。西联汇款的缺点主要是汇款方会承担一定比例的手续费，会给汇款方带来较大的经济压力。
>
> 速汇金（Money Gram）是与西联汇款相似的一家汇款机构，是一种个人间的环球快速汇款业务，可在十余分钟内完成由汇款人到收款人的汇款过程，具有快捷、便利的特点，适用于年交易额在5万美元以下的跨境电商零售业务。速汇金在国内的合作伙伴是中国银行、中国工商银行、交通银行和中信银行。
>
> 随着跨境电商零售B2C、C2C、M2C模式的迅速发展，线下跨境支付方式逐渐不能满足小额跨境消费的支付需求，跨境电商第三方支付方式应运而生，如PayPal、阿里巴巴Secure Payment、Cashrun、Moneybookers、Payoneer、WebMoney等。相比于线下支付方式，第三方支付更适合从事跨境电商零售的企业和个人。

此外，许多跨境电商平台支持信用卡支付方式，通过与国际信用卡组织如Visa、MasterCard等合作，或直接与海外银行进行合作，用于跨境电商的小额支付。

8.3.3 支付方式之二：托收

托收（Collection）是出口商开立汇票，并提交全套单据，委托银行向进口商收取货款。**托收属于商业信用。**

1. 托收的当事人

托收方式的基本当事人见表8-9。

表8-9 托收方式的基本当事人

当事人	英文名	适用方	职责
委托人	Principal	出口商	出票，委托托收行托收货款
托收行	Remitting Bank	出口地银行	委托代收行收款
代收行	Collecting Bank	进口地银行	代收，要求付款人付款
付款人	Payer	进口商	汇票的付款人，付款

2. 托收的种类

根据是否随附运输单据，托收可以分为光票托收与跟单托收两种，见表8-10。

表8-10 托收方式的种类

托收名称	特征	分类		备注
光票托收（Clean Collection）	不附运输单据 金额较小 应用较少	—	—	主要用来收取货款尾数、样品费、佣金及其他贸易从属费用
跟单托收（Documentary Collection）	附运输单据 金额较大 应用较多	付款交单（Documents against Payment，D/P）	即期付款交单（D/P at sight）	付款人付款，银行交单可以采用
			远期付款交单（D/P after sight）	付款人先承兑，到期付款，银行交单不建议采用
		承兑交单（Documents against Acceptance，D/A）	仅限远期	付款人先承兑，银行交单，付款人到期付款不建议采用

3. 跟单托收的一般业务流程

（1）即期付款交单

即期付款交单（D/P at sight）是指出口商发货后签发即期汇票连同商业单据，通过银行向进口商提示，进口商见票后立即付款，在付清货款后，银行把商业单据交给进口商。即期付款交单流程如图8-6所示。

① 进出口双方在合同中约定采用D/P方式结算。出口商按合同发运货物。

② 出口商交付货物后，填写托收申请书并随附汇票、货运单据交托收行，委托托收行托收货款。

③ 托收行接受后，审核有关单据并寄送代收行，委托代收行向进口商收款。

④ 代收行将单据向进口商进行付款提示。

⑤ 进口商审核单据无误后，付款。
⑥ 代收行在收到货款项后将全部单据交给进口商。进口商凭单据提货。
⑦ 代收行办理转账并通知托收行款已收妥，将收到的款项转交给托收行。
⑧ 托收行把货款交给出口商。

（2）远期付款交单

远期付款交单（D/P after sight）是指出口商发货后签发远期汇票连同商业单据，通过银行向进口商提示，进口商审核无误后即在汇票上进行承兑，于汇票到期日付清货款后，银行把商业单据交给进口商。远期付款交单流程如图8-7所示。

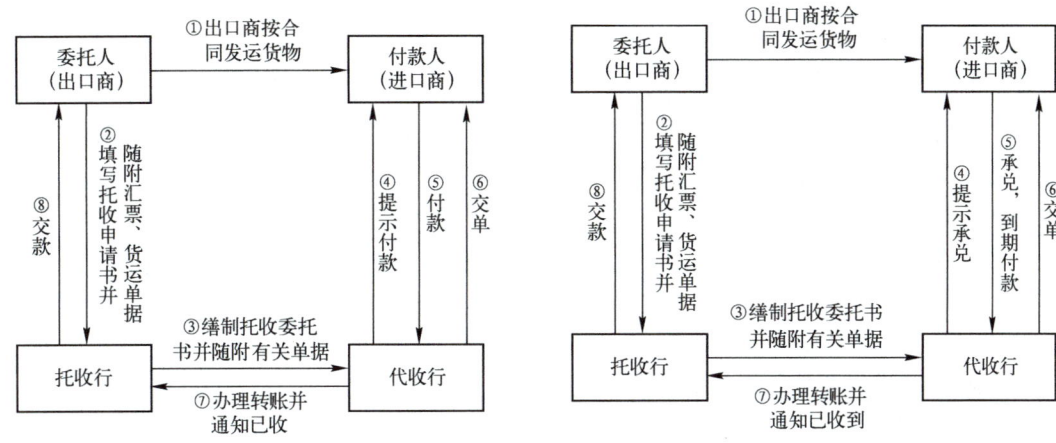

图8-6　即期付款交单流程　　　　　　图8-7　远期付款交单流程

①②③ 步骤同上。
④ 代收行将单据向进口商进行承兑提示。
⑤ 进口商审核单据无误后，承兑远期汇票，全部单据保留在代收行。进口商在汇票到期时付款。
⑥ 代收行在收到货款项后将全部单据交给进口商。进口商凭单据提货。
⑦ 代收行办理转账并通知托收行已收妥，将收到的款项转交给托收行。
⑧ 托收行把货款交给出口商。

无论是即期付款交单还是远期付款交单，进口商必须在付清货款后才能取得货运单据，提取或转售货物。在远期付款交单条件下，如果付款日期与实际到货日期基本一致，仍不失为对买方的一种资金融通，进口商可以不必在到货之前提前付款。但如果付款日期晚于到货日期，进口商为了抓住有利市场机会，不失时机地转售货物，可采取两种做法。

一种是进口商在付款到期日之前提前付款赎单，扣除提前付款日至原付款到期日之间的利息，作为进口商提前付款的现金折扣。

另一种是代收行对于信用较好的进口商，允许其凭信托收据（Trust Receipt，T/R）借取单据先行提货，在汇票到期前将票款偿还代收行，换回信托收据。这是代收行向进口商提供的信用便利，与出口商无关。若进口商在汇票到期时不能付款，一切责任要由代收行承担。但如果出口商主动授权银行凭信托收据借单给进口商，即远期付款交单凭信托收据借单（D/P·T/R），也就是进口商承兑汇票后凭信托收据先行借单提货，日后如发生进口商到期拒付，其风险应由出口商承担，因此使用时必须特别慎重。

 **案例分析**

> 大连 N 公司向日本商人推销商品，付款条件为 D/P 见票即付。对方答复：N 公司如接受 D/P 见票后 60 天付款，并通过其指定的 B 银行代收则可接受。请分析日本商人提出此项要求的出发点。
>
> 分析：在本例中，日本商人提出付款条件为 D/P 见票后 60 天付款，并通过其指定的 B 银行代收，是为了利用其与 B 银行的关系采取"付款交单凭信托收据借单"方式，提前借单提货，待汇票到期时再付款，使该笔进口业务不占用资金。

（3）承兑交单

承兑交单（D/A）是指出口商的交单以进口商在远期汇票上承兑为条件。出口商签发远期汇票，连同商业单据通过银行向进口商提示，进口商承兑汇票后，代收银行即将商业单据交给进口商，在汇票到期时进口商方履行付款义务。承兑交单流程如图 8-8 所示。

其业务流程的①②③④步骤与远期付款交单相同，不同之处如下：

⑤ 进口商审单无误后承兑远期汇票。

⑥ 代收行在进口商承兑汇票后交单。进口商领取单据后提货。

⑦ 进口商在汇票到期时付款。

⑧ 代收行办理转账并通知托收行款已收妥，将收到的款项转交给托收行。

⑨ 托收行把货款交给出口商。

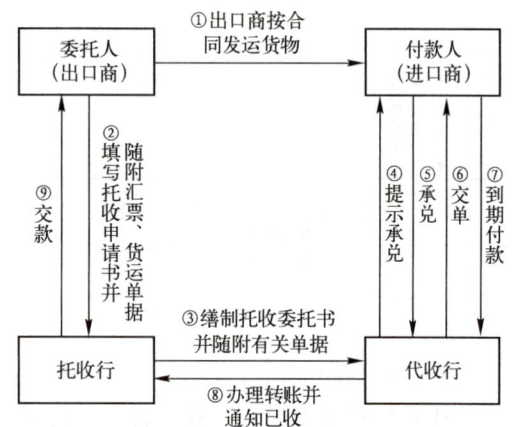

图 8-8 承兑交单流程

承兑交单是先提货后付款。买方提货后拒付的话，卖方会遭受很大的损失。因此，**承兑交单风险很大，卖方须慎重采用。**

4. 托收方式的特点和应用

国际商会的《托收统一规则》（Uniform Rules for Collection，《URC522》）是国际上银行间办理托收业务时采用的最重要的国际惯例。

托收属于商业信用。银行办理托收业务时，只是按委托的指示办事，没有检查单据的义务，也无承担付款人必然付款的义务。如进口商破产或丧失清偿债务的能力，出口商则可能收不回货款。在进口商拒不付款赎单后，除非事先约定，银行没有义务代为保管货物。如货物已到达，还要发生在进口地办理提货、缴纳进口关税、存仓、保险、转售以致被低价拍卖，或被运回国内的损失。**一般而言，托收有利于进口人，而不利于出口人。**

出口结算采用托收方式时，应注意下列问题。

1）调查进口商的资信状况和经营作风，正确掌握成交金额。

2）了解进口国家的贸易管制和外汇管制条例，以免进口国不准进口或不准付汇而造成损失。了解进口国托收的商业惯例和习惯做法。

3）出口合同争取以 CIF 条件成交，由出口商办理货运保险并投保出口信用险。如不能采取 CIF 条件成交，应投保卖方利益险。

4）对托收方式的交易，要建立健全管理制度并定期检查，及时催收清理，发现问题应迅速采取措施，以避免或减少可能发生的损失。

5）由出口商慎重选择代收行，并听取托收行的意见。

> **案例思考**
>
> 我国 A 公司出口一批货物，付款方式为 D/P 90 天。汇票及货运单据通过托收银行寄抵国外代收行后，买方进行了承兑。但货物到达目的地后，恰逢行市上涨，于是买方出具信托收据（T/R）向银行借出单证。货物出售后，买方由于其他原因倒闭，但此时距离汇票到期日还有 30 天。试分析 A 公司于汇票到期时收回货款的可能性及处理措施。

8.3.4 支付方式之三：信用证

信用证（Letter of Credit，L/C）是国际贸易中广泛使用的一种支付方式。使用信用证支付时，由银行提供付款保证，解决了进出口商互不信任的矛盾，同时还为进出口双方提供了资金融通的便利，而银行并不参与货物的买卖。

8.3.4 支付方式之三：信用证

1. 信用证的定义

《跟单信用证统一惯例（2007 年修订本）》（《UCP600》）第二条对信用证所下的定义是："信用证"意指一项约定，无论其如何命名或描述，该约定不可撤销并因此构成开证行对于相符交单予以兑付的确定承诺。

信用证是银行做出的有条件的付款承诺，即开证行根据开证申请人的请求和指示，向受益人开具的有一定金额并在一定期限内凭规定的单据承诺付款的书面文件。信用证属于银行信用。

2. 信用证的当事人

信用证的主要当事人有 6 个，见表 8-11。

表 8-11 信用证的主要当事人

当事人	当事人英文名	SWIFT 代码	适 用 方	职 责
开证申请人	Applicant，Accountee，Opener	50	一般为进口商	向银行申请开立信用证，并审单付款
开证行	Issuing/Opening Bank	51A	进口商所在地银行	开出信用证，承诺付款
受益人	Beneficiary	59	一般为出口商	按信用证要求行事，并制作信用证所要求单据，获得信用证下款项
通知行	Advising/Notifying Bank	57A	开证行在出口商所在地的分行或代理行	审核信用证真伪，将信用证转交给受益人
议付行	Negotiating Bank	—	常由通知行兼任	审核单据，议付货款
付款行	Paying/Drawee Bank	42A	开证行或开证行指定的银行	审核单据，履行付款义务

除上述当事人外，有时还会有以下当事人。

1）保兑行（Confirming Bank），是指根据开证行的请求在信用证上加具保兑的银行。信用证一经保兑，保兑行和开证行就承担同样的付款责任。保兑行通常由通知行兼任。

2）偿付行（Reimbursing Bank），是指受开证行的指示或者授权，对有关议付行的索偿予以照付的银行。它可以是开证行的分行，也可以是第三方银行。如偿付行不偿付，则开证行必须自行偿付。

3. 信用证的特点

（1）信用证方式属于银行信用（Bank's Credit）

在信用证方式下，**开证行取代了开证申请人（进口商）承担第一性的付款责任**。只要受益人（出口商）提交的单据与信用证相符，不论进口商是否同意开证行付款，不论进口商是否有能力向开证行还款，开证行都必须对出口商或其指定银行付款。

（2）信用证是一项独立于买卖合同的自足文件

信用证的开立以交易双方的买卖合同为依据，其各项条款也应与合同条款的规定一致，但信用证一经开出就成为一项独立的文件。所有的当事人，特别是**有关银行，只受信用证条款的约束，而不受合同条款的约束**。

案例分析

> 江苏公司甲和美国公司乙达成协议：乙向甲出口20公吨商品，最迟交货日期为2024年3月31日，以不可撤销的即期信用证支付，合同经双方签字或盖章后生效。
>
> 甲把合同打印好并签好两份合同后寄给乙，要求其签字或盖章后退回一份。乙没有签字或盖章，却催甲公司开出信用证，理由是合同没用，有信用证就可以了。于是甲向中国银行南京分行申请开证。开证行把最迟装运日期打成2024年3月30日；甲认为无关紧要，没要求改证；乙收到信用证后一直都没有表示异议。
>
> 信用证开出后，由于该商品行情出现暴跌，甲认为进口对己不利，请求乙解除合同，但乙表示货物已发运，不同意解除合同。
>
> 4月初，中国银行南京分行通知甲，单据已到，但装运日期为2024年3月31日。
>
> 请问合同有效吗？在此情况下，信用证有效吗？
>
> 分析：合同无效，因为双方约定合同经双方签字或盖章后生效，但乙并没有签字或盖章，所以合同无效。
>
> 因为信用证是自足文件，无效的合同不能成为信用证无效的理由，信用证是有效的。但装运单据日期为2024年3月31日，超过信用证规定的最迟装运期，银行可以拒付。

（3）信用证是一项纯粹的单据买卖业务

信用证方式下实行的是凭单付款的原则，银行处理的是单据，而不是货物，只要出口商提交了表面上符合信用证条款规定的单据，就可以得到银行的付款。银行对单据的"形式、完整性、准确性、真实性、伪造或法律效力，以及对单据上所载的或附加的一般及/或特殊条件"概不负责。同样，即使货物与合同相符，若单据与信用证规定不符，银行也有权拒绝付款。因此，出口商若要安全、迅速收汇，就必须做到单证相符、单单相符，即"严格相符原则"。

4. 信用证的一般业务程序

以议付信用证为例，信用证的一般业务程序如图8-9所示。

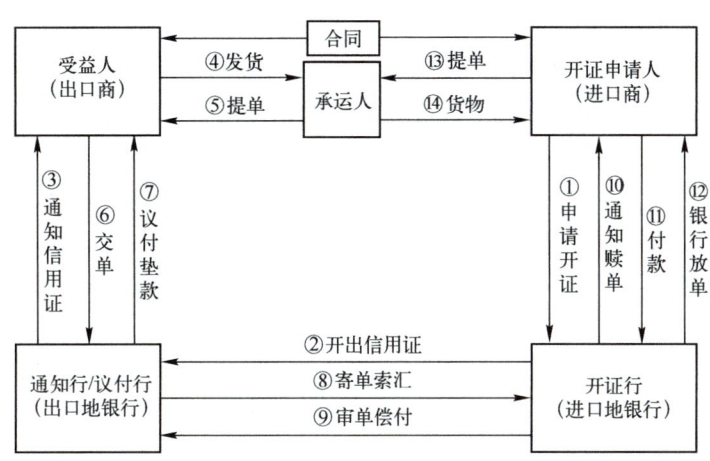

图 8-9　信用证的一般业务程序

5. 信用证的开立形式

开证行使用电报、电传或环球银行金融电信协会（SWIFT）等电信方式，将信用证内容传递给通知行，使用这种方式开立的信用证，称为电开本信用证。现在大多数银行采用 SWIFT 系统开立信用证。

6. 信用证的种类

（1）跟单信用证和光票信用证

根据是否附有货运单据，信用证分为跟单信用证和光票信用证。

1）跟单信用证（Documentary Credit）是指开证行凭跟单汇票或仅凭单据付款的信用证。外贸业务中使用的信用证绝大部分是跟单信用证。

2）光票信用证（Clean Credit）是指开证行仅凭不附单据的汇票付款的信用证。这种信用证一般用于预付货款。

（2）保兑信用证和不保兑信用证

根据是否被保兑，信用证可以分为保兑信用证和不保兑信用证，具体见表 8-12。

表 8-12　保兑信用证与不保兑信用证

信用证形式	英 文 名 称	备　注
保兑信用证	Confirmed Credit	由开证行以外的另一家银行（保兑行）加具保兑的信用证，保兑行同时承担第一性付款责任（开证行付款责任不变） 一般只在经审核认为开证行资信不够时才要求加具保兑
不保兑信用证	Unconfirmed Credit	没有经过开证行以外的其他银行保兑的信用证 外贸中使用较多，以免买方付出额外的保兑费

> **课堂思考**
>
> 江苏 A 公司收到国外开来的不可撤销信用证，由设在我国境内的外资银行 B 通知并加以保兑。A 公司在货物装运后，正拟将有关单据交银行议付时，忽接到 B 银行的通知：由于开证行已宣布破产，该行不承担对该信用证的议付或付款责任，但可接受 A 公司委托向买方直接收取货款的业务。对此，你认为 A 公司应该如何处理为好？

（3）即期信用证和远期信用证

根据付款时间的不同，信用证可分为即期信用证和远期信用证。

1）即期信用证（Sight L/C）是指受益人一旦向信用证指定的付款行提交符合信用证条款的单据，开证行或付款行就立即履行付款义务的信用证。

2）远期信用证（Usance L/C 或 Time L/C）是指开证行或付款行收到符合信用证条款的单据后，并不立即付款，而是等到汇票到期时才履行付款义务的信用证。远期信用证一般都要由汇票付款人办理承兑手续。承兑信用证、延期付款信用证和要求远期汇票的议付信用证都属于远期信用证。

有时，开证人出于某种需要，开立的信用证要求受益人开具远期汇票，由指定的付款行负责贴现汇票，开证人承担贴现利息和有关费用，这种信用证称为假远期信用证或买方远期信用证。

假远期信用证条款举例：受益人开立见票后120天付款的远期汇票，付款是在即期基础上以面值支付，贴现利息、费用和远期利息由开证申请人承担。

THE BENEFICIARY'S DRAFTS DRAWING AT 120 DAYS AFTER SIGHT ARE TO BE PAID IN FACE AMOUNT AS DRAWN AT SIGHT BASIS AS DISCOUNTING CHARGES, ACCOUNTANCE COMMISSIONS AND USANCE INTEREST ARE FOR BUYER'S ACCOUNT.

（4）即期付款信用证、延期付款信用证、承兑信用证和议付信用证

根据付款方式划分的信用证见表 8-13。

表 8-13　付款信用证、承兑信用证与议付信用证

信用证形式	英文名称	备注
即期付款信用证	Sight Payment Credit	汇票可有可无
延期付款信用证	Deferred Payment Credit	无须汇票：一般用于大型设备等合同履行期较长的交易中，以防卖方将经银行承兑汇票转让贴现，而不履行合同 即期付款信用证与延期付款信用证，合称付款信用证（Payment Credit）
承兑信用证	Acceptance Credit	需要汇票，汇票可贴现 付款行确认单证相符后，承兑汇票并发承兑电，到期付款
议付信用证	Negotiation Credit	需要汇票 议付行确认单证相符后，议付行扣除利息和手续费后买入汇票和/或单据；若开证行认为单证不符，议付行可向受益人追索款项 议付信用证又分为限制议付信用证（规定了议付行）和公开议付信用证（可在任何银行进行议付）

思考：为什么议付行可向受益人追索？开证行和议付行在汇票中分别是什么角色？

（5）可转让信用证和不可转让信用证

根据可否转让，信用证可分为可转让信用证和不可转让信用证。

1）可转让信用证（Transferable L/C）是指受益人有权将信用证全部或部分金额转让给第三人使用的信用证。可转让信用证一定要注明"可转让"字样。例如，信用证规定："THIS LETTER OF CREDIT IS TRANSFERABLE BY THE ADVISING BANK ONLY…"。

2）按照《UCP600》的规定，凡是未注明"可转让"字样的信用证，都是不可转让信用证（Nontransferable Credit）。

除了上述分类外，信用证还有很多种类，如循环信用证；背对背信用证（以中间商作为开证申请人，以国外开证行开来的以其为受益人的信用证为支持或抵押，要求原通知行或指定

银行向第二受益人开立、条款受约于原信用证条款的信用证）；对开信用证（双方进行易货或补偿贸易时，双方通过各自的银行向对方互开信用证，第一张信用证的申请人和受益人分别是第二张信用证的受益人和申请人）；预支信用证等。

7. 跟单信用证统一惯例

《跟单信用证统一惯例》是全世界公认的非政府商业机构制定的最为成功的国际惯例之一，《跟单信用证统一惯例（2007年修订本）》（《UCP600》）于2007年7月1日正式实施。**《UCP600》取消了可撤销信用证，所有的信用证都是不可撤销信用证。**

随着互联网的发展，电子信用证的诞生解决了电子商务结算支付中的电子化问题。顺应电子商务的发展，国际商会于2002年制定了《跟单信用证统一惯例关于电子交单的补充规则》（eUCP）。新的国际商会电子规则（eUCP 2.0版和eURC 1.0版）于2019年7月1日生效，对信用证和托收业务中电子交单的有关问题做出了专门规定。

8.4 知识拓展

1. 支付方式的综合使用

国际贸易中，交易双方有时采用综合支付方式，主要有以下几种。

第一，汇付与托收相结合。以电汇方式支付订金，以付款交单的方式支付剩余货款。例如：

Shipment to be made subject to an advanced payment amounting USD10000.00 to be remitted in favor of sellers by telegraphic transfer with indication of S/C No. 12345 and the remaining part on collection bases, documents will be released against payment at sight.

第二，汇付与信用证相结合。以信用证支付大部分货款，以汇付方式支付货款余额，或者预付订金用汇付支付，其余货款用信用证支付。例如：

30% of the total contract value as advance payment shall be remitted by the buyer to the seller through telegraphic transfer within one month after signing this contract, while the remaining 70% of the invoice value against the draft on L/C basis.

第三，托收与信用证相结合。部分货款以信用证方式收取，部分货款通过托收收取。应注意的是，**出口方的全套货运单据随附在托收项下的汇票下，而信用证部分则往往凭出口方开出的光票付款**。例如：

Payment by Irrevocable Letter of Credit to reach the sellers 45 days before the month of shipment stipulating that 50% of the invoice value available against clean draft, while the remaining 50% against the draft at sight on collection basis. The full sets of shipping documents shall accompany the collection draft and shall only be released after full payment of the invoice value. If the buyers fail to pay the full invoice value, the shipping documents shall be held by the issuing bank at the seller's disposal.

第四，汇付与银行保函或备用信用证相结合。这常见于大型机械、成套设备的交易。进口方以汇付方式支付订金及每期货款与利息，同时以银行保函或备用信用证对出口方的收款提供保证。例如：

30% of the total contract value as advance payment shall be remitted by the buyer to the seller through telegraphic transfer within one month after signing this contract, while the remaining 70% of the contract available by D/P at sight with a standby L/C in favor of the seller for the amount of

USD1000000 as undertaking. The standby L/C should bear the clause: in case the drawee of the documentary collection under S/C No. 123 fails to honor the payment upon due date, the beneficiary has the right to draw under this standby L/C by their draft with a statement stating the payment on S/C No. 123 dishonored.

第五，托收与银行保函或备用信用证相结合。货款以托收方式收取，同时进口方要开出银行保函或备用信用证，为出口方的收款提供保证。

2. 实用英语

Acceptance Credit　承兑信用证	Documentary Credit　跟单信用证
Applicant；Accountee；Opener　开证申请人	Documents against Acceptance（D/A）
At…Days after Sight　见票后若干天付款	承兑交单
Blank Endorsement　空白背书	Drawee；Payer　付款人
Clean Collection　光票托收	Endorsee　被背书人
Clean Credit　光票信用证	Endorser　背书人
Confirmed Credit　保兑信用证	Negotiation Credit　议付信用证
Confirming Bank　保兑行	Payee/Beneficiary　收款人/受益人
D/P after Sight　远期付款交单	Paying Bank；Drawee Bank　付款行
D/P at Sight　即期付款交单	Reimbursing Bank　偿付行
D/P·T/R　付款交单凭信托收据借单	Trust Receipt（T/R）　信托收据
Documentary Bill　跟单汇票	Unconfirmed Credit　不保兑信用证
Documentary Collection　跟单托收	Usance L/C；Time L/C　远期信用证

8.5　业务技能训练

8.5.1　自测习题

1. 翻译

1）Drawee ＿＿＿＿＿＿＿＿＿　　2）T/T ＿＿＿＿＿＿＿＿＿
3）Bill of Exchange ＿＿＿＿＿＿＿　　4）At Sight ＿＿＿＿＿＿＿＿＿
5）Amount in Words ＿＿＿＿＿＿＿　　6）《UCP600》＿＿＿＿＿＿＿＿＿
7）Applicant ＿＿＿＿＿＿＿＿＿　　8）D/A ＿＿＿＿＿＿＿＿＿
9）Beneficiary ＿＿＿＿＿＿＿＿＿　　10）Letter of Credit ＿＿＿＿＿＿＿

2. 单选题

1）某公司签发一张汇票，上面注明"At 90 days after sight"，这是一张（　　）。
　　A. 即期汇票　　　　B. 远期汇票　　　　C. 光票　　　　D. 跟单汇票
2）在 L/C、D/P 和 D/A 三种支付方式下，就卖方风险而言，（　　）。
　　A. L/C<D/A<D/P　　　　　　　　　B. L/C<D/P<D/A
　　C. D/A<D/P<L/C　　　　　　　　　D. D/P<D/A<L/C
3）汇票按照有无附属单据，可以分为（　　）。
　　A. 银行汇票和商业汇票　　　　　　B. 即期汇票和远期汇票

C. 光票汇票和跟单汇票　　　　　　　D. 商业汇票和跟单汇票

4）我们所说的托收业务属于商业信用，是因为（　　）。
   A. 没有银行参与　　　　　　　　　B. 出票人开立的汇票是银行汇票
   C. 银行不承担保证付款的义务　　　D. 以上都对

5）使用托收方式时，托收行和代收行在收回货款方面（　　）。
   A. 没有责任　　B. 承担部分责任　　C. 有责任　　D. 视合约而定

6）在信用证付款方式下，银行付款的原则是出口商提交的单据（　　）。
   A. 与买卖合同的规定相符
   B. 与信用证的规定相符
   C. 与信用证规定和买卖合同的规定同时相符
   D. 与合同规定或信用证的规定相符

7）信用证的第一付款人是（　　）。
   A. 进口人　　　B. 开证行　　　C. 议付行　　　D. 通知行

8）因下列情况开证行有权拒付票款的是（　　）。
   A. 单据内容与信用证条款不符　　　B. 实际货物未装运
   C. 单据与货物有出入　　　　　　　D. 单据与合同内容不符

3. 判断题

1）商业汇票的出票人和付款人是商人，银行汇票的出票人和付款人是银行。（　　）
2）托收方式下，银行只是作为受托人替出口人收款，如果出口人出具伪造单据，造成进口人损失，银行则不承担责任。（　　）
3）在票汇情况下，买方购买银行汇票径寄卖方，因采用的是银行汇票，故这种付款方式属于银行信用。（　　）
4）汇付是付款人主动通过银行或其他途径将款项交收款人的一种支付方式，所以属于商业信用，而托收通常称为银行托收，因而它属于银行信用。（　　）
5）信用证是依据贸易合同开立的，受贸易合同的约束。（　　）
6）票汇业务和托收业务都是商业信用，使用的都是商业汇票。（　　）

8.5.2　课堂训练

1. 简述信用证与买卖合同的关系。
2. 采用托收时应注意哪些问题？
3. 汇票的一般使用程序是什么？汇票的三个主要当事人是谁？
4. 进出口合同中的支付方式有哪些？这几种方式中，哪个对出口商最有利？哪个最不利？
5. 请讨论在双方信用都很高的情况下，采用何种付款方式好？如果对信用没有把握，又该如何？
6. 案例分析。

（1）江苏兴隆服装公司向日本一进口商发盘，其中付款条件为"D/P at sight"，对方答复可接受，但付款条件要改为"D/P at 90 days after sight"。按一般情况，货物从江苏运至日本时间很短。请分析日商为何提出此项条件？

（2）我国B公司与法国A公司达成一项出口合同，付款条件为D/P 45天付款。当汇票及所附单据通过托收行寄抵进口地代收行后，A公司及时在汇票上履行了承兑手续。货抵目的港时，由于用货心切，A 公司出具信托收据向代收行借得单据，先行提货销售。汇票到期时，A 公司因经营不善，失去偿付能力。代收行以汇票付款人拒付为由通知托收行，并建议由 B 公司直接向 A 公司索取货款。对此，B 公司应如何处理？

8.5.3 实训操作

1. 因常州天信外贸有限公司与加拿大客户 JAMES BROWN&SONS 已有多次合作关系，经过简单磋商，双方确定采用"发运前 10 天电汇付 50%预付款，50%装运后 30 天电汇付款"的支付方式，请拟订具体的支付条款。

2. 江苏天地木业有限公司通过与现代公司磋商，双方确定采用"50%即期付款交单，50%即期信用证"，请拟订具体的支付条款。

任务 9　签订贸易合同

知识目标

熟悉国际贸易合同的形式和内容。

能力目标

能够签订贸易书面合同。

素质目标

1. 培养学生客户至上的价值导向。
2. 培养学生外贸经营活动中遵守法律和国际惯例的法治观念。

任务 9　签订贸易合同

导学

合同是贸易磋商的成果，也是业务履行的依据。通过本任务的学习，要把前面所学的所有条款都落实在一个合同文本中。

注意合同文本的格式和规范，以及所有条款之间的逻辑关系。

任务 9 导学

9.1　任务描述与分析

1. 任务描述

> 常信公司一般都采用本公司的出口合同范本，与买方磋商达成一致后，由双方签字盖章后生效。
>
> 2024 年 7 月 20 日，经过艰苦的谈判，孙潇与 Lisa 终于就合同的各项条款达成了一致。现在他准备起草一份合同，请老总签字后，传真给对方，让 Lisa 会签后回传。

2. 任务分析

经过磋商，买卖双方就货物买卖合同的各项条款达成一致，合同就成立了。根据我国贸易实践的习惯，买卖双方通过口头或往来函电磋商达成协议后，还必须签订国际贸易书面合同，将双方的权利、义务明文规定下来，以便执行。

国际贸易合同是具有法律约束力的重要文件，是各种进出口业务得以执行的基础和依据。因此，要把合同条款订得严密，不要模糊，以防止履行合同时出现纠纷。

9.2 任务实施与心得

1. 任务实施

双方签订销售合同如下。

销售合同
SALES CONTRACT

买方：
The Buyers：RAFFLES TRADING CO. LTD.
69 INTERNATIONAL TRADE PLAZA,
ORCHARD ROAD, SINGAPORE
TEL.：（0065）61112588
FAX：（0065）61112688

合同编号：
Contract NO.：CZCX2011180
签订地点：
Signed at：CHANGZHOU, CHINA
签订日期：
Date：JULY 20, 2024

卖方：
The Sellers：CHANGZHOU CHANGXIN IMPORT & EXPORT CORP.
NO. 25 MINGXIN RD, CHANGZHOU JIANGSU, CHINA
TEL.：0519-86338171

双方同意按下列条款由卖方售出下列商品：
The Buyers agree to buy and the Sellers agree to sell the following goods on terms and conditions as set forth below：

（1）商品名称、规格及包装： Name of Commodity, Specifications and Packing	（2）数量： Quantity	（3）单价： Unit Price	（4）总值： Total Value
Men's cotton shirt, like original sample NO. MP766 sent on July 15, 2024.	2744PCS	USD9.13/PC	CIFC3% SINGAPORE USD25052.72

Total Amount：Say U.S. Dollars Twenty Five Thousand and Fifty Two and Cents Seventy-two Only.

　　M, 686PCS, L, 686 PCS, XL, 686 PCS, XXL, 686PCS（Shipment Quantity 5% more or less allowed）

　　Packing：8PCS, per carton, assorted colors and size

　　W×H×L：50×40×80

　　SHIPPING MARK：　RTC
　　　　　　　　　　　CZCX2011180
　　　　　　　　　　　SINGAPORE
　　　　　　　　　　　NO. 1-343

　　（5）装运期限：

　　Time of Shipment：In September, 2024

（6）装运口岸：

Port of Loading：SHANGHAI, CHINA

（7）目的口岸：

Port of Destination：SINGAPORE

（8）分批装运与转运：

Partial Shipments：Not Allowed　　　　Transshipment：Allowed

（9）保险：由　卖方　负责，按本合同总值110%投保一切险、战争险和罢工险。

Insurance：To be covered by the　sellers　for 110% of the invoice value against All Risks, War Risks and Strike Risks as per and subject to the relevant Ocean Marine Cargo Clauses of the PICC Property and Casualty Company Limited，dated 2018.

（10）付款：

Terms of Payment：The Buyer shall open through United Overseas Bank an Irrevocable sight Letter of Credit to reach the Sellers 45 days before the month of shipment, valid for negotiation in China until the 10th day after the month of shipment, but within the validity of the L/C.

（11）商品检验：买卖双方同意以装运港中国海关签发的质量检验证书作为信用证项下议付所需单据之一，买方有权对货物的质量进行复验，复验费由买方承担。如发现质量与合同规定不符，买方有权向卖方索赔，并提交经卖方同意的公证机构出具的检验报告。

索赔期限为货到目的港（地）180天内。如果货物已经过加工，买方即丧失索赔的权利。

It is mutually agreed that the certificate of quality issued by the China Customs at the port/place of shipment shall be part of the documents to be presented for negotiation under the relevant L/C. The buyers shall have the right to reinspect the quality of the cargo. The reinspection fee shall be borne by the buyers. Should the quality be found not in conformity with that of the contract, the buyers are entitled to lodge with the sellers a claim which should be supported by survey reports issued by a recognized surveyor approved by the sellers.

The claim, if any, shall be lodged within 180 days after arrival of the goods at the port of destination. If the goods have already been processed, the buyers shall thereupon lose the right to claim.

（12）不可抗力条款：如因战争、地震、水灾、火灾、暴风雨、雪灾或其他人力不可控制的原因，致使卖方不能全部或部分装运货物或延迟装运合同货物，卖方不负责任，但是卖方必须立即以电报通知买方。如果买方提出要求，卖方应在30天内以航空挂号信向买方提供由中国国际贸易促进委员会或有关机构出具的证明，证明事故的存在。

The sellers shall not be held responsible for failure or delay to perform all or any part of this contract due to war, earthquake, flood, fire, storm, heavy snow or other cause of Force Majeure. However, the sellers shall inform immediately the buyers by cable. The sellers shall deliver to the buyers by registered airmail within 30 days, if it is requested by the buyers, a certificate issued by the China Council for the Promotion of International Trade or by any competent authorities, attesting such event or events.

（13）仲裁：凡因执行本合同或有关本合同所发生的一切争执，双方应以友好方式协商解决。如果协商不能解决，应提交上海国际经济贸易仲裁委员会，根据该会的仲裁规则进行仲裁。仲裁裁决是终局的，对双方都有约束力。

Arbitration：All disputes arising in connection with this Sales Contract or the execution thereof shall be settled by way of amicable negotiation. In case no settlement can be reached, the case at issue shall then be submitted for arbitration to the Shanghai International Economic and Trade Arbitration Commission in accordance with the provisions of the said Commission. The award by the said Commission shall be deemed as final and binding upon both parties.

（14）其他条款：信用证内容须严格符合本销售合同的规定，否则修改信用证的费用由买方负担，卖方并不负担因修改信用证而延误装运的责任，并保留因此而发生的一切损失的索赔权。

Other Terms：The contents of the covering Letter of Credit shall be in strict conformity with the stipulations of the Sales Contract. In case of any variation there of necessitating amendment of the L/C, the buyers shall bear the expenses for effecting the amendment. The sellers shall not be held responsible for possible delay of shipment resulting from awaiting the amendment of the L/C and reserve the right to claim from the buyers for the losses resulting therefrom.

卖方	买方
Sellers：	Buyers：
陈哲	LISA

2. 任务实施心得

在签订出口贸易合同时不仅要熟悉我国的法律，而且要了解进口商所在国家或地区的相关法律以及有关国际惯例等。

我们应重视合同文本的起草，尽量争取己方起草合同文本。 如果买方提供采购合同，我们在签订时必须仔细审核，避免对方加进一些对我方不利的条款或遗漏一些对方必须承担义务的条款，以免给以后履行合同带来不必要的麻烦，乃至造成一定的经济损失。

重要的谈判在双方达成协议后，争取在我方所在国家或地区举行合同签字仪式。因为根据国际法的一般原则，如果合同中对出现纠纷采用哪国或地区法律未做具体规定，一旦发生争执，法院或仲裁庭就可以根据合同缔结地国家或地区的法律来做出判决或仲裁。

9.3 相关知识

9.3.1 合同的成立与生效

合同的成立与合同的生效是两个概念，二者通常是同步的，但也有例外的情况。合同能否成立的要件是接受是否生效，而合同能否生效的要件是合同能否得到法律的保护。

1. 合同的成立

根据《公约》的规定，合同成立的时间为接受生效的时间，而接受生效的时间又以接受通知到达发盘人为准。此外，在实际业务中，有时双方当事人在洽商交易时约定，合同成立的时间以订约时合同上所写明的日期为准，或以收到对方确认合同的日期为准。

2. 合同的生效

一般需要具备下列条件，合同才能够生效。

（1）当事人必须在自愿、真实的基础上达成协议

若一方以欺诈、胁迫的手段或者乘人之危，使对方在违背真实意愿的情况下订立合同，均属无效。

（2）当事人必须具有相应的行为能力

如果签订合同的当事人为企业法人，则该企业法人必须是依法注册成立的组织。有关业务应当在其法定经营范围之内。如果签订合同的当事人为自然人，则该自然人必须是具有完全民事行为能力的人。

（3）合同的标的和内容必须合法

合同的标的和内容不得违反有关国家法律强制性的规定，不得违反公共政策或损害社会公共利益。合同的内容必须体现公平原则，买卖双方在合同中的权利、义务应该是对等、互利和均衡的。

（4）合同必须有对价或约因

无对价或约因的合同不具备法律效力。

9.3.2 合同的形式与作用

在国际贸易实践中，主要有书面合同和口头合同，还有一种是以行为表示的合同。在我国需要签订进出口贸易的书面合同。

书面合同多以合同、确认书、协议书和订单等形式出现。其中，销售合同（Sales Contract）、购货合同（Purchase Contract）、销售确认书（Sales Confirmation）、购货确认书（Purchase Confirmation）、订单（Order）、委托订单（Indent）最常用。

书面合同的作用一般可归纳为以下三个方面。

1）作为合同成立的证据。在我国现行法律体系中，对口头合同的规定较为模糊，实践过程中，一般都会在口头谈判达成协议后签订书面合同，以避免口说无凭。

2）作为履行合同的依据。双方磋商达成一致意见，签订书面合同后，双方就依照合同享有权利，履行各自的义务。

3）作为合同生效的条件。如果交易双方在发盘或接受时声明以订立书面合同为准，则只有签订正式的书面合同，合同才能成立。

拓展阅读：形式发票

形式发票（Proform Invoice）是卖方应买方的要求，将拟出售货物的名称、规格、单价、数量、总金额、付款方式、包装、交货期等开立一种非正式的发票，以供买方作为申请进口许可证、向银行申请开立信用证等的依据。

形式发票是在签订正式合同之前，经双方签字或盖章之后产生法律效力的充当合同的文件。一般小额贸易国外客户很少签订正式进出口合同，形式发票往往就起着约定合同基本内容

以实现交易的作用。

9.3.3 合同的内容与审核

1. 合同的内容

进出口贸易的书面合同主要内容一般可分为约首、本文和约尾三部分。

约首，即合同的首部，一般包括合同名称、编号、签订日期、地点和签约双方的名称、地址等。有的合同还用序言形式说明定约意图并放在约首。

本文，即合同的主体部分，一般以条款的形式具体列明交易的各项条件，规定双方当事人的权利和义务，通常有商品的品名、品质、数量、包装、价格、支付、运输、保险及争议处理等条款。

约尾，即合同的尾部，一般包括合同的份数、附件及其效力、使用的文字、合同生效的时间、地点及双方当事人（法人代表或其授权人）的签字等。

> **小技巧：格式条款的处理**
>
> 一般情况下，售货确认书下部或背后有已经印就的格式条款。如果磋商的结果和印就的条款不符，当事人可以更改。如果印就的条款与磋商结果相去甚远，可以干脆将印就的条款划去，并在货名栏内下部空白处加上标题重新缮打。比如，售货确认书文本中将信用证支付方式做成格式条款，但双方磋商的结果决定不用信用证方式而用即期付款交单的托收方式，缮制售货确认书时可以划去印就的信用证条款，并在货名栏下部空白处打上"Payment by D/P at sight"。如有必要，注明 D/P 的实际含义。

拓展阅读：预付款和定金的区别

预付款和定金虽然都是商业活动中常见的支付方式，但它们之间的差别却很大。

预付款和定金

首先，目的不同。定金是作为担保手段支付的一种方式，而预付款则是一种支付方式。定金的目的是担保合同的履行，而预付款只是一种履行合同的行为。

其次，效力不同。在合同正常履行的情况下，预付款是作为价款的一部分来进行抵付的。如果合同没有得到履行的话，不管是交易双方哪一方违约，预付款都是要原数退还的。

如果合同得以正常履行，那么定金可以根据双方的约定来用于抵作价款或退回，不像预付款那样必须用来抵作价款。在合同没能正常履行的情况下，如果是给付定金的一方违约，定金不予退还；如果接受定金的一方违约，接受定金的一方则要双倍偿还定金。

此外，两者在数额和支付方式上也存在差异。定金的数额一般不超过总价款的百分之二十，而预付款的数额则没有限制。定金一般是一次性支付，而预付款可以一次性支付，也可以分期支付。

2. 合同条款的审核

无论是收到对方寄来的合同，还是自己寄出拟定好的合同，外贸人员都要对合同条款进行严格的审核，以避免因合同的错漏造成不必要的经济损失。合同条款的审核要点见表9-1。

表 9-1 合同条款的审核要点

合同条款	审 核 要 点
合同约首	仔细审核合同编号、买卖双方的公司名称和地址等
数量条款	检查商品的计量单位和计量方法，各项数值是否正确
包装条款	不同商品的包装方式必须详细列明，不能使用模糊用语
价格条款	检查贸易术语的相关要求，确定与其他条款要求没有冲突
装运条款	检查装运时间、装运方式和装运要求等信息的准确性
保险条款	检查是否与约定的投保要求（保险金额、保险险别等）相符
支付条款	检查是否与约定的支付方式相符，若使用信用证交易，保证信用证受益人和有效期等信息的准确性

对于客户的回签合同，外贸人员应严格审核客户是否对合同做了己方不能接受的修改，若出现这种问题，应立即联系客户。若不接受修改，应以存档的副本向客户提出异议。

9.3.4 合同的变更与终止

1. 合同的变更

合同的变更是指合同签订后，尚未完全履行之前，双方当事人就合同的内容进行修改。

合同的变更必须符合以下条件：第一，必须经过合同双方当事人的同意；第二，变更合同的协议应当采取书面形式。一般来说，合同当事人应在变更合同中对相关损失的补救办法做出约定。

2. 合同的终止

合同的终止是依照法律的规定，合同双方当事人的权利和义务归于消失。

合同终止有以下几种情况：第一，自然终止，是指因合同履行完毕的终止；第二，裁决或判决终止，是指因仲裁机构裁决或法院判决的终止；第三，协议终止，是指合同双方当事人协商一致同意的终止。

9.4 知识拓展

1. 合同欺诈风险的预防

国际货物买卖合同的欺诈方主要是利用合同条款进行欺诈，特别是合同中品质条款、违约条款、担保条款和索赔条款常常会被欺诈者利用。欺诈的目标可能是定金、预付货款、货款、货物、保险金等。

风险重在预防，首先要在风险发生前想办法杜绝风险的发生。

（1）进行资信调查，慎重选择贸易伙伴

选择可靠的客户是预防风险的首要环节。要注意进口国的系统风险，应尽可能通过我国驻外机构、国际知名咨询机构、银行、会计师事务所、进出口商会等对客户进行资信调查，不要与资信不明或资信不好的客户做生意。

对交易企业的资信进行调查后，应分类建立客户档案，并制作档案卡备查。

（2）完善合同条款，规避合同风险

尽量提供自己公司的文本合同，合同条款要齐备，订有法律适用、违约责任和争议解决方式等内容，对买卖双方的责任、权利、义务、费用和风险等进行了明确的划分。合同主要条款不能含糊或易产生歧义，以防止交易对方利用条款设置骗局，留下隐患。

同时聘请法律顾问，疑难条款由律师把关；企业应建立合同重要条款审批制度，明确各部门对合同中的某些重要条款（如赊销、寄售等）的审核责任。合同中的重要条款应经有关部门审核同意后，再正式对外签约。

（3）慎重选择贸易术语，预防风险

对出口商而言，选择装运合同性质的术语的风险远小于选择到达合同性质的术语的风险。出口业务中采用 CIF（或 CFR）术语成交要比采用 FOB 术语有利。如果出口合同采用 FOB 术语，进口商容易和其指定的货运代理串通一气，采取无单提货，使出口企业货款两空。

如不得已采用 FOB 术语成交，买方指定境外货运代理时，卖方应要求境外货运代理的提单必须由境内货运代理签发并掌握货物的控制权，并向发货人出具保函，使发货人的货权得到保障。这也促使境内货运代理必须对境外货运代理的资质进行考查，才敢于承担此责任。

（4）选择有利的支付方式

对不了解的客户，交易时要选择风险小的支付方式，对出口商而言，最好是先收款后发货。对进口商而言，最好是先收货后付款。双方折中的结果往往是采用信用证支付。

2. 实用英语

Assortment List　花色搭配单
At Buyer's Option　由买方决定
At Seller's Option　由卖方决定
Conclude a Contract　缔结合同
Document Number（DOC#）　文件号码
Draft a Contract　起草合同
Enclosure　附件
General Terms and Conditions　一般交易条件
Initial a Contract　草签合同
Lowest Price Limit　最低售价

Memorandum　备忘录
Proforma Invoice　形式发票
Percent（PCT）　百分比
Purchase Confirmation　购货确认书
Purchase Order　订购单
Sales Confirmation（S/C）　销售确认书
Sales Contract（S/C）　销售合同
Special Order　特别订单
Written Statement　书面声明

9.5　业务技能训练

9.5.1　自测习题

1. 翻译

1）Purchase Contract ＿＿＿＿＿＿＿＿＿＿＿　　2）Sales Confirmation＿＿＿＿＿＿＿＿＿＿＿

3）General Terms and Conditions ＿＿＿＿＿　　4）Indent＿＿＿＿＿＿＿＿＿＿＿＿＿＿＿＿

2. 单选题

1) 按照《公约》的规定，接受于（   ）生效。
   A. 合理时间   B. 向发盘人发出时
   C. 送达发盘人时   D. 发盘人收到后以电报确认时

2) 在交易磋商中，有条件的接受是（   ）。
   A. 还盘的一种形式   B. 接受的一种形式
   C. 发盘的一种形式   D. 发盘的邀请

9.5.2 课堂训练

1. 简述书面合同的作用。
2. 在订立国际贸易书面合同时应注意哪些问题？
3. 案例分析。

广州 B 公司拟向美国 A 商人出售一批自行车，于 8 月 15 日向对方发盘，限其 8 月 21 日答复，价格每辆 45 英镑，装运期为 10 月。8 月 17 日对方回电接受 15 日发盘，并提出每辆 40 英镑，装运期可推迟到 12 月份。B 公司未表态，于 19 日与另一商人达成交易。8 月 20 日美国 A 商人来电表示全部接受 B 公司 8 月 15 日发盘，B 公司当即回电告之货已售出，而美国 A 商人认为合同已成立，要求 B 公司履行合同；否则提出索赔要求。试问：此合同是否成立？为什么？

9.5.3 实训操作

1. 常州天信外贸有限公司拟定了一份合同，并传真给 J.B.S 公司要求其会签。请你完成具体合同的拟定工作。合同签订时间为 2025 年 2 月 28 日。
2. 江苏天地木业有限公司与美国现代公司已经就地板交易的各项内容达成一致。请你拟定一份书面合同。
3. 请把下面的中文合同翻译为英文。

合同号码：CX110   签订合同的日期：2024 年 11 月 11 日
卖方资料：常州常信进出口贸易公司
          江苏省常州市武进区鸣新中路 22 号
          电话：0519-81766627
买方资料：金山贸易公司
          法国马赛皇后大道 119 号
          电话：342-11231
1. 商品：男式衬衫   面料：全棉
   品质：交货品质应与 2024 年 9 月 5 号寄来的样品类似
2. 数量：款式号 QS791   1200 件
                QS796   1200 件
3. 价格：14.50 美元/件 CIF MARSEILIES
4. 金额：34800.00 美元
   数量和金额都允许有 5% 以内的增减。

5. 包装：12件装1个纸箱，同箱衣服齐色齐码。
   唛头：收货人名称缩写/销售合同号/款式号/目的港名称/箱号。
6. 运输：收到信用证后1个月内装运；从中国上海运至法国马赛；允许转运，但不分批装运。
7. 付款：即期信用证，要求信用证在2024年11月20日之前开到卖方。
8. 保险：由卖方按发票金额的110%投保中国人保财险的《海洋运输货物保险条款》的水渍险和战争险。
9. 检验：出口国检验，进口国复验。

常州常信进出口贸易公司法人：李琳　　　　金山贸易公司 CEO：John Smith

SALES CONFIRMATION

CONTRACT NO. _____　　　　DATE：_____

THE SELLER：_____
_____

THE BUYER：_____
_____

This Contract is made by and between the Buyer and Seller, whereby the Buyer agrees to buy and the Seller agrees to sell the under-mentioned commodity according to the terms and conditions stipulated below：

Commodity & Specification	Quantity	Unit Price	Amount
Total			

TOTAL CONTRACT VALUE：

PACKING：

SHIPPING MARKS：

TERMS OF SHIPMENT：

INSURANCE：

TERMS OF PAYMENT：

INSPECTION：

This contract is made in two original copies and becomes valid after signature, one copy to be held by each party.

THE SELLER：   THE BUYER：

情境 3　出口合同的履行

任务 10　信用证条款的审核和修改

知识目标

1. 熟悉信用证的主要内容。
2. 掌握信用证审核的注意事项。

能力目标

1. 能根据《UCP600》和合同审核信用证。
2. 能撰写要求进口商修改信用证的函电。

素质目标

1. 培养学生严谨细致的外贸工作态度。
2. 培养学生的系统意识和辩证思维能力。

导学

任务 10 导学

信用证是国际贸易实务教学的重点和难点，是各类考试和考证的必考知识点，也是实际业务操作中的难点。

通过本任务的学习，要掌握信用证条款的审核以及是否需要修改。

审核信用证的各项条款，查看信用证的当事人、金额、汇票期限和受票人、有效期和地点、交单期、运输条款及单据条款等是否符合要求，以便合同能顺利履行，并最终提交符合信用证要求的单据。

受益人审核信用证后，如信用证有错，或者尽管信用证正确但是在履行合同时难以做到满足信用证的条款，应一次性地向开证申请人提出所有修改要求。收到信用证修改书后，受益人须再次审核修改书并决定是否接受还是需要再次修改。只有完全接受修改书中的条款，信用证修改才能得以生效。

10.1 任务描述与分析

1. 任务描述

直到8月10日常信公司还未收到新加坡客户开来的信用证，孙潇发E-mail给Lisa，请她早日去银行申请开证。8月15日，中国银行常州分行通知常信公司收到信用证。现业务员孙潇和万友一起进行审核，以确认信用证各条款是否正确，履行合同时有无问题。

2. 任务分析

信用证是银行做出的有条件的付款承诺，遵循"严格相符原则"，所有单据在表面上必须做到与信用证条款的规定一致，同时各种单据之间也要一致。做到严格相符的前提是信用证本身正确无误，并且出口商能够满足信用证各项要求。

信用证的受益人必须对信用证的各项条款进行认真审核，如果信用证与合同不符，或者尽管信用证正确，但出口商履行合同时存在困难，无法满足信用证的要求，都应及时提出，让开证人去开证行申请修改信用证，尽量避免单证不符导致货款被拒付或延付的情况发生。

10.2 任务实施与心得

1. 任务实施

（1）催促对方开立信用证

为保证出口合同能顺利履行，孙潇于8月10日发E-mail给Lisa，请她早日去银行申请开证。

催证函电一般包括以下内容：陈述合同规定的开证时间；备货与装运所需时间以及目前的进度；陈述责任，如对方不开证，将视为违约。

Dear Lisa,

We haven't got any information about the L/C by now. According to our contract, you should issue the L/C not later than 5th, AUG., please push this as soon as possible, otherwise the shipment time may be postponed accordingly.

Looking forward your earliest reply!

Regards

David

（2）审核信用证

新加坡客户按合同要求，由United Overseas Bank（新加坡大华银行）在2024年8月12日开出了信用证。8月15日，中国银行常州分行通知常信公司收到信用证。

```
MT S700              ISSUE OF A DOCUMENTARY CREDIT
SEQUENCE OF TOTAL    *27:    1/1
DOC. CREDIT NUMBER   *20:    LCH073/03
DATE OF ISSUE        31C:    240812
EXPIRY               *31D:   DATE 241010 PLACE CHINA
APPLICANT BANK       51A:    UNITED OVERSEAS BANK
```

                                28B BOAT QUAY SINGAPORE 049818
APPLICANT   *50: RAFFLES TRADING CO. LTD.
                      69 INTERNATIONAL TRADE PLAZA,
                      ORCHARD ROAD, SINGAPORE
                      TEL.: (0065) 61112588
BENEFICIARY *59: CHANGZHOU CHANGXIN IMPORT & EXPORT CORP.
                 NO.25 MINGXIN RD, CHANGZHOU JIANGSU, CHINA
                 TEL.: 0519-86338171
AMOUNT   *32B: CURRENCY USD AMOUNT 25052.72
AVAILABLE WITH/BY   *41D: ANY BANK BY NEGOTIATION
DRAFTS AT   42C: SIGHT
                                FOR 100PCT INVOICE VALUE
DRAWEE   42A: UNITED OVERSEAS BANK, SINGAPORE
PARTIAL SHIPMENTS   43P: NOT ALLOWED
TRANSSHIPMENT   43T: ALLOWED
PORT OF LOADING/AIRPORT OF DEPARTURE   44E: SHANGHAI CHINA
PORT OF DISCHARGE/AIRPORT OF DESTINATION 44F: SINGAPORE
LATEST DATE OF SHIPMENT   44C: IN SEPTEMBER, 2024.
DESCRIPTION OF GOODS   45A:
                                 TERMS OF DELIVERY CIFC3% SINGAPORE
                                 MEN'S COTTON SHIRT @ USD9.13PER PIECE
                                 TOTAL QUANTITY: 2744PCS
                                 TOTAL AMOUNT: USD25052.72
DOCUMENTS REQUIRED   46A:
    +SIGNED ORIGINAL COMMERCIAL INVOICE IN 6 COPIES INDICATING L/C NO. AND CONTRACT NO. CZCX2011180.
    +3/3 SET OF ORIGINAL CLEAN ON BOARD OCEAN BILLS OF LADING MADE OUT TO ORDER WITH 4 NON-NEGOTIABLE COPIES AND BLANK ENDORSED MARKED FREIGHT PREPAID NOTIFYING APPLICANT.
    +SIGNED ORIGINAL PACKING LIST/WEIGHT MEMO IN 5 COPIES ISSUED BY BENEFICIARY SHOWING QUANTITY/GROSS AND NET WEIGHT.
    +SIGNED ORIGINAL CERTIFICATE OF QUALITY IN 5 COPIES ISSUED BY MANUFACTURER.
    +2/2 SET OF ORIGINAL INSURANCE POLICY OR CERTIFICATE, ENDORSED IN BLANK WITH 2 COPIES COVERING OCEAN MARINE TRANSPORTATION ALL RISKS AND WAR RISKS AND STRIKE RISKS FOR 110 PCT INVOICE VALUE SHOWING CLAIMS PAYABLE AT DESTINATION IN CURRENCY OF THE DRAFT.
    +SIGNED ORIGINAL CERTIFICATE OF ORIGIN IN 5 COPIES.
    +SIGNED ORIGINAL CERTIFICATE OF QUANTITY/WEIGHT IN 5 COPIES ISSUED BY MANUFACTURER INDICATING THE ACTUAL SURVEYED QUANTITY/WEIGHT OF

SHIPPED GOODS AS WELL AS THE PACKING CONDITION.

+SIGNED ORIGINAL QUARANTINE CERTIFICATE FOR WOODEN CASE ISSUED BY AUTHORISED GOVERNMENTAL ORGANIZATION OR DECLARATION OF NO-WOOD PACKAGE STATEMENT ISSUED BY MANUFACTURER.

+ONE SET OF EXTRA PHOTOCOPY OF ORIGINAL B/L AND ORIGINAL INVOICE.

ADDITIONAL COND. 47 A：

+FOR EACH DOCUMENTARY DISCREPANCY UNDER THIS CREDIT, A FEE OF USD60.00 WILL BE DEDUCTED FROM THE WHOLE PROCEEDS.

DETAILS OF CHARGES 71B：

ALL BANKING CHARGES OUTSIDE THE ISSUING BANK INCLUDING THOSE OF REIMBURSEMENT BANK ARE FOR ACCOUNT OF BENEFICIARY.

PRESENTATION PERIOD 48：

DOCUMENTS TO BE PRESENTED WITHIN 10 DAYS AFTER THE ISSUANCE OF THE SHIPPING DOCUMENTS BUT WITHIN THE VALIDITY OF THE CREDIT.

CONFIRMATION *49：WITHOUT

INSTRUCTIONS 78：

+ALL DOCUMENTS TO BE FORWARDED TO UNITED OVERSEAS BANK, SINGAPORE IN ONE COVER BY COURIER SERVICE UNLESS OTHERWISE STATED ABOVE.

+WE HEREBY UNDERTAKE THAT UPON RECEIPT OF THE ORIGINAL DOCUMENTS IN COMPLIANCE WITH THE TERMS OF THIS CREDIT. THE DRAFTS DRAWN UNDER WILL BE DULY HONORED.

+THIS CREDIT IS SUBJECT TO U.C.P. FOR DOCUMENTARY CREDIT, 2007 REVISION ICC NO.600.

孙潇根据合同仔细审核信用证，填写信用证分析单（见表10-1），确认不需要修改信用证。

表10-1 信用证分析单

证号	LCH073/03	合约号	CZCX2011180	受益人	CHANGZHOU CHANGXIN IMPORT & EXPORT CORP.
开证银行	UNITED OVERSEAS BANK	进口商	RAFFLES TRADING CO. LTD.	L/C性质	IRREVOCABLE
开证日期	AUG. 12, 2024	索汇方式		起运口岸 SHANGHAI, CHINA	目的地 SINGAPORE
金额	USD25052.72	可否转运	ALLOWED	可否分批装运	NOT ALLOWED
汇票付款人	UNITED OVERSEAS BANK SINGAPORE	汇票期限	见票****天期	装运期限	IN SEPT., 2024.

（续）

提单日后 __10__ 天议付			信用证有效期		OCT. 10, 2024			唛头：				
			到期地点		CHINA							
单证名称	提单	副本提单	商业发票	形式发票	海关发票	装箱单	重量单	尺码单	保险单	产地证	数量/质量证书	贸促会证	木箱检疫证书/非木质包装声明	装船通知	投保通知	正本提单和发票复印件	寄样证明
银行	3	4	6			5	5		2	5	5		√			1	
客户																	
提单	抬头		TO ORDER				保险		险别：ALL RISKS AND WAR RISKS, STRIKE RISKS							
	通知		APPLICANT													
运费：FREIGHT PREPAID							保额另加 10%		赔款地点		SINGAPORE					
背书：BLANK ENDORSED																

2. 任务实施心得

催证、审证、改证是信用证操作中的重要环节，需要注意以下事项。

1）应根据合同中规定的来证时间及时催证。如果未收到信用证就订货，万一对方不开信用证，就会造成库存积压。信用证晚到可能导致装运时间超过信用证的装运期，引发单证不符。

2）信用证审核包括信用证本身的审核和专项审核。

信用证本身的审核：①信用证的种类是否与合同规定一致；②信用证是否申明所适用的国际惯例规则；③信用证的有效性；④信用证当事人和开证行的资信；⑤信用证到期日和到期地点是否合理。

专项审核：①信用证金额、币种、付款期限规定是否与合同一致；②商品品名、货号、规格、数量规定是否与合同一致；③信用证中的装运条款包括装运期限、装运港、卸货港、分批转运之规定是否与合同一致；④信用证项下要求受益人提交议付的单据的规定是否与合同条款一致，前后是否有矛盾，对单据是否有特殊的要求等。

3）改证要注意一定是致函开证申请人，然后由开证申请人请求开证行修改信用证，出口人审核信用证修改书正确无误后，才能办理装运。

10.3 相关知识

10.3.1 SWIFT 信用证

SWIFT 是环球银行金融电信协会（Society for Worldwide Interbank Financial Telecommunications）的简称。该组织是一个国际银行同业间非营利性的国际合作组织。

凡依据国际商会所制定的信用证格式设计，通过 SWIFT 开立或通知的信用证称为 SWIFT 信用证。

SWIFT 信用证具有标准化、固定格式的特性，且传递速度快、成本低，因此银行多在开立信用证时采用。

SWIFT-MT700 格式跟单信用证见表 10-2。

表 10-2 SWIFT-MT700 格式跟单信用证

项目类型 M/O①	代码	栏位名称	说　　明
M	27	Sequence of Total	电文页次
M	40A	Form of Documentary Credit	跟单信用证类型
M	20	Documentary Credit Number	跟单信用证号码
O	23	Reference to Pre-advice	预先通知编号
O	31C	Date of Issue	开证日期
M	31D	Date and Place of Expiry	到期日及到期地点
O	51A	Applicant Bank	开证申请人银行
M	50	Applicant	开证申请人
M	59	Beneficiary	受益人
M	32B	Currency Code, Amount	货币代码、金额
O	39A	Percentage Credit Amount Tolerance	信用证金额浮动允许范围
O	39B	Maximum Credit Amount	信用证金额的最高限额
O	39C	Additional Amounts Covered	附加金额
M	41A	Available with…by…	指定的有关银行及信用证的兑付方式
O	42C	Drafts at…	汇票付款期限
O	42A	Drawee	汇票付款人
O	42M	Mixed Payment Details	混合付款条款
O	42P	Deferred Payment Details	迟期付款条款
O	43P	Partial Shipments	分批装运条款
O	43T	Transshipment	转运条款
O	44A	Loading on Board/Dispatch/Taking in Charge at/from	装船、发运和接受监管的地点
O	44B	For Transportation to …	货物发送的最终目的地
O	44C	Latest Date of Shipment	最迟装运日期
O	44D	Shipment Period	装运期
O	45A	Description of Goods and/or Services	货物/服务描述
O	46A	Documents Required	单据要求
O	47A	Additional Conditions	附加条款
O	71B	Charges	费用负担
O	48	Period for Presentation	交单期限
M	49	Confirmation Instructions	保兑指示

① M/O 为 Mandatory 与 Optional 的缩写，前者是指必要项目，后者为非必要项目。

10.3.2 信用证的审核

10.3.2 信用证的审核

信用证是独立于买卖合同之外的一个新契约。认真细致地对信用证进行审核是安全、及时收取货款的关键，需要确保信用证的要求与合同一致。

1. 信用证的审核依据

依据"证约相符、可操作"原则进行审核。审核的依据是国内的有关政策和规定、合同、《关于审核跟单信用证项下单据的国际标准银行实务》（ISBP745）、《跟单信用证统一惯例》（《UCP600》）以及实际业务操作中出现的情况。审核信用证通常遵循的原则是：信用证条款规定比合同条款严格时，应当作为信用证中存在的问题提出修改（当然，在实际业务中主要以是否影响出口商安全收汇和顺利履行合同义务为前提）；而当信用证的规定比合同条款宽松时，往往可不要求修改。

2. 信用证条款的审核

审核信用证的步骤主要分为以下三步。

第一步，对照外贸合同，按照可操作性原则，审核信用证条款。

第二步，核对外贸合同，有无信用证漏开的合同条款。

第三步，列出信用证的不符合条款。

（1）信用证的性质

信用证应该是不可撤销的，应该适用 UCP 条款，审核信用证是否按照合同加以保兑。

按贸易惯例，信用证在送达受益人时即生效，但是有些信用证中有不合理的限制性或保留条款，如"This credit is operative only after the buyer obtains the import license"（买方获得进口许可证后信用证生效），这些需要在审证时注意。

（2）信用证中的三个期限

信用证中的"三期"为信用证的有效期、最迟装运期、信用证的交单期。信用证的有效期和到期地点是审核的重点。没有规定到期日的信用证为无效信用证。信用证的到期地点一般应在出口商所在地。

出口商能否在信用证规定的装运期前备妥货物并按期装运。如果收到信用证的日期距离最迟装运期太近，无法按期装运，出口商应及时与进口商联系，要求延长信用证的最迟装运期和信用证有效期。

一般情况下，信用证的交单期为装运单据签发后 10~15 天，以便在装运货物后有足够的时间办理制单结汇，具体见信用证的交单期规定（PRESENTATION PERIOD 48）。

《UCP600》规定，**正本运输单据必须由受益人或其代表按照相关条款在不迟于装运日后的 21 个公历日内提交**，但无论如何不得迟于信用证的到期日。

信用证有效期与最迟装运期之间应留有足够的时间，以便出口商按时交单。在进出口业务中，信用证的有效期最好安排在最迟装运期后 10~15 天。例如，信用证规定最迟装运期为 10 月 31 日，则信用证有效期应规定为 11 月 15 日，避免出现信用证的有效期也是 10 月 31 日这种"双到期"的情况。

课堂思考

国外开来的信用证规定最迟装运期为 2024 年 12 月 31 日，议付有效期为 2025 年 1 月 15 日。出口商按信用证中规定的装运期完成交货，提单日为 2024 年 12 月 10 日，并备齐议付单据于 2025 年 1 月 4 日向银行议付交单时，银行有理由拒付吗？为什么？

(3) 信用证当事人

检查信用证受益人和开证人的名称和地址是否完整和准确。如果受益人的名称不正确，将会给今后的收汇带来不便。

(4) 金额、货币

信用证的金额、货币应与合同一致，如合同订有溢短装条款，信用证金额也应包括溢装部分的金额；信用证金额中单价与总值要填写正确。

在审核金额时要注意不同价格条件下所产生的运费、保险费由谁负担以及相应的单据是否合理。如 FOB 价格，要求运费预付是不合理的。

> **课堂思考**
>
> 10月15日由英国一家银行开给我国ABC公司L/C。L/C相关条款规定如下：总金额约 USD10000，数量 20 公吨，圆粒白大米，每公吨 USD500，CIF 利物浦。ABC 公司接到 L/C 后即备货，于 10 月 25 日全部货物装运完毕，持整套单据向银行交单议付。议付行经审单后不同意议付，其理由为汇票金额 USD10500，超出 L/C 规定的 USD10000。请分析银行这样处理是否合适，为什么？

(5) 汇票

审核汇票条款时要特别注意汇票的付款人应该是开证行或其指定的付款行，付款人不能是进口商，付款期限应与合同规定或实际业务要求相符。

(6) 运输条款和保险条款

审核信用证中规定的装运港与目的港、装运期、分批装运和转运等是否与合同相符，如果信用证与合同不符，要确定能否在信用证规定的装运期内备妥货物并按期出运；如国外来证晚，无法按期装运，应及时电请国外买方延展装运期限；如信用证规定了分批装运的时间和数量，应注意能否办到；如果信用证对船龄、船籍、船公司或港口等有限制条款，则要考虑能否办到。审核信用证对保险单据的规定是否合理。例如，在以 CFR、FOB 贸易术语出口时，出口商无办理货运保险的义务，信用证不应要求出口商提供保险单据。在以 CIF 或 CIP 贸易术语出口时，则应对照合同检查信用证中的保险险别、保险金额是否正确。

这样的信用证条款能接受吗

> **知识链接**
>
> 《UCP600》第三条规定，"on or about ××"表示在所述日期前后各五天内发生，起讫日均包括在内；"to/until/till/from/between ××"用于确定装运期限时，包括所述日期；"before/after ××"用于确定装运期限时，不包括所述日期；"from/after ××"用于确定到期日时，不包括所述日期。

(7) 货物描述

审核信用证中的货物名称、货号、规格、数量、包装、合同号码、订单号码等内容是否与合同一致。

(8) 单据条款

这是出口审证的重点与难点之一，对于来证中要求提供的单据种类、份数、填制方法和签发人等，要进行仔细审核，如发现有不正常规定，特别是软条款，应慎重对待。

1）审核信用证有无矛盾之处。如空运方式下要求提供海运提单、FOB 价格条件下要求提供保险单等都属于错误的。

2）审核单据填制或交付中对受益人较为困难的方面。如果信用证要求提供一些需要特别机构认证的单据或由一些机构或部门出具的有关文件，如许可证、运费收据、检验证明等，要考虑能否提供以及能否按时提供。

(9) 其他条款

如对费用条款的审核、索偿途径的审核等，这些条款均应是合理方便的。

10.3.3 信用证的修改

1. 受益人要求修改信用证的原因

由于信用证内容与合同不符，或信用证中某些条款受益人无法办到。例如，来证规定货物不允许转运，但实际并无直航船只抵达目的地，也可能是货源或船期等出现问题，要求展期。

2. 申请修改信用证的一般程序

因为信用证是开证行依据开证申请人的申请开立的，所以只有开证申请人有权向开证行提交修改申请书。

申请修改信用证的一般程序是：受益人审核信用证发现问题→受益人向开证申请人提出修改→开证申请人向开证行提出修改申请→开证行向原通知行发送信用证修改书→通知行向受益人通知信用证修改书→受益人重新审核→受益人决定接受或拒绝。

3. 信用证修改的要点

关于信用证的修改应掌握以下原则和注意事项。

1）凡未经开证行以及受益人同意，信用证既不能修改也不能撤销。

2）凡是需要修改的内容，应做到一次性提出，避免多次修改信用证的情况。

3）收到信用证修改后，应及时检查修改内容是否符合要求。**对于修改内容，要么全部接受，要么全部拒绝。部分接受修改的内容是无效的。**

4）对信用证修改内容的接受或拒绝有两种表示形式：①受益人做出接受或拒绝该信用证修改的通知；②受益人以行动按照信用证的内容办事。

5）信用证修改必须通过原信用证通知行进行通知才真实、有效，通过客户直接寄送的修改申请书或修改书复印件无效。

课堂思考

南京 C 公司与非洲 A 商成交出口货物一批，规定 9 月份装运。A 商按期开来信用证，但计价货币与合同规定不符，加上 C 公司货未备妥，直到 11 月 A 商来电催装时，C 公司才向 A 商提出按合同货币改证并要求延展装运期与有效期。次日 A 商复电：证已改妥。C 公司据此发运货物，但信用证修改书始终未到。单据到开证行时被以"证已过期"为由拒付。C 公司为收回货款，避免在目的港的仓储费用支出，接受了 A 商提出的 D/P·T/R 提货的要求。终因 A 商未能如约付款，C 公司遭受了重大损失。请分析此案中 C 公司有何失误。

10.4 知识拓展

1. 信用证审核中的软条款

信用证操作中，需要格外警惕软条款。**软条款**是外贸行业的俗称，是**指在不可撤销信用证中出现的条款**，使开证申请人实际上控制了整笔交易，受益人处于受制于人的地位，而信用证项下开证行的付款承诺毫不确定，很不可靠。开证行可随时利用这种条款单方面解除其保证付款的责任。诸如1/3正本提单直接寄送开证申请人的条款、将开证申请人检验证书作为议付单据的条款。

外贸业务员应该学会识别软条款。诀窍就是牢记两个原则：①不能让客户有可能在付款赎单前自行提货；②开证以后，出口商可以单方收集办理所有单证，不要依赖客户。

信用证典型软条款举例

当然，信用证条款是否是软条款还要视客户的意图。如一份正本提单径寄开证申请人条款，常见于日韩及东南亚地区的客户交易。因为这些地区离我国较近，几日内船只可抵达目的港。如果通过银行议付操作正常途径，单证到达客户手中时，货物已经堆放在目的港码头多日，将造成高额费用。

> **小技巧：信用证软条款的处理**
>
> 在提高警惕慎重处理的前提下，对某些软条款可酌情考虑接受，或附加其他条款来加以制约，争取既满足客户的需要，又最大限度地降低风险。
>
> 比如，进口方是信誉良好的老牌商号，开证行也知名可靠，可以考虑接受"正本提单径交开证人"的条款，在接受的同时，限定提单的收货人为"凭开证行指示"。这样即使客户得到正本提单，也需要由银行背书（表明执此提单者已经获得银行许可），避免了客户绕开银行私自提货的风险。此外，还可以将条款修改为"副本提单径交开证申请人"，这样客户可以在提供担保的情况下凭副本提单提货，而所提供的担保也同时保障了受益人的权益。

2. 实用英语

Banking Charge　银行费用　　　　　　Maturity Date 信用证到期日
Credit Validity　信用证有效期　　　　Period for Presentation　交单期限
Corporation（HSBC）　汇丰银行　　　Test Key　密押
H. O.（Head Office）　总行
Hongkong and Shanghai Banking

10.5 业务技能训练

10.5.1 自测习题

1. 翻译

1）Documentary Credit＿＿＿＿＿＿　2）Place of Expiry＿＿＿＿＿＿＿＿＿
3）Date of Issue＿＿＿＿＿＿＿＿＿＿　4）Period for Presentation＿＿＿＿＿＿
5）Banking Charge＿＿＿＿＿＿＿＿＿　6）Credit Validity＿＿＿＿＿＿＿＿＿

7）Currency _____   8）Description of Goods_____

2. 单选题

1）信用证和货物合同的关系是（　　）。
  A. 信用证是货物合同的一部分　　　　B. 货物合同是信用证的一部分
  C. 信用证从属于货物合同　　　　　　D. 信用证独立于货物合同

2）不属于信用证结算方式涉及的主要当事人有（　　）。
  A. 委托人　　　　B. 通知行　　　　C. 受益人　　　　D. 议付行

3）在下列信用证当事人中，（　　）是汇票的出票人。
  A. 开证申请人　　B. 受益人　　　　C. 议付行　　　　D. 付款行

4）信用证的基础是国际货物买卖合同，而且是开证行对出口人的有条件的付款承诺。所以，当信用证条款与销售合同规定不一致时，受益人可以要求（　　）。
  A. 开证行修改　　　　　　　　　　　B. 开证人通过开证行修改
  C. 通知行修改　　　　　　　　　　　D. 议付行修改

5）信用证修改通知书有多项内容时，（　　）。
  A. 不允许做任何修改　　　　　　　　B. 如果接受，必须是全部接受
  C. 不可全部拒绝　　　　　　　　　　D. 可以接受一部分，拒绝另一部分

6）A 银行开出的信用证，经 B 银行保兑，在付款责任上，（　　）承担第一性的付款责任。
  A. A 银行　　　　　　　　　　　　　B. B 银行
  C. A 银行和 B 银行　　　　　　　　　D. 由卖方决定

7）信用证规定装运期限为 3 月份，有效期为 4 月 14 日，没有规定交单期。出口公司装船后，提单签发日为 3 月 8 日，出口人应于（　　）前（包括当日）去交单。
  A. 3 月 28 日　　　　　　　　　　　　B. 3 月 29 日
  C. 4 月 14 日　　　　　　　　　　　　D. 3 月 23 日

8）出口公司收到银行转来的信用证后，侧重审核（　　）。
  A. 信用证内容与合同是否一致　　　　B. 信用证的真实性
  C. 开证行的政治背景　　　　　　　　D. 开证行的资信能力

3. 判断题

1）根据《UCP600》的规定，所有信用证都应规定一个到期日及一个付款交单地点。
  （　　）

2）根据《UCP600》，信用证项下单据应在信用证有效期和交单期内向银行提交。如果信用证对交单期未做规定，则交单期不得迟于运输单据日期后的 15 天，并且不得迟于信用证的有效期。（　　）

3）对信用证条款的修改，只要进口商与出口商双方同意即可，无须通知开证行。（　　）

4）出口公司在收到对方开出的信用证后，应严格按照信用证的有关条款进行发货、装运、制单结汇，不管有什么情况，都无权要求开证行修改信用证。（　　）

5）在信用证支付条件下，究竟提供何种结汇单据，包括单据的份数和制作要求，都必须严格地遵守合同的规定。（　　）

6）受益人只有收到开证行通过通知行转递的修改通知，并完全接受后，对信用证的修改才有效。（　　）

10.5.2 课堂训练

1. 信用证专项审核的内容有哪些？
2. 对于信用证中出现的与合同不一致的内容，如果信用证条款比合同条款宽松，我们应该如何处理？
3. 根据所给出的信用证内容（见表10-3）填写下列信用证分析单（见表10-4），并回答问题。

表10-3　信用证内容

MT 700		ISSUE OF A DOCUMENTARY CREDIT
SENDER		INDUSTRIAL BANK OF JAPAN, TOKYO
RECEIVER		BANK OF CHINA, SHANGHAI
SEQUENCE OF TOTAL	27	1/1
FORM OF DOC. CREDIT	40A	IRREVOCABLE
DOC. CREDIT NUMBER	20	ILC136107800
DATE OF ISSUE	31C	241015
DATE AND PLACE OF EXPIRY	31D	241210, CHINA
APPLICANT	50	ABC COMPANY, 1-3 MACHI KU STREET, OSAKA, JAPAN
BENEFICIARY	59	SHANGHAI DA SHENG CO., LTD. UNIT C 2/F JINGMAO TOWER, SHANGHAI, CHINA
AMOUNT	32B	USD21240.00
AVAILABLE WITH/BY	41D	ANY BANK BY NEGOTIATION
DRAFTS AT	42C	SIGHT FOR 100PCT INVOICE VALUE
DRAWEE	42A	THE INDUSTRIAL BANK OF JAPAN, HEAD OFFICE
PARTIAL SHIPMENTS	43P	ALLOWED
TRANSSHIPMENT	43T	NOT ALLOWED
LOAD/DISPATCH/FROM	44A	CHINESE PORTS
TRANSPORTATION TO	44B	OSAKA/TOKYO
LATEST DATE OF SHIPMET	44C	241130
DESCRIPTION OF GOODS AND/OR SERVICES	45A	4000PCS "DIAMOND" BRAND CLOCK ART NO. 791 AT USD5.31 PER PIECE CIF OSAKA/TOKYO PACKED IN NEW CARTONS
DOCUMENTS REQUIRED	46A	IN 3 FOLD UNLESS OTHERWISE STIPULATED:
		SIGNED COMMERCIAL INVOICE
		SIGNED PACKING LIST
		CERTIFICATE OF CHINESE ORIGIN
		BENEFICIARY'S CERTIFICATE STATING THAT ONE SET OF ORIGINAL SHIPPING DOCUMENTS INCLUDING ORIGINAL C/O HAS BEEN SENT DIRECTLY TO THE APPLICANT
		COPY OF TELEX FROM APPLICANT TO SUPPLIERS APPROVING THE SHIPPING SAMPLE
		INSURANCE POLICY OR CERTIFICATE ENDORSED IN BLANK FOR 110 PCT OF CIF VALUE, COVERING W.P.A. AND WAR RISK
		2/3 ORIGINAL PLUS ONE COPY OF CLEAN ON BOARD OCEAN BILLS OF LADING MADE OUT TO ORDER AND BLANK ENDORSED MARKED FREIGHT PREPAID AND NOTIFY APPLICANT

(续)

ADDITIONAL CONDITION	47A	ALL DRAFTS DRAWN HEREUNDER MUST BE MARKED "DRAWN UNDER INDUSTRIAL BANK OF JAPAN, LTD. , HEAD OFFICE, CREDIT NO. ILC136107800 DATED OCT. 15, 2024" AND THE AMOUNT OF SUCH DRAFTS MUST BE ENDORSED ON THE REVERSE OF THIS CREDIT
CHARGES	71B	ALL BANKING CHARGES OUTSIDE JANPAN ARE FOR BENEFICIARY'S ACCOUNT
PERIOD FOR PRESENTATION	48	DOCUMENTS MUST BE PRESENTED WITHIN 10 DAYS AFTER THE DATE OF ISSUANCE OF THE SHIPPING DOCUMENTS BUT WITHIN THE VALIDITY OF THE CREDIT
CONFIRMATION	49	WITHOUT
INSTRUCTIONS	78	SPECIAL INSTRUCTION TO THE ADVISING BANK: ALL DOCUMENTS INCLUDING BENEFICIARY'S DRAFTS MUST BE SENT BY COURIER SERVICE DIRECTLY TO OUR HEAD OFFICE. MARUNOUCHI, CHIYODA-U, TOKYO, JAPAN 100, ATTN. INTERNATIOANL BUSINESS DEPT. IMPORT SECTION, IN ONE LOT. UPON OUR RECEIPT OF THE DRAFTS AND DOCUMENTS, WE SHALL MAKE PAYMENT AS INSTRUCTED BY YOU

表 10-4　信用证分析单

证号		合约号		受益人	
开证银行		进口商		L/C 性质	
开证日期		索汇方式		起运口岸		目的地	
金额		可否转运		可否分批装运	
汇票付款人		汇票期限	见票＿＿天期	装运期限	
提单日后＿＿天议付		信用证有效期		唛头：	
		到期地点			

单证名称	提单	副本提单	商业发票	形式发票	海关发票	装箱单	重量单	尺码单	保险单	产地证	普惠制产地证	贸促会证	许可证	装船通知	投保通知	寄单证明	寄样证明	
银行																		
客户																		

提 单	抬头		保险	险别：	
	通知				
运费：			保额另加　　　%		赔款地点	
背书：					

问题：如果已装船提单的签发日为 11 月 15 日，则受益人最迟应在几月几日向银行交单？

4. 讨论如何应对信用证中的正本提单寄交开证申请人的问题。

5. 案例分析。

在一份国外银行开来的信用证中关于商检证书的条款如下：

Inspection certificate in duplicate issued and signed by authorized person of applicant whose signature must comply with that held in our bank's record.

请问：如果你是出口公司的业务员，这样的条款能接受吗？

10.5.3 实训操作

1. 常州天信外贸有限公司收到加拿大客户 JAMES BROWN&SONS 开来的 L/C，请你根据有关条件审核信用证并改证。

有关合同重要条款如下。

合同号：010CT9944

卖方：常州天信外贸有限公司

买方：JAMES BROWN&SONS

商品（每件）	规格	数量（件）	CFR 纽约
男式衬衫	MQ791	2000PCS	USD24.00/PC
	MQ862	1500PCS	USD28.00/PC

总额：90000.00 美元

装运：2025 年 3 月上旬由中国港口运往美国纽约，允许分批

支付方式：不可撤销即期信用证

　　　　GREAT EASER BANK, NY 11355 USA

IRREVOCABLE DOCUMENTARY CREDIT

DATE AND PLACE OF EXPIRY：Mar. 25, 2025 AT OUR COUNTER

APPLICANT：JAMES BROWN&SONS.

　　　　　#304-310 JaJa Street, Toronto, Canada

BENEFICIARY：CHANGZHOU TIANXIN IMPORT & EXPORT CORP.

　　　　　Room 2601, Changzhou International Trade Center

　　　　　801 Yan Ling Road (w), Changzhou, Jiangsu 213001

CURRENCY CODE, AMOUNT：USD89000.00 (SAY US DOLLAR EIGHTY-NINE THOUSAND ONLY)

DRAFTS：AT 30 DAYS SIGHT

DRAWEE：JAMES BROWN&SONS

FOR TRANSPORTATION：TO NEW YORK, USA　FROM CHINA PORT

LATEST DATE OF SHIPMENT：March 10, 2025

GOODS：GARMENTS

　MQ791　　2000　　USD24.00

　MQ862　　1500　　USD28.00

CFR NEW YORK

DOCUMENTS REQUIRED：

——SIGNED COMMERCIAL INVOICE IN TRIPLICATE INDICATING CONTRACT
　　NO. 01 OCT 4499

——FULL SET OF CLEAN SHIPPED ON BOARD OCEAN BILL OF LADING MADE OUT TO
　　ORDER AND BLANK ENDORSED. MARKED FREIGHT PREPAID

——FULL SET OF INSURANCE POLICY/CERTIFICATE

ADDITIONAL CONDITIONS:

——THE TOTAL AMOUNT OF THE INVOICE MUST BE MENTIONED ON THE CERTIFICATE OF ORIGIN

——PARTIAL SHIPMENTS PERMITTED BUT TO BE EFFECTED NOT BEFORE MARCH 10, 2025

2. 江苏天地木业公司久久没有收到对方开来的信用证，请你写一封催证的函电，请对方尽快开立信用证，否则会影响合同的履行。

任务 11　出口货物的准备

知识目标

1. 掌握国内购销合同的主要条款。
2. 熟悉出口货物准备的各项要求。

能力目标

1. 能够和供应商谈判并签订购销合同。
2. 能够进行出口货物的生产跟单管理。

素质目标

1. 培养学生的创新思维能力、灵活应变能力。
2. 培养学生的职业担当意识，为建设贸易强国而修德砺能。

导学

卖方履行合同的第一要务是交付货物和单据。本任务主要是保证出口货物的齐备。

对卖方来说，出口货物有两大来源：一种是自己生产；另一种是采购。本任务以采购出口货物为例，学习两个典型子任务。

一是签订购销合同。业务员要与供应商进行采购谈判，依据外销合同与供应商签订购销合同。

二是进行跟单管理。跟单员要抓住两个关键词——"质量"（Quality）和"交货期"（Delivery），与供应商通力合作，完成货物生产任务。此项子任务若展开，则是外贸跟单实务课程相关内容，可以查找相关书籍进行学习。

11.1　任务描述与分析

1. 任务描述

> 常信公司与莱佛士公司的出口合同签订后，孙潇和王明一起就该批男式衬衫与两家供应商进行磋商，准备选择一家下单生产该批出口服装。
>
> 8月15日，孙潇对莱佛士公司的信用证审核完毕，没有发现差错。孙潇和王明立即与常州兴隆服装有限公司签订购销合同，落实货源，准备出口货物。

2. 任务分析

对于卖方来说，履行合同的主要义务是交付与合同规定相符的货物和相关的单据，按照合同的要求交货是第一义务。

除了生产企业自营出口的货物以外，外贸公司出口的货物大多需要在国内采购。常信公司作为一家外贸公司，需要找合适的服装厂生产服装出口。孙潇和王明已经做了许多前期工作，在国内寻找生产厂家，进行询价比较与考察，初步选定供应商，现需要落实货源。

11.2 任务实施与心得

1. 任务实施

（1）寻找供应商，签订购销合同

常州是我国纺织服装名城之一，有众多的服装厂。它们生产的服装出口欧美、日本等许多国家。此次孙潇选择了合作良好、价格优惠的常州兴隆服装有限公司作为供应商。

常信公司与常州兴隆服装有限公司签订的购销合同如下。

购 销 合 同

甲方（需方）：常州常信外贸有限公司　　　　　　合同编号：CZCX207015
乙方（供方）：常州兴隆服装有限公司　　　　　　签订地点：常州
　　　　　　　　　　　　　　　　　　　　　　　签订时间：2024 年 8 月 18 日

经供、需双方平等协商，达成产品买卖合同如下，以兹共同遵守。

第一条　产品名称、规格、数量、单价、总价、生产时间和货款。

产品名称	规格	数量/件		单价/（元/件）	总金额/元
男式棉质衬衫	白色	M	343	56.5	77518.00
		L	343		
		XL	343		
		XXL	343		
		合计	1372		
男式棉质衬衫	灰色	M	343	56.5	77518.00
		L	343		
		XL	343		
		XXL	343		
		合计	1372		
合计			2744	—	155036.00

总金额：人民币计壹拾伍万伍仟零叁拾陆元整。

第二条　付款方式：合同签订后甲方支付乙方伍万元作为预付款，余款在交货后 30 天内付清。乙方同时提供税率为 13%的增值税发票和工厂检验合格单。

第三条　交货期限及地点：乙方在 2024 年 9 月 20 日前，把货物直接送到上海甲方指定的仓库。

第四条　验收方法、标准和期限：甲方在收到货物后即对货物进行检验，若货物质量、重量与合同约定不符，应在收到货物后七日内以书面形式告知乙方，在约定期限内没有提出质量、重量异议的，视为质量、重量符合要求。

第五条　包装标准、包装物：八件装一个纸箱，纸箱大小为 50 cm×40 cm×80 cm。

第六条　合同的执行：甲、乙双方不得随时变更或解除合同。任何一方解除合同导致对方损失，应向未违反合同的另一方支付合同总价款 20%的违约金。

第七条　本合同在履行过程中发生的争议，由双方当事人协商解决，也可由当地工商行政管理部门调解。协商或调解不成的，提交常州仲裁委员会仲裁。

第八条　本合同一式二份，双方各执一份。本合同自双方签字盖章之日起生效。此合同涂改无效，传真件有效。

需　方	供　方
甲方（章）：常州常信外贸有限公司 住址：江苏省常州市鸣新路 25 号 法定代表人：陈哲 委托代理人：孙潇 电话：0519-86338171 传真：0519-86338176 开户银行：中国银行常州分行 账号：	乙方（章）：常州兴隆服装有限公司 住址：武进区西湖路 217 号 法定代表人：张三 委托代理人：郑书鸣 电话：0519-83017519 传真：0519-83017518 开户银行：中国银行武进支行 账号：

（2）跟单管理

根据合同的交货时间，孙潇和王明几乎每天都与常州兴隆服装有限公司保持联系，跟进生产进度。

他们同时对产品的质量加以控制，确保产品质量和寄送的样品质量一致，检查产品包装的唛头是否正确。

生产进度跟单

2. 任务实施心得

1）签订购销合同。购销合同条款要与出口合同条款吻合，注意在合同的数量、交货时间等方面适当留有一些余地。注意要求供应商提供增值税发票，否则不能办理出口退税。

2）跟单管理。购销合同签订后的工作重心是与供应商及时沟通，进行跟单管理，尤其是对质量和生产进度的跟踪尤为重要。

在出口合同的履行过程中，经常会遇到生产厂家不能按时交货的问题。一旦发现工厂生产进度落后，应该及时与工厂分析原因，采取切实可行的措施，以保证按时完成出口货物的生产。

如果生产厂家采用了一切方法，还是无法按时交货，应该由业务员及时与外商协调，明确告知生产进度延误，协商适当延展交货期。

11.3 相关知识

11.3.1 供应商的选择与评估

1. 供应商的选择

最好选择已有良好合作关系的供应商。如果没有合适的供应商，则应从展会、网络平台、专业中介公司渠道开发供应商，还可以从电话黄页、客户那里搜集供应商信息。但无论如何，应到供应商工厂进行实地考察。

（1）展会

参加展会的成本较高，要参加一些专业性强、实力雄厚和服务瓶颈小的展会，可以带回来很多有用的资料，并找到合适的供应商。

（2）网络平台

常用的专业网站可参考 2.3.2 节。此外，在一些行业网站里，比如中国纺织网、中国铝业网等，也有大量的供应商资源；在很多开发区管委会的网页里也有很多供应商信息。网络供应商的资信情况参差不齐，需要投入大量的人力、物力和时间来甄别信息的真伪。因此，要加强考察后再选定供应商。

（3）专业中介公司

可以把产品一次性地发包给专业中介公司（即采购外包商）去采购，虽然其收费比本公司采购要高一些，但这样可提高效率。

 案例分析

> 2024年年初，江苏机械设备进出口公司需要出口微型轴承2000套。采购工程师在网络上搜索到一家供应商，从网络的图片上来看应该是公司需要的轴承。采购工程师实地考察时发现供应商就是一个小的手工作坊，生产条件较差，质量难以保障。但工程师还是买了几个样品，结果在产品质量试验进行到三分之一的时候，样品轴承就被整个机器的冲击力打成粉碎，差点酿成安全事故。

2. 供应商的评价原则

业务员或跟单员在选择供应商的时候，要重视"QCDS"原则，即Quality（质量）、Cost（成本）、Delivery（交付）与Service（服务）。

1）质量：质量因素是最重要的，首先要确认供应商是否建立有一套稳定有效的质量保证体系。

2）成本：要对所涉及的产品进行成本分析，并通过双赢的价格谈判实现成本节约。过低的价格只能得到低劣的产品。

3）交付：确认供应商是否具有生产所需特定产品的设备和工艺能力，人力资源是否充足，有没有扩大产能的潜力。

4）服务：供应商的售前、售后服务的记录也非常重要。

3. 供应商的综合评估

供应商综合评估的指标体系是企业对供应商进行综合评价的依据和标准，涉及供应商的业绩、设备管理、人力资源开发、质量控制、成本控制、技术开发、用户满意度、交货协议等可能影响供应链合作关系的方面。

评估的对象主要有两类：一类是现有供应商；另一类是新的潜在供应商。

对于现有合格供应商，定期着重就价格、交货期、进货合格率、质量事故等进行正常评估。1~2年做一次现场评估。

当供应商足够多的时候，就有了更大的主动权和选择权，可以将大订单分配给几个供应商生产，以节约时间并保证供货。对于配合不好的供应商，则考虑终止合作。

接纳新的供应商，其评估过程要复杂一些。通常是产品设计提出了对新材料的需求，然后要求潜在的目标供应商提供基本情况，主要内容包括：公司概况、生产规模、生产能力、给哪些企业供货、ISO9000认证、安全认证、相关记录、样品分析、报价。随后按ISO9000的要求进行现场考察。在供应商资格认定之后，通过公司品质部、采购部等各相关部门的正式考察，就可以小批量供货了。考察一般进行3个月，若没有问题，再增加数量。

11.3.2 签订采购合同

采购合同的各项条款应能够保证出口合同顺利履行。此外，在签订采购合同时，应注意保护外商信息和价格等商业机密。

（1）品名、品质条款

这是采购合同最重要的条款，必须与出口合同的品名、品质条款一致。品名一定要写全，不能仅写简称；品质条款中最好有明确质量要求及详细的验收标准。

（2）数量条款

数量可比出口合同的数量略多，一般加 3%～5% 以备调换之用，确保出口合同的数量不少。如约定可以溢短装数量，则应考虑满足溢装部分的需要。

（3）价格条款

一般应该充分考虑各种因素，确保出口合同履行后的利润。

（4）包装条款

与出口合同一致，注意包装应适应长途运输和保护商品的要求。运输标志（唛头）应按出口合同约定的内容刷制。

（5）交货时间

交货时间应比出口合同的装运时间早一些，以安排装运。

（6）交货地点

交货地点、时间要写清楚，运费承担要注明。一般情况下，如果安排集装箱在工厂进行装柜，内陆运费就由外贸公司承担；如果交货地点在装运港的仓库，外贸公司就不承担从工厂到装运港的运费。

（7）支付条款

结合出口合同的支付条款、外贸公司的资金状况、工厂的价格优惠程度等情况，确定支付条款。一般先付一定比例的预付款，余款在到货验收合格后一段时间内付清。

（8）违约责任条款

没有违约责任的合同不是真正的合同，没有震慑性的违约责任条款不是真正的违约责任条款。好的违约责任条款，违约成本一定要高于履行成本，但又不过分高于履行成本。

（9）争议解决条款

建议先选择友好协商的方式，协商不成再仲裁解决争议。

拓展阅读：定金和订金的区别

为何用"预付款"，而不用"定金"

定金和订金虽只一字之差，但其所产生的法律后果不一样。两者主要区别如下。

首先，定金具有法律属性，订金则不具有法律属性。交付定金的协议是从合同，依约定应交付定金而未付的，不构成对主合同的违反；交付订金的协议是主合同的一部分，依约定应交付订金而未交付的，即构成对主合同的违反。

其次，定金不能超过标的物的百分之二十，而订金则可以由当事人自己约定，法律没有限制。

最后，定金有担保作用，订金没有担保作用。如果买方违约，买方无权要求退还定金；如果卖方违约，卖方需要双倍返还定金。订金则不同，无论哪一方违约，订金都应无条件返还。

11.4 知识拓展

1. 生产型企业的备货

如果出口商本身就是生产企业，在合同签订后，应及时安排生产。生产型企业备货是向生产部门下达出口货物明细单（有些企业称为生产通知单、联系单），要求生产部门按明细单的要求，对应出口的货物进行生产、加工整理、包装、刷制运输标志，以及办理申报检验和领证等工作。

外贸业务员的工作职责范围仅限于向生产部门下单，将客户订单转化为生产通知单，在生产通知单中明确产品名称、规格型号、数量、包装要求、出货时间等。货物的生产由生产部门来完成。在生产过程中，业务员要实时监督质量、催促生产进度、处理异常情况等。

2. 实用英语

Article Number（Art. No.） 货号　　　　　　QC（Quality Controller） 跟单员
Factory Evaluation 验厂报告　　　　　　　Right Side（R. S.） 正面
Hand Tag 吊牌　　　　　　　　　　　　Size Assortment 尺码分配
Inferior Quality 品质低劣　　　　　　　 Size Label 码数商标，尺码唛
Poor Quality 质量较差　　　　　　　　　Size Specification/Size Spec. 尺码表
Production Cycle 生产周期　　　　　　　Size/Colour Set Sample 齐色齐码样
Production Sample/Shipping Sample 大货样/　Short Delivery 交货短缺
　　船样　　　　　　　　　　　　　　　Work-In-Process（WIP） 半成品

11.5 业务技能训练

11.5.1 自测习题

1. 翻译

1）Factory Evaluation ＿＿＿＿＿＿＿＿＿＿　2）QC（Quality Controller） ＿＿＿＿＿＿＿
3）Raw Material ＿＿＿＿＿＿＿＿＿＿＿＿＿　4）Short Delivery ＿＿＿＿＿＿＿＿＿＿＿＿

2. 单选题

1）下列选项中，常见于媒体广告中的最接近我国外贸跟单员概念的英文缩写是（　　）。
　　A. DJ　　　　　　B. QC　　　　　　C. AQL　　　　　　D. P/O

2）国外老客户要求寄送一批丝绸面料样品，量不大但要求快递。寄送样品和处理样品寄送费用的方式是（　　）。
　　A. 邮政的航空大包，寄费到付　　　　B. 邮政的航空大包，寄费预付
　　C. 航空快递，寄费预付　　　　　　　D. 航空快递，寄费到付

3）在原材料采购过程中，采购方可以通过（　　）的方式获得适当的交货价格。
　　A. 获取多渠道的价格　　　　　　　　B. 获取多渠道的信息
　　C. 获取多渠道的人员　　　　　　　　D. 获取多渠道的地方

4）一些国际采购商在我国采购商品前，要对生产厂商进行验厂，以下理解不正确的是（　　）。
　　A. 验厂标准由第三方机构确定
　　B. 验厂标准主要有国际标准和自行设定两种
　　C. 验厂时，对于不予配合的生产厂商予以"一票"否决
　　D. 一般而言，由国际采购商选定验厂人员或委托第三方人员进行验厂

3. 判断题

1）对于跟单员来说，寄出的样品越多，接单的可能性也越大，因此应尽可能满足客户的

寄样要求。（ ）

2)"运费到付"形式通常用于邮寄费用低、信誉好客户或老客户、成交希望大的样品。（ ）

3) 所采购原材料的交货时间宜早不宜迟，因此交货时间越早越好。（ ）

4) 及时交货就必须使生产进度与订单交货期吻合，尽量做到不提前交货也不延迟交货。（ ）

11.5.2 课堂训练

1. 购销合同和出口合同的关系是什么？订立购销合同应注意什么问题？
2. 寻找供应商的途径有哪些？如何处理好和供应商的关系？

11.5.3 实训操作

1. 常州天信外贸有限公司在签订完合同后，由出口部业务员与工厂进行联系，并于当日传真购货合同到生产工厂——常州天信服装有限公司。请你拟订具体的购货合同。

2. 距供应商最后交货日期 20 天时，外贸业务员发现江苏天地木业有限公司的地板生产进度严重滞后。他可以采取哪些方法来避免出口延期？

任务 12　出口货物的报关

知识目标

1. 掌握产地证的种类和签发机构。
2. 熟悉出口货物报关单的内容。

能力目标

1. 能在互联网平台办理一般贸易出口货物报关手续。
2. 能审核检验检疫证书的内容。
3. 能按进口商的要求，在互联网平台申领相应的原产地证。

素质目标

1. 培育学生精益求精的工匠精神。
2. 强化学生外贸经营活动中的国家安全意识。

任务 12 导学

导学

报关是国际贸易中的一个主要环节，国际贸易专业一般单独开设"报关"这门专业课。因此，本任务主要学习一般贸易货物出口报关单的填写以及出口关税的计算。对于不开设报关课程的其他专业的同学，还需要进行更深入的报关知识的学习和技能训练。

报关员在规定时间内填制报关单，在互联网报关平台上办理申报手续，配合查验，支付相关税费。重点掌握以下技能：录入报关单，对申报内容的真实性、准确性、完整性、规范性承担相应的法律责任；依据贸易对象国（地区）或买方要求实施检验检疫的，能审核检验检疫证书、原产地证书的内容等。

12.1　任务描述与分析

1. 任务描述

> 孙潇在"中国国际贸易单一窗口"或"互联网+海关"全国一体化在线政务服务平台录入报关单和其他单据，向海关办理相应的出口报关手续。
>
> 常信公司出口货物已办理了出口托运，开船日期为 2024 年 9 月 25 日，截止报关时间为 2024 年 9 月 24 日上午 10 点。
>
> 因为该批衬衫监管条件是"A"，检验检疫类别是"M"，所以无须办理出境商检手续。但因为信用证中需要常信公司提供质量检验证书和产地证，所以孙潇要在报关的同时办理该手续。

2. 任务分析

《中华人民共和国海关法》（以下简称《海关法》）规定："进出境运输工具、货物、物品，必须通过设立海关的地点进境或者出境。"

商品检验检疫证书和产地证可以由海关、生产厂商、第三方检验机构出具。出口商应该按照合同、信用证的要求办理商品的检验和产地证明，审核通过后获得检验检疫证书和产地证。

2018年8月，随着国家质量监督检验检疫总局的出入境检验检疫管理职责和队伍划入海关总署，全面实施关检融合，采取企业资质一次申请、同时备案、一次录入的方式，基本实现了口岸执法一个主体、职能管理一体统筹、报关报检一份单证、现场处置一次实施、执法作业一套系统的业务改革目标。

12.2 任务实施与心得

1. 任务实施

（1）出口申报

出口货物的申报期限为货物运抵海关监管区后、装货的 24 h 以前。

孙潇登录"中国国际贸易单一窗口"或"互联网+海关"全国一体化在线政务服务平台，在线进行"货物申报—出口整合申报—出口报关单整合申报"，录入出口货物的报关数据，缮制商业发票、装箱单等，于2024年9月24日向上海浦东海关进行申报。表12-1为出口货物报关单。

表12-1　中华人民共和国海关出口货物报关单

预录入编号：		海关编号：			页码/页数：1/1	
境内发货人（3204915070） 常州常信外贸有限公司	出境关别（2210） 浦东海关	出口日期 20240925		申报日期 20240924	备案号	
境外收货人 RAFFLES TRADING CO. LTD.	运输方式（2） 水路运输	运输工具名称及航次号 TRIUMPH/991A		提运单号 COS3426		
生产销售单位（3204915070） 常州常信外贸有限公司	监管方式（0110） 一般贸易	征免性质（101） 一般征税		许可证号		
合同协议号 CZCX2011180	贸易国（地区）（SGP） 新加坡	运抵国（地区）（SGP） 新加坡		指运港（SGP000） 新加坡	离境口岸（311001） 浦东临港产业作业区	
包装种类（22） 纸箱	件数 343	毛重（千克） 10290	净重（千克） 8575	成交方式（1） CIF	运费 502/1200/3	保费 502/291.52/3	杂费
随附单证及编号						
标记唛码及备注 RTC CZCX2011180 SINGAPORE NO.1-343	集装箱标箱数及号码:1;××××××××××（详见集装箱附加页）					
项号	商品编号	商品名称及规格型号	数量及单位	单价/总价/币制	原产国（地区）	最终目的国（地区）	境内货源地	征免
1	6205200099	男式棉质衬衫 Men's cotton shirt	2744 件	9.1300 25052.72 美元（502）	中国 （CHN）	新加坡 （SGP）	（32049）常州其他	照章征税（1）

（续）

特殊关系确认:否	价格影响确认:否	支付特许权使用费确认:否	自报自缴:是
报关人员 孙潇　　报关人员证号×××××××　　电话 兹申明对以上内容承担如实申报、依法纳税之法律责任			海关批注及签章
申报单位　（3204915070）常州常信外贸有限公司		申报单位（签章）	

孙潇在报关单录入页面填写基本信息后，填写涉检基本信息，向海关申请办理品质检验证书、一般原产地证（见表12-2 和表12-3），并认真审核。

表12-2　品质检验证书

中华人民共和国出入境检验检疫

ENTRY-EXIT INSPECTION AND QUARANTINE
OF THE PEOPLE'S REPUBLIC OF CHINA

编号　No. 77996

品质检验证书
QUALITY CERTIFICATE

发货人：
Consignor 常州常信外贸有限公司 CHANGZHOU CHANGXIN IMPORT & EXPORT CORP.

收货人：
Consignee RAFFLES TRADING CO. LTD.

品名：
Description of Goods 男式棉质衬衫 Men's Cotton Shirt

报验数量/重量： Quantity/Weight Declared 2744 件（PC）	标记及号码 Mark & No.	RTC CZCX2011180 SINGAPORE NO. 1-343
包装种类及数量： Number and Type of Packages 343 个纸箱（CARTONS）		
运输工具： Means of Conveyance TRIUMPH V991A		

检验结果：
Results of Inspection　经检验，上述货物符合 CZCX2011180 号合同之规定

印章
Official stamp

　　签证地点　　　　　　　　　　　　　　　　签证时间
　　place of issue JIANGSU, CHINA　　　　　　date of issue SEPT. 21, 2024

　　授权签字人　　　　　　　　　　　　　　　　签名
　　authorized officer　　WANG WEI　　　　　signature　王伟

(续)

我们已尽所知和最大能力实施上述检验，不能因我们签发本证书而免除卖方或其他方面根据合同和法律所承担的产品质量责任和其他责任。All inspections are carried out conscientiously to the best of our knowledge and ability. This certificate does not in any respect absolve the seller and other related parties from his contractual and legal obligations especially when product quality is concerned.

表 12-3　一般原产地证

1. Exporter (full name and address) CHANGZHOU CHANGXIN IMPORT & EXPORT CORP. NO. 25 MINGXIN RD, CHANGZHOU JIANGSU, CHINA		Certificate No. 08212 CERTIFICATE OF ORIGION OF THE PEOPLE'S REPUBLIC OF CHINA		
2. Consignee (full name, address, country) RAFFLES TRADING CO. LTD., 69 INTERNATIONAL TRADE PLAZA, ORCHARD ROAD, SINGAPORE					
3. Means of transport and route FROM SHANGHAI TO SINGAPORE PORT BY SEA		5. For certifying authority use only		
4. Country/region of destination SINGAPORE					
6. Marks and numbers of packages RTC CZCX2011180 SINGAPORE NO. 1-343	7. Description of goods. Number and kind of packages Men's cotton shirt, like original sample NO. MP766 sent on July. 15, 2024. THREE HUNDRED AND FORTY-THREE (343) CARTONS ONLY **************************	8. H. S. Code 6205.2000	9. Quantity 2744PCS	10. Number and date of invoice CLK008 SEPT. 15, 2024
11. Declaration by the exporter　The undersigned hereby declares that the above details and statements are correct that all the goods were produced in China and that they comply with the Rules of Origin of the People's Republic of China. CHANGZHOU SEPT. 20, 2024　孙潇		12. Certification　It is here by certified that the declaration by the exporter is correct. CHANGZHOU SEPT. 21, 2024 王伟		
Place and date. Signature and stamp of authorized signatory		Place and date. Signature and stamp of Certifying authority		

（2）配合查验

海关查验是指海关根据《海关法》确定进出境货物的性质、价格、数量、原产地和货物状况等是否与报关单上申报的内容相符，对货物进行实际检验的行政执法行为。

上海浦东海关查验货物时，常信公司有关人员应当到场，配合海关查验，做好以下工作：①负责按照海关要求搬移货物，开拆包装，以及重新封装货物；②预先了解和熟悉所申报货物的情况，如实回答查验人员的询问以及提供必要的资料；③协助海关提取需要做进一步检验、化验或鉴定的货样，收取海关出具的取样清单；④查验结束后，认真阅读查验人员填写的"海关进出境货物查验记录单"，核对主要记录是否符合实际。

（3）缴纳税费

上海浦东海关核对计算机计算的税费，确认该批货物不涉及缴纳出口关税。

（4）海关放行，装运货物

在常信公司办完向海关申报、接受查验等手续以后，上海浦东海关在装货单上签印放行。常信公司凭此向货代公司要求配载、装船起运出境。

2. 任务实施心得

报关员对申报内容的真实性、准确性、完整性、规范性承担相应的法律责任。因此，填写出口货物报关单时，要注意以下几点。

1) 报关人员必须按照《海关法》和《中华人民共和国海关进出口货物报关单填制规范》（自2019年2月1日起执行）的有关规定，向海关如实申报。报关单中填报的内容要准确、齐全、完整、清楚，报关单各栏目内容要逐项详细准确填报（打印）。

2) 报关单必须真实，做到两个相符：一是单证相符，即报关单与合同、发票、装箱单、提单、批文等相符；二是单货相符，即报关单中所列各项内容与实际出口货物情况相符，不允许有伪报、瞒报或虚报等情况存在。

3) 不同批文或合同的货物、同一批货物中不同监管方式的货物、不同备案号的货物、不同提运单的货物、不同征免性质的货物、不同运输方式或相同运输方式不同航次的货物，均应分别填写报关单。一份原产地证书只能对应一份报关单。同一份报关单上的商品不能同时享受协定税率和减免税。在一批货物中，对于实行原产地证书联网管理的，也应分单填报。

4) 在反映进出口商品情况的项目中，需要分项填报的情况主要有三种：①商品编号不同的；②商品名称不同的；③原产国（地区）/最终目的国（地区）不同的。

5) 已向海关申报的出口货物报关单，如原填报内容与实际进出口货物不一致而又有正当理由的，申报人应向海关提交进出口货物报关单修改/撤销申请表和证明材料，经海关核准后，对原填报内容进行修改或撤销。

6) 关检融合后，进出口收发货人的出境检验检疫申请，经海关审核通过之后即生成电子底账，可以在出口报关单申报时调用。收发货人可对出境检验检疫申请数据进行录入、暂存、删除、打印、申报等操作。进出口收发货人需要在报关前确认进出口货物的检验检疫（商品）名称或类型。

12.3 相关知识

12.3.1 出口报关

1. 出口报关的流程

报关（Declare）是指进出口货物收发货人、进出境运输工具负责人、进出境物品的所有人或者他们的代理人向海关办理货物、物品或运输工具进出境手续及相关海关事务的过程。货物、物品、运输工具等在进出境时由所有人或代理人向海关申报，校验规定的单据、证件，请求海关办理进出口的有关手续。

在我国，货物的出口报关应当经过申报、查验、征税和放行四个作业环节。与之相适应，出口货物发货人或其代理人应当按程序办理相对应的出口申报、配合查验、缴纳税费、装运货物等手续，货物才能出境。

进出口申报管理流程如图12-1所示。

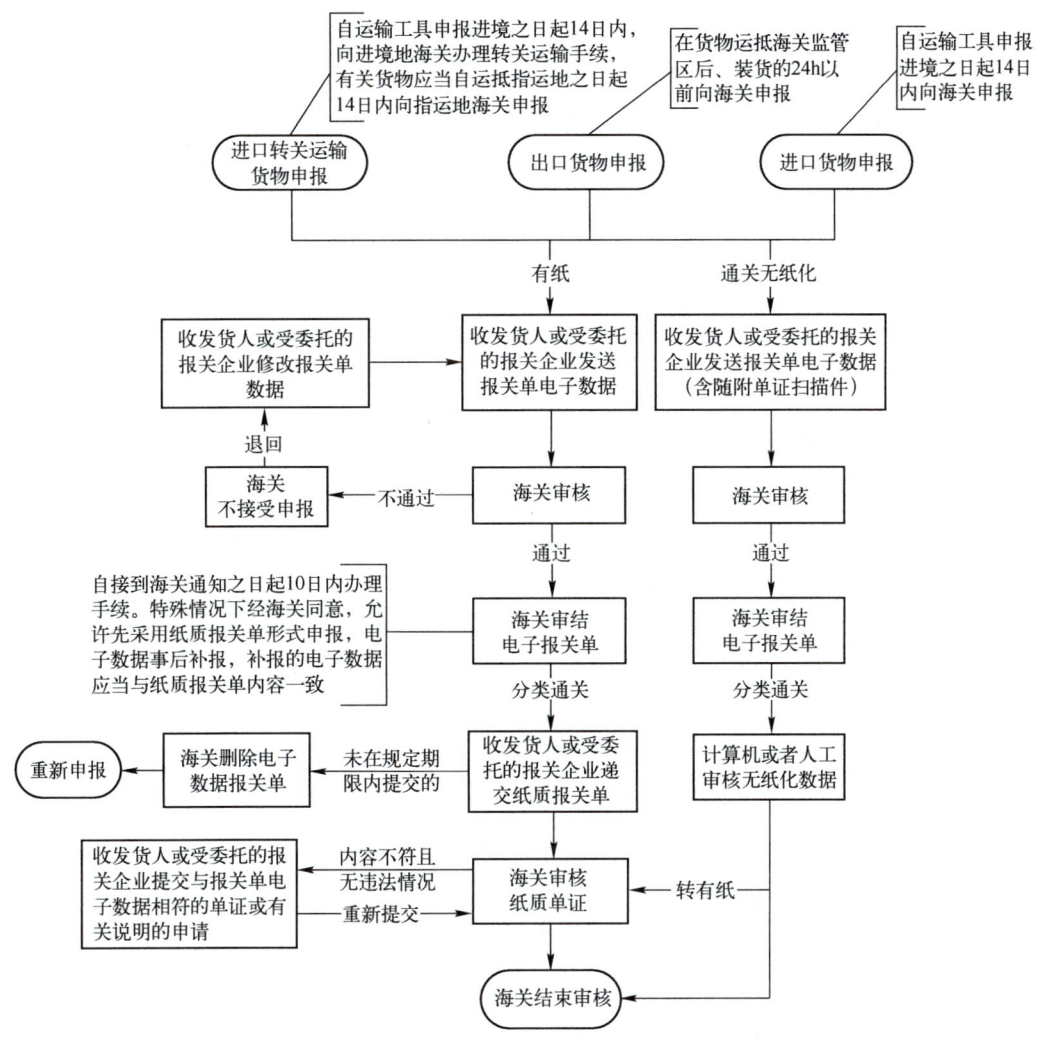

图 12-1 进出口申报管理流程

注：根据《中华人民共和国海关进出口货物申报管理规定》整理。

2. 出口关税

出口关税是指海关以出境货物和物品为课税对象所征收的关税。征收出口关税的主要目的是限制、调控某些商品的过度、无序出口，特别是防止本国一些重要自然资源和原材料的无序出口。为鼓励出口，世界各国（地区）一般不征收出口税或仅对少数商品征收出口税。

应征出口关税的计算公式为

$$出口关税应征税额 = 出口货物完税价格 \times 出口关税税率$$

$$出口货物完税价格 = \frac{FOB\ 价格}{1 + 出口关税税率}$$

注：出口货物完税价格是 FOB 价格扣除出口关税。

根据《中华人民共和国进出口关税条例》的规定，纳税义务人应当自海关填发税款缴款书之日起 15 日内向指定银行缴纳税款。纳税义务人未按期缴纳税款的，从滞纳税款之日起，按日加收滞纳税款万分之五的滞纳金。

【例 12-1】国内某企业从广州出口一批合金生铁到新加坡，申报出口量 86 t，每吨价格为 FOB 广州 98 美元。已知外汇折算率 1 美元等于人民币 6.4684 元，要求计算出口关税。

解： 1）通过海关总署商品信息查询网站查得合金生铁现行出口关税率为 25%。

2）审定离岸价格为 86×98＝8428（美元）；折算成人民币为 8428×6.4684＝54515.6752（元）。

3）出口关税税额＝FOB 价格÷(1+出口关税税率)×出口关税税率
＝54515.6752÷(1+25%)×25% ≈ 10903.14（元）。

知识链接：关税的征收方法

1. 从量税

从量税是以商品的重量、数量、容量、长度和面积等计量单位为标准计征的关税。从量税额的计算公式为

$$从量税额 = 商品数量 \times 单位从量税率$$

2. 从价税

从价税是以进出口商品的价格为标准计征的关税。从价税的税率表现为货物价格的百分比。从价税的计算公式为

$$从价税额 = 货物的完税价格 \times 从价税率$$

征收从价税的关键问题是确定进口商品的完税价格。

3. 混合税

混合税又称复合税，是对某种进出口商品同时征收从量税和从价税的一种关税。混合税分为两种情况：一种是以从量税为主加征从价税；另一种是以从价税为主加征从量税。

4. 选择税

选择税是对某种进出口商品同时规定从量税和从价税，征收时由海关选择其中一种征税，作为该商品的应征关税额，一般选择税额较高的一种征收。

3. 出口报关单的填制

完整、准确、有效地填制出口货物报关单直接关系到报关效率、企业的经济利益、海关征税、减免税及查验、放行等工作。出口货物报关单的填制规范见表 12-4。

表 12-4 出口货物报关单的填制规范

栏　目	填制规范
预录入编号	预录入编号指预录入报关单的编号，一份报关单对应一个预录入编号，由系统自动生成
海关编号	海关编号指海关接受申报时给予报关单的编号，一份报关单对应一个海关编号，由系统自动生成
境内发货人	填报在海关备案的对外签订并执行进出口贸易合同的中国境内法人、其他组织名称及编码。编码填报 18 位法人和其他组织统一社会信用代码，没有统一社会信用代码的，填报其在海关的备案编码
出境关别	根据货物实际出境的口岸海关，填报海关规定的"关区报关代码表"中相应口岸海关的名称及代码

（续）

栏　　目	填　制　规　范
出口日期	出口日期指运载出口货物的运输工具办结出境手续的日期，在申报时免予填报。无实际出境的货物时，填报海关接受申报的日期 出口日期为8位数字，顺序为年（4位）、月（2位）、日（2位）
申报日期	申报日期指海关接受进出口货物收发货人、受委托的报关企业申报数据的日期 申报日期为8位数字，顺序为年（4位）、月（2位）、日（2位）
备案号	填报进出口货物收发货人、消费使用单位、生产销售单位在海关办理加工贸易合同备案或征、减、免税审核确认等手续时，海关核发的《加工贸易手册》、海关特殊监管区域和保税监管场所保税账册、"征免税证明"或其他备案审批文件的编号 一份报关单只允许填报一个备案号
境外收货人	境外收货人通常指签订并执行出口贸易合同中的买方或合同指定的收货人 填报境外收货人的名称及编码
运输方式	运输方式包括实际运输方式和海关规定的特殊运输方式。前者指货物实际进出境的运输方式，按进出境所使用的运输工具分类；后者指货物无实际进出境的运输方式，按货物在境内的流向分类 根据货物实际进出境的运输方式或货物在境内流向的类别，按照海关规定的"运输方式代码表"选择填报相应的运输方式
运输工具名称及航次号	填报载运货物进出境的运输工具名称或编号及航次号。填报内容应与运输部门向海关申报的舱单（载货清单）所列相应内容一致
提运单号	填报进出口货物提单或运单的编号。一份报关单只允许填报一个提单或运单号，一票货物对应多个提单或运单时，应分单填报
生产销售单位	（1）生产销售单位填报出口货物在境内的生产或销售单位的名称，包括： 1）自行出口货物的单位 2）委托进出口企业出口货物的单位 3）免税品经营单位经营出口退税国产商品的，填报该免税品经营单位统一管理的免税店 （2）编码填报要求如下： 1）填报18位法人和其他组织统一社会信用代码 2）无18位统一社会信用代码的，填报"NO"
监管方式	监管方式是以国际贸易中进出口货物的交易方式为基础，结合海关对进出口货物的征税、统计及监管条件综合设定的海关对进出口货物的管理方式 根据实际对外贸易情况按海关规定的"监管方式代码表"选择填报相应的监管方式简称及代码。一份报关单只允许填报一种监管方式
征免性质	根据实际情况按海关规定的"征免性质代码表"选择填报相应的征免性质简称及代码，持有海关核发的"征免税证明"的，按照"征免税证明"中批注的征免性质填报。一份报关单只允许填报一种征免性质
许可证号	填报进（出）口许可证、两用物项和技术进（出）口许可证、两用物项和技术出口许可证（定向）、纺织品临时出口许可证、出口许可证（加工贸易）、出口许可证（边境小额贸易）的编号 免税品经营单位经营出口退税国产商品的，免予填报 一份报关单只允许填报一个许可证号
合同协议号	填报出口货物合同（包括协议或订单）编号。未发生商业性交易的，免予填报 免税品经营单位经营出口退税国产商品的，免予填报
贸易国（地区）	发生商业性交易的，进口填报购自国（地区），出口填报售予国（地区）；未发生商业性交易的，填报货物所有权拥有者所属的国家（地区） 按海关规定的"国家（地区）名称代码表"选择填报相应的贸易国（地区）中文名称及代码
运抵国（地区）	运抵国（地区）填报出口货物离开我国关境直接运抵或者在运输中转国（地区）未发生任何商业性交易的情况下最后运抵的国家（地区） 按海关规定的"国家（地区）名称代码表"选择填报相应的运抵国（地区）中文名称及代码 无实际进出境的货物，填报"中国"及代码

（续）

栏　　目	填 制 规 范
指运港	指运港填报出口货物运往境外的最终目的港；最终目的港不可预知的，按尽可能预知的目的港填报 无实际进出境的货物时，填报"中国境内"及代码
离境口岸	离境口岸填报装运出境货物的跨境运输工具离境的第一个境内口岸的中文名称及代码；采取多式联运跨境运输的，填报多式联运货物最初离境的境内口岸中文名称及代码；过境货物填报货物离境的第一个境内口岸的中文名称及代码；从海关特殊监管区域或保税监管场所离境的，填报海关特殊监管区域或保税监管场所的中文名称及代码；其他无实际出境货物的，填报货物所在地的城市名称及代码
包装种类	填报进出口货物的所有包装材料，包括运输包装和其他包装，按海关规定的"包装种类代码表"选择填报相应的包装种类名称及代码。运输包装指提运单所列货物件数单位对应的包装，其他包装包括货物的各类包装，以及植物性铺垫材料等
件数	填报进出口货物运输包装的件数（按运输包装计）。特殊情况填报要求如下： 1）舱单件数为集装箱的，填报集装箱个数 2）舱单件数为托盘的，填报托盘数 不得填报零，裸装货物填报"1"
毛重（千克）	填报进出口货物及其包装材料的重量之和，计量单位为千克，不足一千克的精确到小数点后两位
净重（千克）	填报进出口货物的毛重减去外包装材料后的重量，即货物本身的实际重量，计量单位为千克，不足一千克的精确到小数点后两位
成交方式	根据进出口货物实际成交价格条款，按海关规定的"成交方式代码表"选择填报相应的成交方式代码 无实际进出境的货物时，进口填报 CIF，出口填报 FOB
运费	填报出口货物运至我国境内输出地点装载后的运输费用 运费可按运费单价、总价或运费率三种方式之一填报，并按海关规定的"货币代码表"选择填报相应的币种代码 免税品经营单位经营出口退税国产商品的，免予填报
保费	填报出口货物运至我国境内输出地点装载后的保险费用 保费可按保险费总价或保险费率两种方式之一填报，并按海关规定的"货币代码表"选择填报相应的币种代码 免税品经营单位经营出口退税国产商品的，免予填报
杂费	填报成交价格以外的、按照《中华人民共和国进出口关税条例》相关规定应计入完税价格或应从完税价格中扣除的费用。可按杂费总价或杂费率两种方式之一填报，并按海关规定的"货币代码表"选择填报相应的币种代码 应计入完税价格的杂费填报为正值或正率，应从完税价格中扣除的杂费填报为负值或负率 免税品经营单位经营出口退税国产商品的，免予填报
随附单证及编号	根据海关规定的"监管证件代码表"和"随附单据代码表"选择填报除《中华人民共和国海关进出口货物报关单填制规范》第十六条规定的许可证件以外的其他进出口许可证件或监管证件、随附单据代码及编号 本栏目分为随附单证代码和随附单证编号两栏。其中，代码栏按海关规定的"监管证件代码表"和"随附单据代码表"选择填报相应证件代码，随附单证编号栏填报证件编号
标记唛码及备注	填报要求如下： 1）标记唛码中除图形以外的文字、数字，无标记唛码的填报 N/M 2）受外商投资企业委托代理其进口投资设备、物品的进出口企业名称 3）与本报关单有关联关系的，同时在业务管理规范方面又要求填报的备案号，填报在电子数据报关单中"关联备案"栏 4）跨境电子商务进出口货物，填报"跨境电子商务" 5）集装箱体信息填报集装箱号、集装箱规格、集装箱商品项号关系、集装箱货重 6）进出口列入目录的进出口商品及法律、行政法规规定须经出入境检验检疫机构检验的其他进出口商品实施检验的，填报"应检商品"字样 7）申报时其他必须说明的事项

（续）

栏　　目	填 制 规 范
项号	分两行填报。第一行填报报关单中的商品顺序编号；第二行填报备案序号，专用于加工贸易及保税、减免税等已备案、审批的货物，填报该项货物在《加工贸易手册》或"征免税证明"等备案、审批单证中的顺序编号。有关优惠贸易协定项下报关单填制要求按照海关总署相关规定执行
商品编号	填报由10位数字组成的商品编号。前8位为《中华人民共和国进出口税则》和《中华人民共和国海关统计商品目录》确定的编码；9、10位为监管附加编号
商品名称及规格型号	分两行填报。第一行填报进出口货物规范的中文商品名称，第二行填报规格型号
数量及单位	分三行填报。 1）第一行按进出口货物的法定第一计量单位填报数量及单位，法定计量单位以《中华人民共和国海关统计商品目录》中的计量单位为准 2）凡列明法定第二计量单位的，在第二行按照法定第二计量单位填报数量及单位。无法定第二计量单位的，第二行为空 3）成交计量单位及数量填报在第三行
单价	填报同一项号下出口货物实际成交的商品单位价格。无实际成交价格的，填报单位货值
总价	填报同一项号下出口货物实际成交的商品总价格。无实际成交价格的，填报货值
币制	按海关规定的"货币代码表"选择相应的货币名称及代码填报，如"货币代码表"中无实际成交币种，需要将实际成交货币按申报日外汇折算率折算成"货币代码表"列明的货币填报
原产国（地区）	原产国（地区）依据规定的原产地确定标准填报。同一批出口货物的原产地不同的，分别填报原产国（地区）。出口货物原产国（地区）无法确定的，填报"国别不详" 按海关规定的"国家（地区）名称代码表"选择填报相应的国家（地区）名称及代码
最终目的国（地区）	最终目的国（地区）填报已知的出口货物的最终实际消费、使用或进一步加工制造国家（地区）。同一批出口货物的最终目的国（地区）不同的，分别填报最终目的国（地区）。出口货物不能确定最终目的国（地区）时，以尽可能预知的最后运往国（地区）为最终目的国（地区） 按海关规定的"国家（地区）名称代码表"选择填报相应的国家（地区）名称及代码
境内货源地	境内货源地填报出口货物在国内的产地或原始发货地。出口货物产地难以确定的，填报最早发运该出口货物的单位所在地
征免	按照海关核发的"征免税证明"或有关政策规定，对报关单所列每项商品选择海关规定的"征减免税方式代码表"中相应的征减免税方式填报。加工贸易货物报关单根据《加工贸易手册》中备案的征免规定填报；《加工贸易手册》中备案的征免规定为"保金"或"保函"的，填报"全免"
特殊关系确认	出口货物免予填报
价格影响确认	
支付特许权使用费确认	
自报自缴	出口企业、单位采用"自主申报、自行缴税"（自报自缴）模式向海关申报时，填报"是"；反之则填报"否"
申报单位	自理报关的，填报出口企业的名称及编码；委托代理报关的，填报报关企业名称及编码。编码填报18位法人和其他组织统一社会信用代码 报关人员填报在海关备案的姓名、编码、电话，并加盖申报单位印章
海关批注及签章	供海关作业时签注

资料来源：《中华人民共和国海关进出口货物报关单填制规范》（2019年2月1日起执行）。

12.3.2 出境报检

关检融合后，海关对报关单申报项目和检验检疫原报检单申报项目进行优化整合。出境货物检验检疫在"中国国际贸易单一窗口"网站进行报关单录入时，同时录入涉检基本信息（包括目的地海关、企业资质、关联号码及理由、特殊业务标识、所需单证、检验检疫签证申报要素、商品英文名称等）和涉检商品信息（包括检验检疫货物规格、产品资质、货物属性、用途、危险商品信息等），即可办理出境检验检疫申请。

1. 检验检疫证单的作用

检验检疫证单的法律效用主要体现在以下几个方面。

1）它是货物交接、结算、议付货款及进口国准入的有效证件。凡对外贸易合同、协议中规定以检验检疫证书为结算货款依据的，证书所列的货物品质、规格、成分、公量等检验检疫结果，是交易双方计算货款的依据。有关证书是双方结算货款的凭证。

2）它是出入境货物通关的重要凭证。依据《中华人民共和国进出口商品检验法》及其实施条例，列入实施检验的进出口商品目录的进出口商品以及法律、行政法规规定须经海关检验的其他进出口商品，海关审批后验放。

3）它是海关征收、退补或减免关税的有效凭证。产地证书是进口国（地区）海关征收或减免关税的有效凭证。

4）它是对外贸易关系人明确责任的有效证件。承运人或者其他关系人申请商检机构证明出入境货物的积载情况、验舱、舱口检视，证明液体商品的温度和密度、签封样品，对冷藏舱检温、冷冻货物检温等，都是一种明确责任范围的证明。

5）它是办理索赔、仲裁及诉讼的有效证件。对入境货物，经检验检疫机构检验检疫发现残损、与合同不符的，凭检验检疫机构签发的检验证书向有关责任方索赔或换货、退货，向有关方面提起仲裁或诉讼。

2. 常见证单的种类

1）品质检验证书（Inspection Certificate of Quality）是商品的品质、规格的证明文件，是交接、结算、索赔理赔、验放的有效凭证。

2）重量/数量证书（Inspection Certificate of Weight/Quantity）是商品重量或数量的证明文件。它是交接、结算、索赔理赔的有效凭证，也是国外报关征税和计算运费、装卸费的计算凭证。

3）兽医（卫生）证书［Veterinary（Health）Certificate］是出口的动物产品或食品的检疫证明文件。它是交接、通关验放的有效凭证。

4）植物检疫证书（Phytosanitary Certificate）是证明植物及植物产品上没有疾病或害虫，并符合进口国（地区）现行的植物检疫规定的证明文件。

5）熏蒸/消毒证书（Fumigation/Disinfection Certificate）是证明木质包装、动物产品、食品经过熏蒸或消毒处理的文件。

6）卫生、健康检验证书（Sanitary Certificate、Health Certificate）是出口供食用的动物产品、食品的卫生检疫证明文件，也是交接、通关验放的有效凭证。

3. 出境货物包装报检

我国对出口商品的包装检验分为出境普通货物运输包装容器的检验、出境货物木质包装的检验和出境危险货物运输包装容器的检验。这里着重介绍木质包装检验。同样，登录"中国国际贸易单一窗口"或"互联网+海关"全国一体化在线政务服务平台，在"货物申报—其他报检—出境包装报检"栏目申报。出口货物发货人应按照"包装种类代码表"，填报运输包装对应的两位包装种类代码，例如使用再生木托作为运输包装的，填报中文"再生木托"或代码"92"。

根据《中华人民共和国进出境动植物检疫法》及《中华人民共和国进出境动植物检疫法实施条例》，对出境植物、植物产品及其他检疫物的装载容器、包装物及铺垫材料依照规定实施检疫。自1998年起，输往美国、加拿大、巴西、欧盟、澳大利亚等国家或地区带木质包装的货物，需要进行检疫处理。2005年9月1日起，出境木质包装必须具有IPPC（International Plant Protection Convention，国际植物保护公约）标识，见图12-2，才能放行。木质包装是指用于承载、包装、铺垫、支撑、加固货物的木质材料，如木板箱、木条箱、木托盘、衬木等。

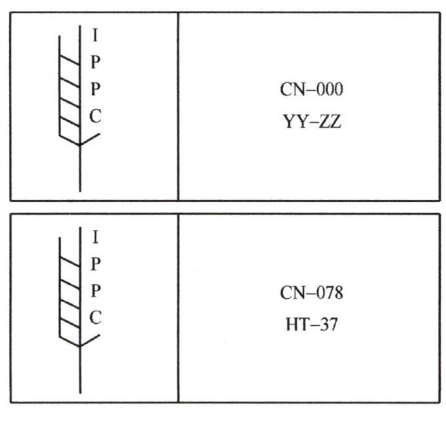

图12-2 IPPC图样

IPPC标识至少包括4个方面的信息：左侧的图形是国际植物保护公约（IPPC）注册的用于按规定实施除害处理合格的木质包装上的符号；右侧的是国际标准化组织的两字母国家编号（如中国为CN），3位数字代表国家植保机构给予木质包装生产企业的独特登记号，YY代表除害处理方法，如MB表示溴甲烷熏蒸处理，HT表示热处理。

木制包装应填报明确，并提供木制包装依据（IPPC）；有木制包装但没有IPPC标识［未经按ISPM15（《国际贸易中木质包装材料管理准则》）熏蒸处理］，申报时应注明。

知识链接：无木质包装声明

出境货物非木质包装报检时应提供无木质包装声明，以下是某公司出口的无木质包装声明参考格式。

Declaration of No-wood Packing Material

To the Service of _____ Customs：

It is declared that this shipment _____ (commodity) _____ (quantity/weight) does not contain wood packing materials.

Name of Export Company：(Stamp or Signature of Director)

Date：

12.3.3 原产地证

1. 原产地证的概念

原产地证（Certificate of Origin）是证明商品的生产地或制造地的一种证明文件，是商品进入国际贸易领域的"经济国籍"，是进口国对货物确定税率待遇，进行贸易统计，实行数量限制（如配额、许可证等）和控制从特定国家进口（如反倾销税、反补贴税）的主

要依据之一。

2. 原产地证的分类

原产地证按照作用一般可以分为三大类：第一类是一般原产地证明书；第二类是普遍优惠或特定优惠原产地证明书；第三类是某些专业性原产地证明书，如限制禁运产地证、野生动物制品产地证等。目前，能在"中国国际贸易单一窗口""互联网+海关"平台申领的原产地证书有一般原产地证书、普惠制原产地证、中国-东盟自贸区优惠原产地证书、中韩自由贸易协定原产地证书、亚太贸易协定优惠原产地证书、RCEP 原产地证书等。

目前，我国已与多个国家或地区签署优惠贸易协定（安排），每一项优惠贸易协定都有自己的关税减让清单和原产地规则，同样的货物在不同的协定下会有不同的降税安排，对应不同的原产地规则。因此，企业事先了解和比较产品在不同协定下的关税减让幅度、优选降税幅度最大的协定，同时仔细研究各项原产地规则，只有符合原产地规则的产品才能享受到关税优惠。

案例分析：巧用自贸协定，惠享政策红利

> 常州某进出口企业出口一批瓷砖到韩国（产品 HS 编码：690721）。企业外贸人员听说 RCEP（《区域全面经济伙伴关系协定》）生效后，出口韩国的产品在原有可选择申请中韩自由贸易协定和亚太贸易协定基础上又多了一个选择，遂向常州贸促会工作人员咨询该产品是否落入这三个协定的惠享范围、选择哪种自贸协定可享受最优待遇。
>
> 通过中国自由贸易区服务网（http://fta.mofcom.gov.cn/）查询 690721 税号产品出口韩国关税减让情况，涉及三个协定下的税率：在中韩自由贸易协定下的税率为 8%，在亚太贸易协定下的税率为 6.2%，在 RCEP 下的税率为 4%。
>
> 通过企业提交的原料清单，可以判定该产品为中国原产，符合 RCEP 和亚太贸易协定原产地规则。该企业在常州贸促会申请了输往韩国的 RCEP 原产地证书，帮助国外客户在韩国享受到 4%的关税税率，最大限度地享受优惠政策红利，还增强了通关便利性。
>
> （资料来源：常州日报 2024 年 1 月 12 日，有改写）

根据签发者不同，原产地证书一般也可分为以下三类。

1）海关出具的原产地证书。例如，海关出具的一般原产地证书（Certificate of Origin）、普惠制产地证格式 A（GSP Form A）。

2）商会出具的产地证书。例如，中国国际贸易促进委员会（CCPIT）出具的一般原产地证书，简称贸促会产地证书（CCPIT Certificate of Origin）。

3）制造商或出口商出具的产地证书。

在国际贸易实务中，主要依据合同或信用证的要求来确定提供哪种原产地证书。一般对于实行普惠制国家出口货物，都要求出具普惠制原产地证。如果信用证并未明确规定原产地证书的出具者，那么银行可以接受任何一种原产地证书。

3. 一般原产地证书的填制

一般原产地证书是出口商应进口商要求而提供的、由公证机构或政府或出口商出具的证明货物原产地的一种证明文件。一般原产地证书的填制规范见表 12-5。在我国，凡符合《中华人民共和国进出口货物原产地条例》规定的出口产品均可申请办理一般原产地证书。

表 12-5　一般原产地证书的填制规范

栏　　　目	填　制　规　范
编号	应在证书右上角填证书编号。此栏不得留空，否则此证书无效
出口方	填出口方名称、详细地址及国家（地区）
收货方	应填写最终收货方的名称、详细地址及国家（地区），通常是合同的买方或信用证规定的提单通知人。如果来证要求所有单证收货人留空，此栏应加注"To Whom It May Concern"或"To order"，但不得留空
运输方式及路线	海运、陆运填写装货港（地）、到货港（地）及运输路线，如经转运，还应注明转运地
目的地国家（地区）	国家（地区）名称或单独关税地区名称
签证机构专用栏	此栏为签证机构在签发后发证书、补发证书或加注其他声明时使用。一般情况下，此栏为空白
运输标志	按发票填制
商品名称、包装数量及种类	包装数量要有大小写，本栏的末行要打上表示结束的符号，如"-----"或"*********"
商品编码	此栏要求填写 HS 编码
数量/重量	填写出口货物的量值并与商品计量单位联用
发票号码及日期	其中月份用英文表达，例如：OCT. 10, 2024
出口方声明	该栏由申领单位已在签证机构注册的人员签字并加盖有中英文的印章，填写申领地点和日期。此日期不得早于发票日期
签证机构证明	由签证机构签字（手签）、盖章。注意签字、盖章不得重合，并填写签发日期、地点。此日期不得早于发票日期和申请日期（一般与发票日期相同）

12.4　知识拓展

1. 保税区与自由贸易试验区

保税区（Bonded Area）是一国海关设置的或经海关批准注册、受海关监督和管理的可以较长时间存储商品的区域。中国保税区是经国务院批准设立的、海关实施特殊监管的经济区域。

保税区属于"境内关外"（国境内关境外），国境内其他地区货物进入保税区，视同出境。外国（地区）商品进入保税区，不必缴纳进口关税，可自由进出，只需要缴纳存储费和少量费用，但如果要进入关境，则需要缴纳关税。

自由贸易试验区（Free Trade Zone，FTZ）是指在国境内关境外划出特定的区域，以贸易自由化、便利化为主要目的的多功能经济性特区，准许外国（地区）商品豁免关税自由进出。

进入保税区的货物就属于进口商了吗

自 2013 年 9 月成立中国（上海）自由贸易试验区起，至 2023 年 11 月成立中国（新疆）自由贸易试验区，我国已有 22 个自由贸易试验区，基本形成了覆盖东西南北中的改革开放创新格局，为高水平对外开放提供新动力，为中国式现代化建设注入新活力。

2. 实用英语

Chargeable Weight　计费重量　　　　　　　Customs Declarance　报关
Customs House Broker（CHB）　报关行　　　Customs Declaration for Export　出口货物报关单

Customs Declaration for Import　进口货物报关单
Customs Value　海关估价
Declarant　报关人
Duty Paid Value　完税价格
Export License　出口许可证
Port Customs　口岸海关
Certificate of Origin　原产地证书
Generalized System of Preference Certificate of Origin Form A　普惠制格式 A 产地证明书
No-wood Declaration　无木质声明
Place of Origin　原产地

12.5　业务技能训练

12.5.1　自测习题

1. 翻译

1）Analysis Certificate＿＿＿＿＿＿＿＿＿
2）Animal Health Certificate＿＿＿＿＿＿＿＿＿
3）Animal Quarantine Certificate＿＿＿＿＿＿
4）Bill of Entry＿＿＿＿＿＿＿＿＿
5）Chargeable Weight＿＿＿＿＿＿＿＿＿
6）Health Certificate＿＿＿＿＿＿＿＿＿
7）Plant Quarantine Certificate＿＿＿＿＿＿
8）Sanitary Inspection Certificate＿＿＿＿＿＿

2. 单选题

1）出口报关的时间应该是（　　）。
　　A. 备货前　　　B. 装船前　　　C. 装船后　　　D. 货物到目的港后

2）出口货物的发货人或其代理人除海关特准的外，根据规定应当在（　　）向海关申报。
　　A. 装货前 24 h
　　B. 装货 24 h 后
　　C. 货物运抵口岸 24 h 内
　　D. 承载的运输工具起运（或起航）的 24 h 前

3）申报日期是指（　　）。
　　A. 向海关提交电子数据报关单的日期　　B. 向海关提交纸质报关单的日期
　　C. 申报数据被海关接受的日期　　　　　D. 海关放行日期

4）以下所列单据，出境报检时无须提供的是（　　）。
　　A. 外贸合同　　B. 发票　　　C. 海运提单　　D. 装箱单

5）出境货物最迟应于报关或装运前（　　）报检。
　　A. 10 天　　　B. 7 天　　　C. 5 天　　　D. 3 天

6）原产地证书的作用是（　　）。
　　A. 进口方可据以享受免税或低关税待遇
　　B. 出口方可据以享受免税或低关税待遇
　　C. 使进口方掌握其真实的生产厂家
　　D. 可使给予我国普惠制待遇的国家的进口方据以享受进口免税或低进口关税的待遇

3. 判断题

1) 报关程序是指进出口货物的收发货人、运输负责人、物品的所有人或其专业代理人按照海关的规定，办理货物、物品、运输工具进出境及相关海关事务的手续及步骤。（   ）
2) 所有的货物进出口都要经过前期的申报备案阶段。（   ）
3) 对于一般进出口货物，海关进出境现场放行即等于结关。（   ）
4) 一般进出口货物就是一般贸易货物。（   ）
5) 凡是出口商品，必须通过商检机构检验合格才能出口。（   ）
6) 任何商品的商检证书，必须由海关出具，才能作为议付的凭证之一。（   ）
7) 买方对货物的检验权是强制性的，是接收货物的前提条件。（   ）

12.5.2 课堂训练

1. 简述出口商品报关的流程。
2. 出口商品报关时需要提供哪些单据？
3. 某出口货物成交价格为 FOB 上海 10000.00 美元，从上海至出口目的国韩国的运费为总价 500.00 美元，从上海至韩国的保险费率为 3‰。假定其适用的基准汇率为 1 美元 = 7.10 元人民币，出口关税税率为 10%。计算出口关税税额。
4. 商品检验检疫证书有哪些作用？试举例说明。

12.5.3 实训操作

1. 常州天信外贸有限公司的男式衬衫计划于 3 月 5 日装船。请你填制"出口货物报关单"。
2. 根据江苏天地木业有限公司与现代公司签订的地板出口合同及相关资料，填写"出口货物报关单"，办理出口报关手续。
3. 请上网搜索我国产地证书的种类有哪些，由什么机构签发。登录中国自由贸易区服务网了解已与我国签署协议的自贸区有哪些，正在谈判的自贸区有哪些。

任务 13　出口货物的运输

知识目标

1. 掌握海运提单的内容及填制规范。
2. 熟悉海运单、空运单和陆运单的性质。

能力目标

1. 能办理出口货物的运输操作。
2. 能正确填制托运单和海运提单。

素质目标

1. 培养学生良好的协调和沟通能力。
2. 培养学生的敬业精神、争做外贸"工匠"的进取精神。

任务 13 导学

导学

不同的贸易术语下，办理托运手续和支付运费的对象不一样。本任务主要学习 CIF 术语下出口货物海运流程及提单相关内容。

根据合同与信用证填写托运单是托运手续的第一步。托运单的正确与否直接影响提单的正确性，影响结汇的安全。

海运提单作为物权凭证、货物收据、运输合同证明，是最重要的单据，也是银行结汇的单据，务必准确填写。提单的分类和内容是本任务的学习重点，应学会提单的填制与审核。

13.1　任务描述与分析

1. 任务描述

> 当货物生产快完成时，孙潇决定采用集装箱班轮运输，正着手安排货物的运输。
> 孙潇首先计算出待运货物的毛重和体积，向货代公司办理海运托运手续，且注明集装箱装货地点，并将支付海运费，认真审核确保"提单"正确无误，以符合信用证规定。

2. 任务分析

出口货物运输是出口业务的重要环节之一。由谁负责办理运输手续并支付运费，视合同所采用的贸易术语而定。**在 CIF 贸易术语下，出口方负责安排运输工具并支付运费。**

卖方收到信用证后，必须审核证中有关的装运条款，如装运期、交单期、装运港、目的港，是否允许转运或分批装运，以及是否指定船公司、船名、船籍与船级等。对这些条款与规定，应确定是否合理、能否办到。如果办不到，应该提出修改信用证。

货物运输需要托运人和承运人较好地衔接。

海运提单是交接货物、处理索赔与理赔、结算货款的重要单据。它的正确与否，直接影响货款的安全性。

13.2 任务实施与心得

1. 任务实施

（1）填写出口货物明细单

实际业务操作中，一般在托运前填写出运货物的明细表。也有一些公司常用出口货物明细表代替订舱委托书。孙潇首先填写了出口货物明细表（见表13-1）。

表13-1　出口货物明细表

开证银行	UNITED OVERSEAS BANK, SINGAPORE	银行编号		标记唛头	RTC CZCX2011180 SINGAPORE NO.1-343
		外运编号			
经营单位（装船人）	CHANGZHOU CHANGXIN IMPORT & EXPORT CORP.	合同号	CZCX2011180		
		许可证号			
		运输方式	BY SEA		
收货人	RAFFLES TRADING CO., LTD.	出口口岸	SHANGHAI		
		目的港	SINGAPORE		
		信用证号	LCH073/03		
提单或承运人收据	抬头人	TO ORDER	金额	USD25052.72	
			开证日期	AUG. 12, 2024	
	通知人	APPLICANT	收到日期		
			贸易性质	一般贸易	贸易国别	新加坡
			可否转运	YES	可否分批	NO
	运费	FREIGHT PREPAID	装运期限	IN SEPT., 2024	有效期限	2024.10.10

货名规格及货号	件数	包装样式	重量（KGS）		价格（成交条件）CIFC3%	
			毛重	净重	单价	总价
Men's cotton shirt	343	CTNS	30/10290	25/8575	USD9.13	USD25052.72

本公司注意事项		总体积	54.88CBM	
		保险单	险别	ALL RISKS, WAR RISKS AND STRIKE RISKS
			保额	+10%
			赔款地点	新加坡

(续)

外运外轮注意事项	船名	
	海关编号	
	放行日期	
	制单员	孙潇

（2）填写出口托运单并订舱

孙潇根据贸易合同和信用证的有关条款，在9月15日填制出口货物托运单（见表13-2），随附商业发票、装箱单等单据（具体制作见任务15），向常州外轮代理有限公司（以下简称常州外代）订舱，订一个40英尺的集装箱，门到门。

表13-2 出口货物托运单

公司编号：　　　　　　　　　　　　　　　　　　　　　　　　　　　　　日期：　SEPT. 15, 2024

1）托运人 CHANGZHOU CHANGXIN IMPORT & EXPORT CORP. NO. 25 MINGXIN RD, CHANGZHOU JIANGSU, CHINA TEL.：0519-86338171	4）信用证号码　LCH073/03	
	5）开证银行	
	6）合同号码 CZCX2011180	7）成交金额 USD25052.72
	8）装运口岸 SHANGHAI, CHINA	9）目的港 SINGAPORE
2）收货人 TO ORDER	10）可否转船 ALLOWED	11）可否分批装运 NOT ALLOWED
3）通知人 RAFFLES TRADING CO., LTD. 69 INTERNATIONAL TRADE PLAZA, ORCHARD ROAD, SINGAPORE TEL.：(0065) 61112588 FAX：(0065) 61112688 Lisaqi1972@hotmail.com	12）信用证效期 OCT. 10, 2024	13）装船期限 LATEST SEP. 30, 2024
	14）运费 USD1200.00	15）成交条件 CIF SINGAPORE
	16）公司联系人 孙潇	17）电话/传真 0519-86338171/86338176
	18）公司开户行	19）银行账号
	20）特别要求	
21）标记唛码　22）货号规格　23）包装件数　24）毛重　25）净重　26）数量　27）单价　28）总价		
RTC CZCX2011180 SINGAPORE　MEN'S COTTON SHIRT NO. 1-343　　　　　　343CTNS　　　　　@30KGS　@25KGS　2744PCS　USD9.13　USD25052.72		
29）总件数　30）总毛重　31）总净重　32）总尺码　33）总金额 　　343CTNS　　10290KGS　　8575KGS　　54.88 m³　　USD25052.72		

（3）报关、装货上船

常州外代根据具体情况，接受常信公司的订舱，同时把配舱回单、装货单（Shipping Order, S/O）等与托运人有关的单据退还给孙潇，并告知承运的船名和航次为TRIUMPH V991A，开船日期为9月25日，截止上船时间为9月24日17点，截止报关时间为9月24日上午10点。

孙潇随即和工厂联系，安排工厂于23日装箱并加海关封志后按时运到港口码头。孙潇根据配舱回单提供的船名、航次等信息填制报关单，并随同发票及其他报关单据一起于24日上午向浦东海关顺利完成报关手续（见任务12）后，货物装上了船。

（4）向客户发出装运通知

按照国际惯例，孙潇于9月24日向新加坡 RAFFLES TRADING CO., LTD. 发出"装船通知"（Shipping Advice），以便买方办理进口报关手续，准备付款提货。

SHIPPING ADVICE

Messrs: RAFFLES TRADING CO., LTD.
Dear Sirs:
Re: Invoice No. ___CLK008___   L/C No. ___LCH073/03___
We hereby inform you that the goods under the above mentioned credit have been shipped. The details of the shipment are as follows:
Commodity: ___Men's Cotton Shirt___
Quantity: ___2744 PIECES___   Amount: ___USD25052.72___
Bill of Lading No.: ___B/L NO. COS3426___   Ocean Vessel: ___TRIUMPH V991A___
Port of Loading: ___SHANGHAI, CHINA___   Port of Destination: ___SINGAPORE___
Date of Shipment: ___SEPT. 25, 2024___
We hereby certify that the above content is true and correct.
Company name: ___CHANGZHOU CHANGXIN IMPORT & EXPORT CORP.___
Address: ___NO. 25 MINGXIN RD, CHANGZHOU JIANGSU, CHINA___
Signature: ___×××___

（5）支付运费，审核船公司的提单

货物离港后，常信公司向常州外代支付了海运费1200美元和内陆运费2100元。常州外代把海运提单（见表13-3）传真给孙潇，让孙潇认真审核，如果有差错，及时提出，以便船公司更正。

下面是孙潇审核无误的提单。

表13-3 海运提单（BILL OF LADING）

1) Shipper CHANGZHOU CHANGXIN IMPORT & EXPORT CORP. NO. 25 MINGXIN RD, CHANGZHOU JIANGSU, CHINA TEL.: 0519-86338171		B/L NO. COS3426
2) Consignee TO ORDER		 **中远集装箱运输有限公司** COSCO CONTAINER LINES TLX: 33057 COSCO CN FAX: +86 (021) 6545 8984 ORIGINAL
3) Notify Party RAFFLES TRADING CO., LTD. 69 INTERNATIONAL TRADE PLAZA, ORCHARD ROAD, SINGAPORE TEL.: (0065) 61112588 FAX: (0065) 61112688 Lisaqi1972@hotmail.com		
4) Pre-carriage by	5) Place of Receipt	
6) Ocean Vessel Voy. No. TRIUMPH V991A	7) Port of Loading SHANGHAI, CHINA	
8) Port of Discharge SINGAPORE	9) Place of Delivery	
10) Marks & 11) No. of Containers or Pkgs.; Description of Goods 12) G.W. (kg) 13) Meas. (m³) Nos. Container/Seal No.			
RTC CZCX201180 SINGAPORE NO. 1-343	343CTNS OF MEN'S COTTON SHIRT	10290KGS	54.88 m³
	FREIGHT PREPAID FREIGHT CHARGES: USD1200.00		

（续）

14) Total Number of Containers and/or Packages (in words) SAY THREE HUNDRED AND FORTY-THREE CARTONS ONLY					
Freight & Charges USD1200.00	Revenue Tons	Rate	Per	Prepaid	Collect
Prepaid at	Payable at			16) Place and Date of Issue SHANGHAI, SEPT. 25, 2024	
Total Prepaid	15) Number of Original B(s)/L Three			17)　×××　As Carrier.	
Laden on Board the Vessel Date　SEPT. 25, 2024　By　×××					

2. 任务实施心得

（1）正确选择船公司及优质的货代

在航运市场上，不同的船公司或货代在不同的航线上有各自的优势。优势公司航线上的船期会密一些，运价也较低，应根据出口市场优化船公司和货代。

货代公司具备丰富的经验和专业能力，能够及时处理问题，最大限度地保障客户的货物安全。尤其当发生意外变故时，比如市场变动剧烈，质量发生争议，单据产生重大不符点，客户财务恶化，预见到客户可能会不付款，或者发现客户以非常手段在没有付款的情况下拿到提单，需要货代配合扣住货物，或至少暂时扣留，争取宝贵的时间与客户交涉，避免财货两空的重大损失。因为货代提单在目的港码头需要换单才能提货。

（2）正确填写和保存出口托运单

出口托运单是出口企业向船公司或船公司代理申请订舱的单据。托运单一经承运人确认，便作为承、托双方订舱的凭证。它虽然不是出口结汇的正式单据，但却是船公司或其代理日后制作提单的主要依据。托运单也是托运人与承运人之间发生纠纷、诉诸法律解决时的最重要的凭证之一。托运人应保存好托运单，直至货款收回、法定索赔期限结束。

（3）正确处理好提单的交寄

如果信用证中出现"Beneficiary's certificate certifying that they have sent by speed post one of the three（1/3 original）B/L direct to the applicant immediately after shipment and accompanied by relative post receipt"等语句，则是要求卖方在货物装船后寄给开证申请人一份正本提单。这种做法于买方提货以及急需或易腐烂的商品贸易有利，但对卖方有货物已交出却收不到货款的风险。因此，此时应慎重处理。

13.3　相关知识

13.3.1　出口货物海运流程

货证齐全时，出口货物海运流程大致如下。

1. 托运订舱

出口公司编制出口托运单，向货运代理办理委托订舱手续。货运代理根据货主的具体要求按航线分类整理后，及时向船公司或其代理订舱。当船公司或其代理签出装货单或给出预配提单号后，意味着托运人与承运人之间的运输合同已经缔结，订舱工作即告完成。

2. 货物集港

当船舶到港装货计划确定后，按照港区进货通知并在规定的期限内办理货物集运手续，将出口货物及时运至港区集中，等待装船。

3. 报关与保险

货物集中在港区后，填报出口货物报关单连同装货单、发票、装箱单、外销合同等有关单证向海关申报出口，经查验合格放行后方可装船。同时，卖方办理出口货物运输保险的投保手续。

4. 装船

装货完毕，理货组长要与船方大副共同签署收货单，交与托运人。理货员如发现某批有缺陷或包装不良，即在收货单上批注，并由大副签署，以确定船货双方的责任。作为托运人，应尽量取得清洁提单。

5. 发出装船通知，取得提单

装船完毕，托运人向收货人发出装船通知后，凭收货单向船公司或其代理换取已装船提单。

13.3.2 海运提单

1. 提单概述

提单的概念和作用

海运提单（Marine/Ocean Bill of Lading，B/L）简称提单，是在海洋运输方式下，由承运人或其代理人签发的，确认货物已经收妥或装船，并且承诺将其运到指定地点交与提单持有人的一种具有法律效力的证明文件。它的作用表现在以下三个方面。

（1）物权凭证

提单是一种货物所有权的凭证。在目的港，提单的合法持有人凭提单要求承运人交货，而承运人也有义务向提单持有人交付提单项下的货物。

载货船舶到达目的港之前，提单可以通过背书转让给第三者，此时，货物的所有权也随之转移给了第三者。提单持有者可以凭提单向银行办理抵押贷款或押汇。

（2）货物收据

提单是承运人签发给托运人的货物收据。提单一经签发，表明货物已经装上船或已由承运人接管待装船。作为货物收据，提单不仅证明收到货物的种类、数量、标志、外表状况，还证明收到货物的时间，即货物装船的时间。货物装船表示卖方完成交货义务，装船时间也就意味着卖方的交货时间。按时交货是履行合同的必要条件。

（3）运输合同证明

提单背面条款规定了承运人与托运人之间的权利、义务，而且提单也是法律承认的处理有关货物运输的依据。

承运人签发提单时要做到准确无误，托运人进行提单确认和收到正本提单时都要认真核对。提单的更正要尽可能在载货船舶开航之前进行，以减少因此而产生的费用。开船后要求改单的，有的栏目可直接修改并加盖更正章；有的栏目，如品名、收货人、目的港等，须经过船公司批准后才可以重新签单，由此产生的责任及费用由要求更改方承担。一般情况下，货物到目的港后，提单不能再更改。

2. 提单分类

根据不同的标准可对提单进行不同的分类，提单的大致分类如图13-1所示。

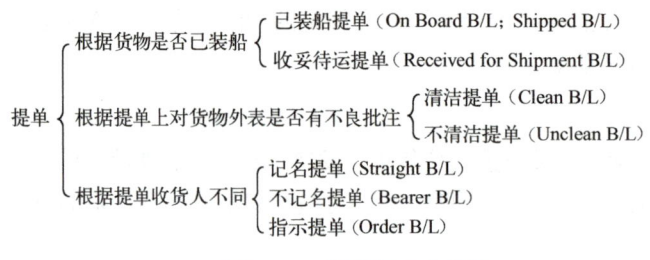

图13-1　提单的大致分类

（1）清洁提单与不清洁提单

清洁提单指未载有明确宣称货物或包装有缺陷的条款或批注的提单。不清洁提单指承运人对货物的表面状况等另加不良批注的提单。例如，"一箱破损"（One Package in Damaged Condition）、"三件玷污"（Three Packages Stained）等。

《UCP600》第27条规定，银行只接受清洁提单，不接受带有不良批注的不清洁提单。为了安全收汇，在货物装船时，如发现问题，应及时采取措施进行修复或更换，力求取得清洁提单。清洁已装船提单是提单转让的先决条件。

> **课堂思考**
>
> 河南A进口公司以CFR、即期信用证付款方式进口商品1500袋，提货时，发现短量103袋，持清洁提单向船公司索赔时，船公司出示出口人出具的"赔偿保证书"（Letter of Indemnity, L/I）（通常称保函），拒不承担赔偿责任。进口商当即致电卖方索赔，恰遇卖方公司破产倒闭。船公司有责任吗？进口商该如何处理？

（2）记名提单、不记名提单与指示提单

1）记名提单是托运人在收货人一栏内指定具体收货人名称的提单。记名提单的收货人已经确定，只能由该特定的收货人提货。托运人不能通过背书的方式将记名提单转让给第三者。如来证要求"Full set of B/L consigned to ABC. Co."，提单收货人栏应填"ABC. Co."。如指定进口商收货，万一出现意外，要将货物退运、转运或委托第三方提货时，会形成障碍。

2）不记名提单是指在提单的收货人一栏内只写明"货交提单持有人"（To Bearer），而不填写具体收货人的名称。不记名提单不需要背书即可转让，只要把提单交给受让人即可。这种提单对买卖双方均有较大的风险，在国际贸易中使用较少。

3）指示提单是指在提单的收货人一栏内填写"凭指示"（To Order）或"凭×××指示"（To Order of ×××）的提单，表示承运人凭指示交货。这种提单可以通过指示人的背书进行转让。指示提单又分为记名指示提单和不记名提单指示两种。

记名指示提单是指定提单的指示人，通常在收货人一栏填写"To Order of ×××"。常见的有以下三种形式：①凭托运人指示（To Order of Shipper）；②凭议付行（或开证行）指示（To Order of ××× Bank 或 To ××× Bank's Order）；③凭开证申请人指示（To Order of ABC. Co.）（开证申请人为ABC. Co.）。提单转让时分别由托运人、议付行（或开证行）、开证申请人背书。

不记名指示提单在收货人栏内填写"To Order"即可，又称为空白抬头。不记名指示提单，必须由托运人背书方可转让。

记名提单、不记名提单、指示提单的区别见表13-4。

表13-4 记名提单、不记名提单、指示提单的区别

项目	收货人（示例）	是否可转让	转让方式	
记名提单	To ABC. Co.	否	否	
不记名提单	To Bearer	是	任意转让，无须背书	
指示提单	To Order/To Order of Shipper	是	背书转让	托运人背书
	To Order of ×××			×××背书
	To ××× Order			×××背书

（3）集装箱提单

集装箱提单是指以集装箱装运货物所签发的提单。它有两种形式：一种是普通的海运提单上加注"用集装箱装运"字样；另一种是使用多式联运提单，再增加集装箱号码和"封号"。

（4）提单的其他分类

提单还可以根据其他标准进行不同的分类，见表13-5。

表13-5 提单的其他分类

划分标准	提单分类	提单英文名
提货依据	正本提单	Original B/L
	副本提单	Copy B/L
提单签发人	船公司提单	Carrier's Bill of Lading
	船公司代理提单	Agent's Bill of Lading
	无船承运人提单	NVOCC Bill of Lading
提单签发/提交时间	顺签提单	Postdated Bill of Lading
	预借提单	Advanced Bill of Lading
	倒签提单	Anti-dated Bill of Lading
	过期提单	Stale Bill of Lading
背面运输条款	全式提单	Long Form B/L
	简式提单	Short Form B/L
运输方式	直达提单	Direct B/L
	转船提单	Transshipment B/L
	联运提单	Through B/L

注：使用预借提单和倒签提单属于违法的欺骗行为，要负法律责任。

3. 提单的内容

海运提单的关系人大致有四种：承运人、托运人、收货人、被通知人。承运人和托运人是基本当事人。承运人也称为船方，托运人也称为货方。

（1）提单正面的内容

一般而言，提单正面的内容有托运人、收货人、被通知人、收货地点或装运港、目的港或卸货港、船名和航次、唛头及件数、货物名称、毛重和体积、运费预付或到付等。表13-6以中远集装箱运输有限公司的海运提单为例，对正面内容加以说明。

表13-6 海运提单的正面内容

项 目	内 容	要 点 提 示
提单的号码（B/L No.）		无号码的提单无效
托运人（Shipper/Consignor）	即发货人的全称和地址	信用证方式下的受益人，托收方式下的卖方
收货人（Consignee）	即提单的抬头	按L/C的规定填写 托收方式下填写"To Order"或"To Order of Shipper"
被通知人（Notify Party, Addressed to）	承运人在货物到港后通知的对象，一般填写进口商或其代理人的全称和详细地址	如信用证未规定，将L/C中的申请人名称、地址填入副本B/L中，正本先保持空白
前程运输（Pre-carriage by）	第一程船的船名	如果货物不需要转运，保持空白
收货地点（Place of Receipt）	收货的港口名称或地点	如果货物不需要转运，保持空白
船名和航次（Ocean Vessel Voy. No.）	实际货运船名和航次	如货物需要转运，填写第二程船的船名
装运港（Port of Loading）	货物的实际装船的港口名称	如果货物需要转运，填写中转港口名称
卸货港（Port of Discharge）	一般是目的港	
交货地点（Place of Delivery）	最终目的地	如果货物目的地是卸货港，保持空白
唛头集装箱号和封号（Marks & Nos. Container/Seal No.）		符合信用证或合同的规定，与发票等单据保持一致 若无，填"N/M"
集装箱数或包装件数（No. of Containers or Packages）		按实际包装具体情况填写，如塑料桶、铁桶、木箱、纸箱等，而不可仅笼统地填写为"件"（Packages）。若是散装货物，则填写"In Bulk"
货物名称（Description of Goods）	商品名称	商品名称按信用证要求填写，允许使用货物的统称
毛重（Gross Weight）	货物的毛重总数	毛重以千克表示 如果是裸装货，应该在净重前加注"N.W."
尺码（Measurement）	货物的体积总数	货物体积以立方米表示，小数点后保留三位
合计［Total Number of Containers or Packages（In Words）］	大写表示集装箱或其他形式最大外包装的件数	与前面小写一致
运费支付情况（Freight & Charges）	除非信用证另有规定，此栏一般不填运费的具体数额，只填写运费支付情况	在CFR或CIF价格条件下出口，填"运费预付"（Freight Prepaid或Freight Paid）；在FOB价格条件下出口，填"运费到付"（Freight Collect或Freight Payable at Destination）
运费支付地点（Freight Payable at）		
提单签发地点及日期（Place and Date of Issue）	承运人实际装运货物的港口与时间	签发地点应为装运港 签发日期一般为实际装运货物的时间或接受船方监管的时间，它不能晚于信用证规定的最迟装运期
正本提单份数［No. of Original B(s)/L］	用英文大写数字表示，如ONE、THREE等	每份正本提单的效力相同，当其中一份提货后，其他各份均失效

(续)

项　目	内　容	要点提示
承运人签字（Signed for the Carrier）	船长或承运人或其代理的签字盖章	凡承运人/船长的签署必须可识别其身份，在签署的印章上须表示其为Carrier。凡由承运人/船长的代理签署时，须有代理的具名，并须表明被代理人的名称和身份。例如，E公司代理COSCO签发提单时，除E公司具名和签字的印章外，还得标明"As Agent for the Carrier—COSCO"
已装船批注（Laden on Board the Vessel）	已装船批注、日期和签署	提单上预先印就，如果没有，则需要加注如要求提供已装船提单，必须由船长签字并注明开船时间（Date：…）和"Laden on Board"字样

> **小技巧：特殊条款（Special Condition）的处理**
>
> 特殊条款应根据信用证要求并结合实际情况制作。一般信用证多要求在此声明"运费预/到付"或加注信用证号码。例如：来证写明"FULL SET OF 3/3 CLEAN ON BOARD OCEAN BILLS OF LADING AND TWO NONNEGOTIABLE COPIES MADE OUT TO ORDER OF BANGKOK BANK PUBLIC COMPANY LIMITED,BANGKOK MARKED FREIGHT PREPAID（注明运费预付）AND NOTIFY APPLICANT AND INDICATING THIS L/C NUMBER（标明信用证号码）"，此时应按要求照办。通常，这些号码打印在提单空白处。

（2）提单背面条款

各船公司签发的提单，其背面条款规定不一。关于提单背面条款的内容，主要涉及国际公约有：《统一提单的若干法律规定的国际公约》（海牙规则）、《修改统一提单的若干法律规定的国际公约议定书》（维斯比规则）、《1978年联合国海上货物运输公约》（汉堡规则）、《联合国全程或部分海上国际货物运输合同公约》（鹿特丹规则）。

各国船公司签发的提单背面的条款内容也互有差异，但采用《海牙规则》居多。

13.3.3　其他运输单据

1. 海运单

海运单（Seaway Bill）又称为不可转让海运单（Non-negotiable Seaway Bill），是证明海上货物运输合同和承运人接收货物或者已将货物装船的不可转让的单证。

13.3.3　其他运输单据

近年来，欧洲、北美洲和某些远东、中东地区越来越多地使用不可转让海运单来代替传统的海运提单，主要是因为不可转让海运单既能使收货人及时提货，简化手续，减少费用，同时也解决了港口的拥挤问题。

> **小技巧：控制海运单 ≠ 控制货物**
>
> 海运单的正面各项栏目与海运提单基本相同，但**海运单的收货人一栏，只能是确定的收货人，即记名收货人**，而不是可转让的凭指示（To Order）或凭×××指示（To Order of ×××）的形式。在货物到达目的地后，收货人不凭海运单提货，承运人凭收货人的提货通知或收货凭条交付货物，只要该凭条能证明其为海运单上指明的收货人即可。
>
> 海运单与记名提单都不可转让，两者区别在于，前者在提货时无须出示，而后者则必须出示。

2. 铁路运单

铁路运单（Railway Bill）是铁路承运人收到货物后所签发的铁路运输单据。

国际铁路联运运单使用正副本方式。运单正本随同货物从始发站到终点站交给收货人，作为铁路向收货人交付货物的凭证。运单副本在发货站加盖承运期戳记，作为货物已被承运的证明，发货人凭此向银行要求结汇。**国际铁路运单不是物权凭证，不能转让**。

3. 航空运单

航空运单（Airway Bill）是承运人与托运人之间签订的运输契约，也是承运人或其代理人签发的货物收据。与海运提单性质不同，**航空运单不是物权凭证，不能背书转让**。但它是核收运费的依据和海关查验放行的基本单据。

在航空运单的收货人栏内，必须详细填写收货人的全称和地址，而不能做成指示性抬头。货物到目的地后，收货人不是凭航空运单提货而是凭航空公司发出的"到货通知单"提取货物。

航空运单根据签发人的不同可分为主运单（Master Air Waybill）和分运单（House Air Waybill）。主运单由航空公司签发，分运单由航空货运代理公司签发。

4. 多式联运单据

多式联运单据（Multi-modal Transportation Document）是指证明国际多式联运合同成立及证明多式联运经营人接管货物，并负责按照多式联运合同条款支付货物的单据。按照国际商会《联合运输单证统一规则》的规定，多式联运经营人负责货物的全程运输。多式联运经营人接管货物时，应签发一项多式联运单据。该单据应依发货人的选择，做成可转让单据或不可转让单据均可。

5. 邮政收据

邮政收据（Parcel Post Receipt）是邮政部门收到其负责邮递的信函、样品或包裹等邮件后向寄件人出示的注有寄发日期的货物收据，也是邮件发生灭失或损坏事故后寄件人或收件人向邮政部门索赔的凭证。**邮政收据不是物权凭证，既不能转让，也不能凭收据提货**。

13.4 知识拓展

1. 电放

电放（Telex Release）指船方不凭正本提单而凭电子单据（包括提单的电传件、传真件、复印件和 E-mail 等）放货。一般情况下，发货人是通过银行或直接将提单寄给收货人，收货人拿到正本提单后方可提货。但在近洋运输（如从上海到日本或韩国）时，船期较短，可能货物已到港而提单未到，为了不影响收货，收货人会要求发货人办理电放手续，货物到港后收货人凭电放提单提货。发货人一定要确认能安全收款后才办理电放手续。

船公司常要求发货人交 100~200 元的电放费并出具保函（船公司或货代均有其固定的格式），保证电放造成的一切问题与其无关。

2. 实用英语

Agent's Bill of Lading　船公司代理提单
Bearer B/L　不记名提单
Cargo Receipt　承运货物收据
Carrier's Bill of Lading　船公司提单
China National Foreign Trade Transportation Corporation（SINOTRANS）　中国外运股份有限公司
China Ocean Shipping Agency（COSA）　中国外轮代理公司
China Ocean Shipping Company（COSCO）　中国远洋运输公司
Consignor　托运人、发货人
Consignment　托运的货物
Expected Time of Commencement of Loading（E.T.C.L.）　预计开始装货时间
Expected Time of Finishing Discharging（E.T.F.D.）　预计卸完时间
Expected Time of Finishing Loading（E.T.F.L.）　预计装完时间
Non-negotiable Seaway Bill　不可转让海运单
NVOCC Bill of Lading　无船承运人提单
Shipping Order（S/O）　装货单
Straight B/L　记名提单
Unclean B/L；Foul B/L　不清洁提单

13.5　业务技能训练

13.5.1　自测习题

1. 翻译

1）Order B/L_____
2）Shipping Advice_____
3）Shipped B/L_____
4）Freight Prepaid_____
5）Parcel Post Receipt_____
6）Freight Collect_____

2. 单选题

1）海洋运输一般分为班轮运输和（　　）。
　　A. 定期运输　　B. 专线运输　　C. 内河运输　　D. 租船运输
2）对于小件急需品和贵重货物，较有利的运输方式是（　　）。
　　A. 海洋运输　　B. 邮包运输　　C. 航空运输　　D. 公路运输
3）在国际贸易实践中，买方或银行或提单受让人乐于接受（　　）提单。
　　A. 已装船提单　　B. 收妥待运提单　　C. 过期提单　　D. 不清洁提单
4）不清洁提单是指单据上附有声明货物及（或）包装有缺陷的附加条文或批注的提单。那么，注明（　　）的是不清洁提单。
　　A. 对货物质量或包装情况的客观描述，未表示有不满意的情况
　　B. 承运人对货物的内容、数量、质量、特性等不详
　　C. 承运人对包装或货物特性引起的损失概不负责
　　D. 外包装有油渍和水渍

5）在进出口业务中，经过背书能够转让的单据是（　　）。
　　A. 铁路运单　　　B. 海运提单　　　C. 航空运单　　　D. 邮包收据
6）具有物权凭证作用的单据是（　　）。
　　A. 商业发票　　　　　　　　　B. 提单
　　C. 航空运单　　　　　　　　　D. 铁路运单
7）海运提单和航空运单（　　）。
　　A. 均为物权凭证
　　B. 均为"可转让"的物权凭证
　　C. 前者是物权凭证，后者不可转让，不是物权凭证
　　D. 前者不是物权凭证，后者是物权凭证

3. 判断题

1）航空运单和海运单都不是物权凭证，收货人都是凭到货通知提货。（　　）
2）提单是承运人或其代理人签发的货物收据，具有物权凭证作用。（　　）
3）海运提单如有三份正本，则凭其中任何一份即可在卸货港向船公司或船代理提货。
　　　　　　　　　　　　　　　　　　　　　　　　　　　　　　　　（　　）
4）记名提单和指示提单同样可以背书转让。（　　）
5）凭海运提单副本可以提货。（　　）
6）航空运单不是物权凭证，不能转让，但可以做成"指示抬头"。（　　）
7）空白抬头、空白背书的提单是指不记名提单不需要背书。（　　）
8）在 CIF 和 CFR 合同中要求运费预付提单。（　　）

13.5.2　课堂训练

1. 海运提单具有哪些性质和作用？
2. 记名提单、不记名提单、指示提单有何区别？
3. 货运单据中物权凭证与非物权凭证有何区别？哪些货运单据是物权凭证？
4. 讨论如何填写提单的收货人，如何进行背书，其依据是什么。

13.5.3　实训操作

1. 常州天信外贸有限公司向加拿大客户出口 JAMES BROWN&SONS 的衬衫，纸箱每个毛重 25 KGS，净重 24 KGS，2025 年 3 月 2 日向常州外代托运。船名为 HAPPY V.86，开船日期是 2025 年 3 月 5 日；从张家港起运，目的地是加拿大温哥华，B/L NO. 为 LMN 01996。请你缮制提单，并发出装运通知。

2. Full set clean shipped on board Bills of Lading marked Freight Prepaid made out to order of shipper and endorsed in blank, notifying Buyer.
　　Buyer：XYZ I/M CO. LONDON，U. K.
　　Trade terms：CIF LONDON
　　提单的抬头填写：＿＿＿＿＿＿＿＿＿＿＿＿＿＿＿＿＿＿＿＿＿＿＿
　　提单通知人：＿＿＿＿＿＿＿＿＿＿＿＿＿＿＿＿＿＿＿＿＿＿＿＿＿
　　提单上运费显示：＿＿＿＿＿＿＿＿＿＿＿＿＿＿＿＿＿＿＿＿＿＿＿
　　提单背书方式：＿＿＿＿＿＿＿＿＿＿＿＿＿＿＿＿＿＿＿＿＿＿＿＿

任务 14　出口货物的运输保险

知识目标
掌握货物运输保险单的内容。

能力目标
1. 能办理出口货物运输保险手续。
2. 能正确填制投保单，审核保险单的内容。

素质目标
1. 培养学生善用保险进行风险管理意识。
2. 培养学生的合作意识、双赢意识。

任务 14 导学

导学
本任务比较简单，与任务 13 类似，主要办理运输保险手续，掌握投保单的填写和保险单据的审核等。

按照合同和信用证的要求填制投保单，掌握保险单据的种类（保险单、保险凭证、预约保单），审核保险单的内容，确保符合结汇要求。

注意投保时间以及保险单的签发日期要求，保险单上保险金额的取整规定。

14.1　任务描述与分析

1. 任务描述

> 常信公司的 343 箱男式衬衫已经在 9 月 15 日完成托运，并确定于 9 月 24 日装船，25 日离开港口。9 月 20 日，孙潇去保险公司办理相应的出口货物运输保险手续。

2. 任务分析

CIF（CIP）术语下，出口人在货物出运前，向保险公司投保合同约定的货物运输保险。保险公司接受保险，在投保人支付保险费后，向出口人出具保险单。

现在孙潇需要按照出口合同填写投保单，向中国人保财险常州分公司投保并支付保险费，在收到保险公司的保险单后，需要认真审核保险单的内容是否正确，确保保险单符合信用证的要求。保险单是出口人结汇的单据之一。

14.2 任务实施与心得

1. 任务实施

（1）办理投保

9月20日，孙潇根据买卖合同和信用证的规定，在备妥货物并确定装运日期和运输工具后，填制投保单（Application for Insurance），向中国人保财险常州分公司投保。下面是孙潇填制的投保单。

中国人民财产保险股份有限公司
PICC PROPERTY AND CASUALTY COMPANY LIMITED

被保险人
INSURED: CHANGZHOU CHANGXIN IMPORT & EXPORT CORP.
发票号（INVOICE NO.） CLK008
合同号（CONTRACT NO.） CZCX2011180
信用证号（L/C NO.） LCH073/03
发票金额（INVOICE AMOUNT） 　　　　　　投保加成（PLUS） 10 %
兹有下列货物向贵公司投保。(INSURANCE IS REQUIRED ON THE FOLLOWING COMMODITIES)

标　记 MARKS & NOS.	数量 QUANTITY	保险货物项目 DESCRIPTION OF GOODS	保险金额 AMOUNT INSURED
RTC CZCX2011180 SINGAPORE NO. 1-343	343CTNS	MEN'S COTTON SHIRT	USD27558

起运日期：　　　　　　　　　　　　　　　装载运输工具：
DATE OF COMMENCEMENT: SEPT. 25, 2024　　PER CONVEYANCE: TRIUMPH V991A
自　　　　　　　　　经　　　　　　　　至
FROM SHANGHAI　　VIA 　　　　　　TO SINGAPORE
赔款偿付地点
CLAIM PAYABLE AT　　DESTINATION
投保险别：(PLEASE INDICATE THE CONDITIONS &/OR SPECIAL COVERAGES:)
COVERING All Risks, War Risks and Strike Risks as per Ocean marine cargo clauses of the PICC Property and Casualty Company Limited, dated 2018.
请如实告知下列情况：（如"是"在［］中打"√"，"不是"打"×"）IF ANY, PLEASE MARK "√" OR "×".
1. 货物种类：袋装 [√]　散装 [ ]　冷藏 [ ]　液体 [ ]　活动物 [ ]　机器/汽车 [ ]　危险品等级 [ ]
   GOODS: BAG/JUMBO　BULK　REEFER　LIQUID　LIVE ANIMAL　MACHINE/AUTO　DANGEROUS CLASS
2. 集装箱种类：普通 [√]　开顶 [ ]　框架 [ ]　平板 [ ]　冷藏 [ ]
   CONTAINER: ORDINARY　OPEN　FRAME　FLAT　REFRIGERATOR
3. 转运工具：海轮 [√]　飞机 [ ]　驳船 [ ]　火车 [ ]　汽车 [ ]
   BY TRANSIT: SHIP　PLANE　BARGE　TRAIN　TRUCK
4. 船舶资料：　　　　　船籍 [　　]　　船龄 [　　]
   PARTICULAR OF SHIP:　REGISTRY　AGE

备注：被保险人确认本保险合同条款和内容已经完全了解。
　　　THE ASSURED CONFIRMS HEREWITH THE　　　投保人（签名盖章）
　　　TERMS AND CONDITIONS OF THESE INSURANCE　APPLICANT'S SIGNATURE
　　　CONTRACT FULLY UNDERSTOOD　　　　　　　　孙潇

　　　　　　　　　　　　　　　　　　　　　　　电话（TEL.）：0519-86338171
投保日期（DATE）：　SEPT. 20, 2024　　　　　地址（ADD.）：

（2）交付保险费

常信公司向保险公司交付保险费303.14美元。计算如下，一切险的保险费率为1%，战争险的保险费率为0.1%。

保险费=保险金额×保险费率
　　　=CIF价×(1+投保加成率)×保险费率
　　　=25052.72×(1+10%)×1.1%=303.14(美元)。

（3）领取和审核保险单据

保险公司收到保险费后，传真保险单给常信公司。孙潇仔细审核保险单的各项内容，对发现的错误或者与信用证不符的内容，及时要求保险公司更正，确保内容正确，以保持与信用证要求的一致。

下面是孙潇审核无误的保险单。

中国人民财产保险股份有限公司
PICC PROPERTY AND CASUALTY COMPANY LIMITED
货物运输保险单
CARGO TRANSPORTATION INSURANCE POLICY

发票号（INVOICE NO.）CLK008　　保单号次　PICZ0893365
合同号（CONTRACT NO.）CZCX2011180　　POLICY NO.
信用证号（L/C NO.）LCH073/03
被保险人：
INSURED: ***CHANGZHOU CHANGXIN IMPORT & EXPORT CORP.***

中国人民财产保险股份有限公司（以下简称本公司）根据被保险人的要求，以被保险人向本公司缴付约定的保险费为对价，按照本保险单列明条款承保下述货物运输保险，特订立本保险单。

THIS POLICE OF INSURANCE WITNESSES THAT PICC PROPERTY AND CASUALTY COMPANY LIMITED (HEREINAFTER CALLED "THE COMPANY") AT THE REQUEST OF THE INSURED AND IN CONSIDERATION OF THE AGREED PREMIUM PAID TO THE COMPANY BY THE INSURED, UNDERTAKES TO INSURE THE UNDERMENTIONED GOODS IN TRANSPORTATION SUBJECT TO THE CONDITIONS OF THIS POLICY AS PER THE CLAUSES PRINTED OVERLEAF AND OTHER SPECIAL CLAUSES ATTACHED HEREON.

标记 MARKS & NOS	数量 QUANTITY	保险货物项目 DESCRIPTION OF GOODS	保险金额 AMOUNT INSURED
RTC CZCX2011180 SINGAPORE NO. 1-343	343CTNS	MEN'S COTTON SHIRT	USD27558

总保险金额
TOTAL　　　SAY U.S. DOLLARS TWENTYSEVEN THOUSAND FIVE HUNDRED AND FIFTY EIGHT ONLY
AMOUNT INSURED:　　　起运日期　　　装载运输工具
保费：　　　　　　　　DATE OF　　　　PER
PREMIUM: AS ARRANGED　COMMENCEMENT: SEPT. 25, 2024　CONVEYANCE: TRIUMPH V991A
自　　　　　　　　　　经　　　　　　　至
FROM: SHANGHAI CHINA　VIA_____　TO_SINGAPORE_

承保险别：
CONDITIONS: All Risks, War Risks and Strike Risks as per and subject to the relevant ocean marine cargo clause of PICC Property and Casualty Company Limited, dated 2018.

所保货物，如发生保险单项下可能引起索赔的损失或损坏，应立即通知本公司下述代理人查勘。

如有索赔，应向本公司提交保单正本（本保险单共有2份正本）及有关文件。如一份正本已用于索赔，其余正本自动失效。

IN THE EVENT OF LOSS OR DAMAGE WHICH MAY RESULT IN A CLAIM UNDER THIS POLICY, IMMEDIATE NOTICE MUST BE GIVEN TO THE COMPANY'S AGENT AS MENTIONED HEREUNDER. CLAIMS, IF ANY, ONE OF THE ORIGINAL POLICY WHICH HAS BEEN ISSUED IN 2 ORIGINAL (S) TOGETHER WITH THE RELEVANT DOCUMENTS SHALL BE SURRENDERED TO THE COMPANY. IF ONE OF THE ORIGINAL POLICIES HAS BEEN ACCOMPLISHED, THE OTHERS TO BE VOID.

(续)

China Life Insurance（Singapore）Pte. Ltd. Address：1 Raffles Place #46-00, One Raffles Place Tower 1, Singapore 048616 Main Line： +65 6727 4820	中国人民财产保险股份有限公司常州分公司 PICC PROPERTY AND CASUALTY COMPANY LIMITED CHANGZHOU BRANCH
赔款偿付地点 CLAIM PAYABLE AT　SINGAPORE IN USD 签单日期 ISSUING DATE　SEPT. 24, 2024	××××× ——————————— Authorized Signature

2. 任务实施心得

（1）填制投保单的注意点

投保单是投保人要求投保的书面要约，是保险公司签发保险单的依据，也是进行核保及核定给付、赔付的重要原始资料。各保险公司投保单的格式有所不同，但内容大体相同，一般均列有被保险人名称、货物名称、包装及数量、标志、保险金额、装运工具或船名、开航日期、航程（或路程）、投保险别、赔款地点等栏目。

1）投保单内容需要据实填制。如果填制内容不实或有隐瞒情况，法律规定该种情况下保险合同无效。

2）投保单内容应与出口合同或信用证规定相符。

3）对特殊要求的处理。在 CIF 条件下，买方可能临时要求提高保险金额、加保某种特殊附加险以及扩展保险责任等。卖方应认真研究，联系保险公司后，决定是否接受这些特殊要求。

4）适用法律问题。按照惯例，我国外贸公司向中国人保财险投保，适用中国法律。国外客商如要求按照伦敦协会有关条款投保，中国人保财险一般可以接受。

> **小技巧**
>
> 我国外贸公司向中国人保财险投保出口货物运输险，为简化手续，双方事先协商同意，一般不填制投保单，而是采用有关装运出口单据副本代替，加注保险金额和投保险别，作为办理投保手续的代用投保单。

（2）办理货物运输保险的要点

当采用 FOB、CFR 术语出口时，应该考虑货物从工厂到装运港装上船这阶段的风险，并选择相应的保险。

结汇时，保险单作为主要单据之一，需要注意以下事项。

1）保险单的出具时间不得晚于提单的时间，否则进口商或付款银行有权拒绝付款。

2）出口商办理保险，保险单交给银行前应该背书转让。

14.3 相关知识

14.3.1 保险单据的种类

保险单据是保险公司和投保人之间订立的保险合同，是保险公司出具的承保证明，是被保险人凭此向保险公司索赔和保险公司进行理赔的依据。保险单据背面印有规定保险人与被保险人、受让人之间权利与义务关系的保险条款。常用保险单据有以下几种。

（1）保险单

保险单（Insurance Policy）又称为大保单，是一种正规的保险合同，除载明投保单上的各项内容外，还列有保险公司的责任范围以及保险公司与被保险人双方各自的权利、义务等方面的详细条款。

保险单

（2）保险凭证

保险凭证（Insurance Certificate）又称为小保单，是一种简化的保险单，除了背面没有列入详细保险条款外，其余内容与保险单相同。**保险凭证具有与保险单同样的法律效力**。

（3）预约保单

为了简化投保手续，防止出现漏保或来不及办理投保等情况，我国进口货物一般采取预约保险的做法，订立预约保单。合同中规定承保货物的范围、险别、费率、责任、赔款处理等条款，**凡属合同约定的运输货物，在合同有效期内一经起运则自动承保**。

此外，保险单据还有暂保单（Cover Note）和联合凭证（Combined Certificate）。暂保单是保险人在签发正式保险单或保险凭证前出具的对被保险人承诺保险责任的临时性保险凭证。联合凭证是将发票和保险单相结合的、比保险凭证更为简化的保险单据。保险公司在出口企业的发票上加注保险编号、承保的险别、保险金额，并加盖印戳，作为承保凭证，其他项目均以发票上列明的为准。

知识链接

《UCP600》第 28 条 d 款规定，可以接受保险单代替预约保险项下的保险证明书或声明书；第 28 条 c 款规定，暂保单将不被接受。

因此，预约保单和暂保单不能取代正式保单。

14.3.2 保险单的审核

CIF 和 CIP 合同下，保险单是主要的结汇单据之一，需要认真审核，确保顺利结汇。保险单的审核内容见表 14-1。

如何审核保险公司签发的保险单

表 14-1 保险单的审核内容

项 目	内 容	要 点 提 示
保单的号码（Policy No.）		保险公司编制的保单号
发票号码（Invoice No.）		此处填写发票号码
被保险人（Insured）	即投保人，或称为抬头	这一栏一般填写出口公司的名称。交单结汇时，卖方将保险单背书转让给买方 在 FOB 或 CFR 价格条件下，如国外买方委托卖方代办保险，被保险人栏可填写"×××（卖方）on behalf of（买方）"，并且由卖方背书
标记（Marks and Nos.）	唛头	填写具体的唛头，也可只填"AS PER INVOICE NO. ×××"。如无唛头，可填"N/M"
包装及数量（Quantity）	有包装的货物填写最大包装件数	煤炭、石油等散装货注明"IN BULK"，再填写净重；有包装但以重量计价的，应将包装数量与计价重量注明
保险货物项目（Description of Goods）		参照发票、提单填写，也可用统称，但应该与提单、原产地证的填写一致
保险金额（Amount Insured）	小写金额	一般为发票总金额的 110%，小数点后尾数一律进为整数。例如 USD30006.06，则填写 USD30007

(续)

项 目	内 容	要 点 提 示
总保险金额（Total Amount Insured）	保险金额的大写形式	计价货币应该填全称，注意大、小写金额保持一致。例如，U.S. DOLLARS THIRTY THOUSAND AND SEVEN ONLY
保费（Premium）和费率（Rate）	通常不注明具体数字，由保险公司印就"As Arranged"	有时保费栏也可按信用证要求缮打"PAID""PRE-PAID"，或具体金额数目
装载工具（Per Conveyance）	实际货运船名、航次，与提单的运输工具一致	海运方式下填写船名、航次。例如，FENGNING V. 9406。当整个运输由两程运输完成时，应分别填写一程船名和二程船名，中间用"/"隔开。例如，提单中一程船名为"MAYER"，二程船名为"SINYAI"，填写为"MAYER/SINYAI"
开航日期（Date of Commencement）		填写提单的签发日期，或填"AS PER B/L DATE"
起运地和目的地（From…To…）	应按提单填写起运地和目的地名称	如发生转船，可填写：FROM（装运港）TO（目的港）W/T 或 VIA（转运港）。例如，FROM SHANHGAI TO NEW YORK VIA HONGKONG
承保险别（Conditions）		险别内容必须与信用证规定的保险条款严格一致
保险查勘代理人（Insurance Survey Agent）	此栏无论信用证是否有规定，都应注明查勘代理人	由保险公司自己决定查勘代理人，并应有详细地址，以便收货人在出险后通知其代理人联系有关查勘和索赔事宜。如果来证规定有两个赔付地，则两个地点的代理人都要注明
赔付地点（Claim Payable at）	一般信用证规定在赔付地点后要注明赔付的货币名称，赔付的货币一般与 L/C 的货币一致。例如，NEW YORK IN USD	如信用证中并未规定，则应填写目的港。如信用证规定不止一个目的港或赔付地，则应全部填写
保险单的签发日期和地点（Date and Place of Issue）		保险单的签发日期不得迟于提单签发的日期，签发地点一般为出口商所在地
保险公司签章（Authorized Signature）		保险单只有经保险公司或其代理人签章后才生效

如信用证要求投保的险别超出了合同规定，或成交价格为 FOB 或 CFR，但来证却由卖方投保，遇到这种情况，如果买方同意支付额外保险费，可按信用证办理。

《UCP600》规定，如保险单据表明所出具正本为一份以上，则卖方交单时必须提交全部正本保险单。

保险金额就是发票金额吗

14.3.3 保险单据的变更和转让

保险单签发后，投保人如需要变更其内容，可根据保险公司的规定，向保险公司提出申请，经同意后即另出一种凭证，注明更改或补充的内容，这种凭证就是批单（Endorsement）。保险单一经更改，保险公司就按更改后的内容承担责任。批单原则上要粘贴在保险单上，并加盖骑缝章，作为保险单不可分割的一部分。某些特别重要事项，如保险金额的减额和保险赔偿范围的缩小等，会严重影响保险赔付，原则上这一类的变更不以批单形式做出，而是收回原有的保险单或保险凭证，重新出具新的保险单。

保险单据的转让无须取得保险人的同意，也无须通知保险人。

保险单一般通过背书转让。卖方在向买方（或银行）交单前，应先行背书。

14.3.4 保险索赔

保险索赔程序主要包括 4 个步骤。

(1) 损失通知

被保险人获悉货损后,应立即通知保险公司或保险单上指明的代理人。后者接到损失通知后应立即采取相应的措施,如检验损失,提出施救意见,确定保险责任和签发检验报告等。

(2) 采取合理的施救措施

被保险货物受损后,被保险人应迅速对受损货物采取必要和合理的施救、整理措施,防止损失的扩大。被保险人收到保险公司发出的有关防止或者减少损失的合理措施的特别通知后,应按照保险公司的通知要求处理。所支出的费用可由保险公司负责,但救助费用与理赔金额之和不超过该批货物的保险金额。

(3) 向承运人等有关方面索取相关证明

被保险人或其代理人在提货时发现被保险的货物整件短少或有明显残损痕迹,除向保险公司报损外,还应向承运人及有关责任方(如海关、理货公司等)索取货损货差证明,如系属承运人等方面责任的,应及时以书面方式提出索赔。

(4) 索赔

被保险货物的损失经过检验,并办妥向承运人等第三者责任方的追偿手续后,应立即向保险公司或其代理人提出索赔要求。

提出索赔要求时,除正式的索赔函以外,应包括保险单证、运输单据、发票,以及检验报告、货损货差证明、列明索赔金额及计算依据,以及有关费用的项目和用途的索赔清单等。

保险索赔必须于保险有效期内提出并办理,否则保险公司可以不予赔偿。根据我国《海洋运输货物保险条款》,索赔期限为 2 年,自被保险货物运抵目的港全部卸离海轮之日起计算。如货物已加工,即丧失索赔权。

知识链接:保险的免赔率

对易碎和易短量货物的索赔,应了解是否有免赔的规定。如果不计免赔率(Irrespective of Percentage, IOP),只要标的损失在承保范围内,保险人一律按保险货物的实际损失给予赔偿。

如果订有保险免赔率,则保险标的在承保范围内的损失没有超过保险公司规定的免赔率的比例,保险公司将不予赔偿。

免赔率有相对免赔率和绝对免赔率之分。相对免费率(Franchise):当保险标的的损失超过了保险单规定的免赔百分比以后,保险人就按实际损失给予赔偿,不扣除免赔率。绝对免赔率(Deductible):当保险标的的损失超过了保险单规定的免赔百分比,保险人只对保险标的的实际损失超过保险单中规定的免赔率的部分给予赔偿。

注意保险公司对一些特殊货物、特殊险种的规定。例如陶瓷,保险公司一般都有绝对免赔率,可是如果客户开信用证的时候要求不计免赔率,则需要对方修改信用证。

14.4 知识拓展

1. 出口信用保险

出口信用保险(Export Credit Insurance)是国家为了鼓励并推动本国的出口贸易,为众多出口企业承担由进口国政治风险和进口商商业风险引起的收汇损失的政策性险种,属于非营利性的保险业务,

是政府对市场经济的一种间接调控手段和补充,是世界贸易组织(WTO)补贴和反补贴协议原则上允许的支持出口的政策手段。

2001年12月18日,由国家出资设立、具有独立法人地位的国有政策性保险公司——中国出口信用保险公司(以下简称中国信保)正式挂牌运营。

中国信保通过为对外贸易和对外投资合作提供保险等服务,促进对外经济贸易发展,重点支持货物、技术和服务等出口,特别是高科技、附加值大的机电产品等资本性货物出口,促进经济增长、就业与国际收支平衡。其主要业务范围包括:中长期出口信用保险、海外投资保险、短期出口信用保险、国内信用保险、与出口信用保险相关的信用担保和再保险、应收账款管理、商账追收、信息咨询等出口信用保险服务等。

目前,一些国家的出口信用保险机构提供的各种出口信用保险保额甚至超过其本国当年出口总额的1/3。2015年以来,中国信保业务总规模连续在全球官方出口信用保险机构中排名第一。

网站链接

知名保险公司的网站:
中国人民保险集团股份有限公司 https://www.epicc.com/
中国太平洋保险(集团)股份有限公司 https://www.cpic.com.cn/
中国太平保险集团有限责任公司 https://www.cntaiping.com/
中国保险网 https://www.china-insurance.com/index.html
中国平安保险(集团)股份有限公司 https://www.pingan.com/

2. 实用英语

Applicant 投保人	Insured 被保险人
Application 投保单	Insurant 被保险人、受保人
Amount Insured 保险金额	Insurer(Underwriter) 承保人、保险人、保险公司
Cargo Damage Inspection 货损检验	
Cargo Damage Survey 货损检查	Insurance Slip 投保单、投保申请书
Cargo Underwriter 货物保险承保人	Insurance Subject 保险标的
Deductible 绝对免赔率	Irrespective Of Percentage(IOP) 不计免赔率
Endorsement 批单	
Franchise 相对免赔率	Open Policy 预约保单

14.5 业务技能训练

14.5.1 自测习题

1. 翻译

1)Insurance Policy＿＿＿＿＿＿＿＿＿ 2)Insurance Certificate＿＿＿＿＿＿＿＿＿

3)Amount Insured＿＿＿＿＿＿＿＿＿ 4)Insurance Premium＿＿＿＿＿＿＿＿＿

2. 单选题

1）不可以单独投保的险别是（　　）。
　　A. ICC（A）　　　　　　　　　B. CIC ALL RISKS
　　C. 陆运一切险　　　　　　　　D. 中国保险条款——战争险

2）被保险人向保险人索赔的主要依据是（　　）。
　　A. 提货单　　　B. 运输单据　　　C. 投保单　　　D. 保险单据

3）海运货物保险中，按"仓至仓"条款的规定，货物运抵目的港后没有进入指定仓库，（　　）天内保单仍然有效。
　　A. 30　　　B. 60　　　C. 90　　　D. 120

4）保险期限仅限于水上危险或运输工具上危险的是（　　）。
　　A. 短量险　　　B. 舱面险　　　C. 战争险　　　D. 罢工险

5）根据有关规定的解释，向船方索赔的时效，规定为自货物卸船之日起（　　）。
　　A. 180天内　　　B. 一年内　　　C. 一年半内　　　D. 两年内

6）按照国际保险市场上的一般习惯，保险金额是以发票的（　　）价格为基数，再加上适当的保险加成率计算得出。
　　A. FOB　　　B. CFR　　　C. FAS　　　D. CIF

7）根据《伦敦保险协会海运货物保险条款》的规定，承保范围最小的基本险别是（　　）。
　　A. ICC（A）　　　B. ICC（B）　　　C. ICC（C）　　　D. ICC War Clause

3. 判断题

1）当采用FOB、CFR术语出口时，卖方不用办理海洋运输保险手续。（　　）
2）当采用CIF术语出口时，如买方无要求，卖方只需要办理最低险别。（　　）
3）保险单一般不可以转让。（　　）
4）在国际贸易中，向保险公司投保一切险后，在运输途中由于任何外来原因造成的一切货损，均可向保险公司索赔。（　　）
5）保险单的出具时间不得晚于提单的时间。（　　）

14.5.2 课堂训练

1. 出口商按CIF条件签订的出口合同，下列投保险别是否妥当？不妥之处请予指正。
1）一切险、锈损险、串味险。
2）平安险，一切险，偷窃、提货不着险，战争险，罢工险。
3）水渍险、受潮受热险。
4）包装破碎险、钩损险、战争险、罢工险。
5）航空运输一切险、淡水雨淋险。

2. 请讨论如果保险单日期晚于提单日期，会出现什么后果。

3. 案例分析。
　　北京A公司按CFR马尼拉价格出口一批仪器，将货物用卡车由北京运到天津港发货，但在运输中，一辆货车翻车，致使车上所载部分仪表损坏。问：该损失应由哪方负责？保险公司是否应给予赔偿？

14.5.3 实训操作

1. 常州天信外贸有限公司向加拿大客户 JAMES BROWN&SONS 出口的男式衬衫已经装运，装运时间见任务 13 中的实训操作。请你办理保险手续。

2. FULL SET（2/2）MARINE INSURANCE POLICY OR CERTIFICATE ENDORSED IN BLANK FOR 110 PCT OF FULL VALUE COVERING ALL RISKS AND WAR RISK AS PER PICC DATED 2018 SHOWING CLAIMS IF ANY ARE TO BE PAID AT DESTINATION IN THE SAME CURRENCY OF THE DRAFTS。

FROM SHANGHAI TO YOKOHAMA

发票金额　　CIF YOKOHAMA　　USD 20000.00

保险单的险别：＿＿＿＿＿＿＿＿＿＿＿＿＿＿＿＿＿＿＿＿＿＿＿＿＿

保险金额：＿＿＿＿＿＿＿＿＿＿＿＿＿＿＿＿＿＿＿＿＿＿＿＿＿

保险赔款地点：＿＿＿＿＿＿＿＿＿＿＿＿＿＿＿＿＿＿＿＿＿＿＿＿＿

保险赔款货币：＿＿＿＿＿＿＿＿＿＿＿＿＿＿＿＿＿＿＿＿＿＿＿＿＿

任务 15　货款的结算

知识目标

熟悉常用结汇单据的种类及要求。

能力目标

1. 正确填制货款结算所需要的单据。
2. 能处理结算业务中的相关事项。

素质目标

1. 培养学生外贸单证工作的标准意识。
2. 培养学生的外贸职业道德素养和诚信意识。

导学

货款结算的安全和及时直接影响业务的成败,处于整个外贸业务的关键和收尾阶段。

任务 15 导学

本任务主要学习信用证项下的结算,树立"单证就是外汇"的理念,认真审核结汇单据,在规定时间内交单,与银行良好协作,顺利结算货款。托收项下货款的结算,请查阅相关书籍自学。

前几项任务已经获取并审核了保险单、提单、产地证和检验证书等,本任务主要是学习汇票、发票、装箱单等自制单据的制作。尽管各个公司各有单据格式,还是建议按照国际贸易出口单证格式(GB/T 15310.1—2014、GB/T 15310.2~3—2009、GB/T 15310.4—2012)来制作标准化的单据。请查阅相关的国家标准进行学习。

15.1　任务描述与分析

1. 任务描述

常信公司的货物已于 9 月 25 日从上海港按期发运,信用证的交单期为 10 天。孙潇抓紧制作汇票、发票、装箱单等单据,并及时从相关机构获取提单、保险单、产地证书和商检证书等单据,审核正确,以便早日到银行办理货款结算事宜。

2. 任务分析

国际贸易绝大部分采用凭单交货、凭单付款的方式。顺利结汇的关键在于单证的正确、完整、及时、清晰。要在信用证规定的交单期和有效期内,将符合信用证要求的所有单据送交指定的银行办理结汇手续。

汇票、发票、装箱单等单据由业务员（或单证员）自己缮制，提单是船公司（或货运代理公司）制作的，保险单是保险公司出具的，产地证书、商检证书一般是海关出具的。

15.2 任务实施与心得

1. 任务实施

（1）制作商业发票、装箱单和汇票（见表 15-1、表 15-2 和图 15-1）

表 15-1　商业发票

商业发票 Commercial Invoice				
1. 出口商 Exporter CHANGZHOU CHANGXIN IMPORT & EXPORT CORP. NO. 25 MINGXIN RD, CHANGZHOU JIANGSU, CHINA TEL.：0519-86338171		4. 发票日期和发票号 Invoice Date and No. SEPT 15, 2024　　　　CLK008		
		5. 合同号 Contract No. CZCX2011180		6. 信用证号 L/C No. LCH073/03
2. 进口商 Importer RAFFLES TRADING CO., LTD. 69 INTERNATIONAL TRADE PLAZA, ORCHARD ROAD, SINGAPORE TEL.：(0065) 61112588		7. 原产地（国） Country/Region of Origin of CHINA		
		8. 贸易方式 Trade Mode GENERAL TRADE		
3. 运输事项 Transport Details FROM SHANGHAI CHINA TO SINGAPORE		9. 交货和付款条款 Term of Delivery and Payment L/C		
10. 运输标志和集装箱号码 Shipping Marks; Container No.	11. 包装类型及件数；商品编码； 商品描述 Number and Kind of Packages; Commodity No.; Commodity Description	12. 数量 Quantity	13. 单价 Unit Price	14. 金额 Amount
RTC CZCX2011180 SINGAPORE NO. 1-343	343CARTONS　6205.2000 MEN'S COTTON SHIRT	2744PCS	USD9.13	CIF C3% SINGAPORE USD25052.72
15. 总值（用文字表示） Total Amount (in Words) SAY U.S. DOLLARS Twenty Five Thousand and Fifty Two and Cents Seventy-two Only				
（自由处置区） (Free Disposal)		16. 出口商签章 Exporter Stamp and Signature CHANGZHOU CHANGXIN IMPORT & EXPORT CORP. 陈哲		

表 15-2 装箱单

装箱单 Packing List			
1. 出口商 Exporter CHANGZHOU CHANGXIN IMPORT & EXPORT CORP. NO. 25 MINGXIN RD, CHANGZHOU JIANGSU, CHINA TEL.：0519-86338171			2. 装箱单日期 Packing List Date SEPT 15, 2024
3. 进口商 Importer RAFFLES TRADING CO., LTD. 69 INTERNATIONAL TRADE PLAZA, ORCHARD ROAD, SINGAPORE TEL.：（0065）61112588		4. 合同号 Contract No. CZCX2011180	5. 信用证号 L/C No. LCH073/03
^		6. 发票号和日期 Invoice NO. and Date CLK008 SEPT 15, 2024	
7. 运输标志和集装箱号码 Shipping Marks; Container No.	8. 包装类型及件数；商品名称 Number and Kind of Packages; Commodity Name	9. 毛重 Gross Weight	10. 净重 Net Weight	11. 体积
RTC CZCX2011180 SINGAPORE NO. 1-343	343 CARTONS MEN'S COTTON SHIRT	10290 KGS	8575 KGS	54.88 CBM
Total：THREE HUNDRED AND FORTY-THREE CARTONS ONLY	343 CARTONS	10290 KGS	8575 KGS	54.88 CBM
（自由处置区） （Free Disposal）	12. 出口商签章 Exporter Stamp and Signature CHANGZHOU CHANGXIN IMPORT & EXPORT CORP. 陈哲			

Bill of Exchange

Drawn under   UNITED OVERSEAS BANK, SINGAPORE

L/C NO.   LCH073/03   Dated AUG. 12, 2024

NO.：CLK008   Exchange for USD25052.72   China SEP. 27, 2024

At ******* sight of this First of Exchange （Second of Exchange being unpaid）

Pay to the order of BANK OF CHINA CHANGZHOU BRANCH

The sum of SAY U.S. DOLLARS TWENTY FIVE THOUSAND AND FIFTY TWO AND CENTS SEVENTY-TWO ONLY

To   UNITED OVERSEAS BANK, SINGAPORE

CHANGZHOU CHANGXIN IMPORT & EXPORT CORP.

陈哲

图 15-1 汇票

（2）交单

孙潇从常州外代取得提单，从保险公司取得保险单，从海关取得品质证书、原产地证等，经仔细审核，连同上述单证，在 9 月 28 日向银行提交议付单据。

（3）结汇

中国银行常州分行在核实单据后，确认常信公司所交单据符合信用证条款规定，买入受益人的汇票和单据，按照票面金额扣除从议付日到估计收到票款之日的利息，将净数按议付日人民币市场汇价折算成人民币,于 10 月 6 日划入常信公司的账户。随后,中国银行常州分行向新加坡开证行寄单索偿,并于 10 月 15 日收到开证行的货款。

2. 任务实施心得

业务员在制作结汇单据时,要按照以下几点要求来做。

1)正确。单据内容必须正确,要能真实反映货物的实际情况,单据之间的内容不能矛盾,要符合信用证的要求。

2)完整。单据的份数应符合信用证或合同的规定,不能短少;单据本身的内容应当完备,不能出现内容短缺情况,信用证或合同的特别要求也应体现。

3)及时。各单据出单时间应合理、有序,应在信用证有效期和交单期内交单。

4)简明。单据内容应按信用证或合同的要求和国际惯例填写,力求简单明了,切勿加列不必要的内容。

5)整洁。单据的布局要美观、大方,打印的字迹要清楚醒目,不宜轻易更改,尤其对金额、件数、重量等内容不得改动。

当结汇完成后,公司需要妥善保管信用证和相关函电、单证,做好存档工作。进口商下次的订单可能会以在原来信用证上修改货物数量、交易金额、延展装运期与有效期的形式出现。

15.3 相关知识

15.3.1 信用证方式结汇

信用证方式结汇常见的有买单结汇和收妥结汇两种情况。

1. 买单结汇

买单结汇又称出口押汇,议付行在审单无误后,按信用证条款买入受益人的汇票和单据,按票面金额扣除从议付日到估计收到票款之日的利息,将净额按议付当日的外汇牌价折算成人民币,付给信用证的受益人。议付行买入跟单汇票后,凭汇票向付款行索取票款。若汇票遭拒付,议付行有权向受益人追回票款,并加收利息。买单结汇的做法实为议付行向受益人进行资金融通,有利于出口企业的资金周转。

2. 收妥结汇

收妥结汇又称先收后结,即议付行收到受益人提交的单据,经审核无误后,将单据寄交国外开证行或指定付款行索取货款,待收到货款后,议付行按当日外汇牌价折算成人民币,付给受益人。

15.3.2 结汇单据

结汇单据主要包括发票、装箱单、检验证书、产地证、保险单、海运提单、汇票、装运通知、受益人证明等。

1. 单据份数的表达方法

在国际贸易实务中,单据份数的表达方法一般有三种:第一种是"Copy"表达法,例如,in 1 copy, in 5 copies;第二种是"Fold"表达法,例如,in 1 fold, in 5 fold;第三种是固定的表达方式，例如，in duplicate（一式两份），in triplicate（一式三份），in quadruplicate（一式四份），in quintuplicate（一式五份），in sextuplicate（一式六份），in septuplicate（一式七份），in octuplicate（一式八份），in nonuplicate（一式九份），in decuplicate（一式十份）。

2. 单据日期之间的关系

每份单据都会标明签发日期。各种单据的签发日期应符合逻辑和国际惯例，以提单上的 ON BOARD DATE 为基准，单据日期之间存在以下关系。

发票日期应在各单据日期之首，装箱单一般与发票同日；提单日不能晚于 L/C 规定的装运期，也不得早于 L/C 的最早装运期；保单的签发日应早于或等于提单日期（一般早于提单两天），不能早于发票；原产地证的日期不早于发票日期，不迟于提单日；商检证日期不晚于提单日期，但也不能过分早于提单日，尤其是鲜货和容易变质的商品。受益人证明日期等于或晚于提单日，船公司证明的日期等于或早于提单日。

汇票的日期不得早于提单，一般应晚于发票等其他单据，但不能晚于 L/C 的有效期。

3. 三种自制单据的制作

（1）发票

发票是商业发票（Commercial Invoice）的简称，是出口商向进口商开列的出口货物价目清单，也是进出口报关不可缺少的重要文件之一，内容包括商品的名称、规格、价格、数量、金额等。发票是全套出口单据的核心，发票的内容和缮制要点见表 15-3。

表 15-3　发票的内容和缮制要点

项　目	内　容	要　点　提　示
出票人和出票地址	即出口商的名称与地址	
发票的名称和种类	如 Commercial Invoice	不同发票表示不同用途，要严格根据信用证的规定制作发票名称
发票日期（Invoice Date）、发票号（Invoice No.）		发票日期不早于合同的签订日期，不迟于提单的签发日期即可
运输方式和路线	起运地及目的地，如 From Dalian To Goteborg Sweden W/T Hong Kong	按合同或信用证规定
抬头人（To）	买方名称	与信用证规定一致。如信用证中无规定，即将信用证的申请人或收货人的名称、地址填入此栏。如信用证中无申请人名字，则用汇票付款人
唛头及编号（Marks and No.）	如收货人简称、目的地、参考号、件号	应严格按照信用证与合同的规定进行刷唛和制单。如未规定，可按买卖双方商订的方案或由受益人自定。无唛头时，应注明"N/M"或"No Mark"。如为裸装货，则注明"NAKED"或"in Bulk"（散装）
品名及货物描述（Description of Goods）	货物的名称、规格型号等	严格根据信用证及合同的规定填写
价格（Price）	单价（Unit Price），总额（Amount）	除非信用证上另有规定，否则货物总值不能超过信用证金额 如涉及佣金和折扣，要注意其处理。如来证要求在发票中扣除佣金，则必须扣除；有时证内无扣除佣金规定，但金额正好是减佣后的净额，发票应显示减佣，否则发票金额超证

（续）

项目	内容	要点提示
特殊条款（Special Terms）	如要求证实货物原产地	按信用证或合同要求注明，起到证明、声明的作用
签署（Signature）	出口方公司名称及授权签字人	一般要签署，特别是有证实语句时

（2）装箱单

装箱单是商业发票的一种补充单据，有装箱单（Packing List）、重量单（Weight List）和尺码单（Measurement List）等不同的名称、格式，具体应该按照信用证要求的名称缮制。

装箱单是对出口商品的包装、规格、重量、尺码等详细情况说明的一种单据，是买方收货时核对货物的品种、花色、尺寸、规格和海关查验货物的主要依据。装箱单的主要内容如下。

1）装箱单名称（Packing List）：应按照信用证规定使用。

2）编号（No.）：与发票号码一致。

3）合同号（Contract No.）：标注此批货物的合同号。

装箱单种类和制作

4）箱号（Case No.）：如"Carton No.1-5："…" "Carton No.6-10：…"，有的来证要求此处注明"CASE NO.1-UP"，UP是指总箱数，在制单时应写明具体箱数。

5）品名和规格（Name of Commodity & Specification）：要求与发票一致。

6）外包装单位（Pkgs）和数量（Quantity）。

7）毛重（Gr.Wt.）：通常计量单位是千克。

8）箱外尺寸（Measurement）：注明每个包装件的外尺寸以及（或）该批货物的总尺码，通常计量单位是立方米。

9）唛头（Shipping Mark）：与发票一致。

10）出单人签章：应与发票相同，如信用证规定包装单为"in plain"或"in white paper"等，则装箱单不应出现买卖双方的名称，不能签章。

（3）汇票

汇票必须记载下列事项："汇票"字样；无条件支付委托；确定的金额；付款人名称；出票日期；出票人签章等。未记载规定事项之一的汇票无效。在实际业务中，汇票通常需要列明付款日期、付款地点和出票地点等内容。

1）汇票名称：汇票上标明"汇票"（Bill of Exchange）字样。

2）金额：金额由货币和数额两部分组成，有大小写两种表述，且大小写必须一致。一般情况下，汇票金额应与发票金额一致，但也有例外。

制作汇票

① 信用证上明确规定汇票金额是发票金额的一定百分比。

② 来证要求出具佣金单（Credit Note 或 Comm. Note）时：

汇票金额=发票金额-佣金单金额

如信用证要求佣金在支付时扣除，则汇票金额等于发票金额，但寄单索汇时应少收佣金部分。

③ 来证要求运费、保险费或其他费用可在证下或超证支取时：

汇票金额=发票金额+费用总和

来证要求运费、保险费或其他费用不许超证或证外支付时，须另制费用金额汇票。

④ 在部分信用证、部分托收的结算中，需要分制不同支付方式下的汇票。

⑤ 当实际装运数量少于规定的数量，或信用证允许分批装运时，发票金额为实际应收金额。此时，汇票金额等于发票金额。

3）付款期限：汇票期限分为即期和远期。即期用"at sight"或"on demand"表示。远期有多种表示方法，应严格按信用证规定缮制。

4）收款人：收款人也称为"抬头人"或"抬头"。在实际业务中，汇票通常做成指示性抬头，即"Pay to the order of …"。

5）出票条款：在"Drawn under"之后缮打出票依据，应与信用证规定严格一致。如信用证未要求，则应打开证行名称、地址、信用证号和开证日期。在出票条款中，按信用证要求也可加注利息条款和费用条款。

6）付款人：付款人也称为受票人，包括付款人名称和地址。汇票付款人的填写按照信用证的要求。

7）出票地点及日期：出票地点及日期通常连在一起，在汇票的右上角。一般在地址之后或之下标注日期。出票日期应晚于提单日，早于议付日或于议付日当天，一般是提交议付行议付的日期，该日期往往由议付行填写。该日期不能迟于信用证的有效期。

8）汇票号码：一般情况下，汇票号码（No.）采用发票号码。

9）出票人：出票人即受益人、合同的卖方或托收方式下托收的委托人。

15.3.3 信用证遭遇拒付后的处理

在实际业务中，由于主客观原因，单证不符的情形往往难以完全避免，只能不符点交单，或者开证行判断存在不符点的，都有可能导致单证被拒付。信用证被拒付时，可以从以下几个方面来解决。

1. 评判开证行拒付是否合理

如果遭遇开证行拒付，首先要区分责任，判断开证行拒付是否有合理依据、是否符合程序。所谓合理依据，就是开证行提出的不符点应有正当理由，否则可通过国内银行回复解释申辩。所谓符合程序，是指开证行必须在5个工作日内审核单证并一次性提出不符点，否则即使有不符点也无权再提。

开证行提出的不符点不成立的原因有：一是有些信誉欠佳的开证行往往会配合开证申请人，无端挑剔单据，以无害不符点拒付，甚至无理拒付；二是有的银行国际结算业务人员素质不高，对国际惯例的理解有误，有时提出的不符点事实上不成立。

2. 及时与进口商沟通协调

拒付有不符点的单据是开证行的权利。出口商接到拒付通知后，应及时将不符点提示给开证申请人。因为进出口贸易是买卖双方间的交易，赚取利润是双方共同的愿望，出口商应积极与进口商商量，说服进口商放弃不符点接受单据。在通常情况下，开证申请人会放弃不符点，并到银行付款赎单。

3. 更换不符点单据

如果开证行提出的拒付单据的不符点确实存在，出口商首先考虑是否可以在交单期内更换单据。一般情况下，交单期在货物装运后的15~21天，当开证行提出不符点拒付时，交单期往往还剩余一些时间。如果时间来得及，出口商可更换单据并及时将单据交到指定银行。

当不符点单据出自出口商自制的发票、装箱单等单据时，更换单据比较简单，按开证行提出的不符点进行修改即可。如果不符点单据是提单等由其他机构出具的单据，更换就比较困难，所需时间也比较长。因为出证机构要在收回原单据的前提下才会重新出单，而且不会完全按受益人的意愿更改。因此，对这类单据的更换应慎重。

4. 和有关银行加强沟通

由于种种原因，出口商有时只能提供不符点单据。如果贸然向开证行提交不符点单据，必然会遭到开证行的拒付。出口商可考虑与银行协商按以下方法处理。

（1）凭保议付

出口商在提交的单据出现不是很严重的不符点时，向议付行出具保函，要求凭保函议付，声明如开证行拒付，由受益人偿还议付行所垫付款项和费用，同时电请开证人授权开证行付款。

（2）电提不符点

在出现单证不符时，议付行暂不向开证行寄单，而是以电信方式通知开证行单据中的不符点，征求开证行的意见。在开证行接受不符点并同意付款后，议付行再寄单。

（3）有证托收

当单据出现严重不符点，或信用证有效期已过，开证行不会付款时，只能委托议付行在向开证行寄单函中注明"信用证项下单据作托收处理"。有证托收是一种不得已而为之的方式。

采用以上三种方法时，出口商都失去了开证行的付款保证，此时由银行信用变成了商业信用。

5. 密切关注货物下落

在信用证业务中，相关各方处理的是单据，而不是货物。主要原因是信用证所涉及的单据，尤其是作为物权凭证的单据，使信用证的当事人拥有货物的控制权。开证行拒付后，如果不经受益人或交单行同意，不得擅自向开证申请人放单，否则开证行必须付款。

如无法收回货款，受益人必须及时与承运人取得联系，争取将货物由原船运回或转卖他人，避免承运人在目的港"无单放货"，或货到目的港后由于无人提货被当地海关当成"无主"货物而拍卖。

15.4 知识拓展

1. 结算单证的标准化与无纸化趋势

按照《联合国贸易单据设计样式》规范单证文本和数据交换格式，推广使用国际标准及代码：①标准化运输标志，包括参考号（合同号）、收货人简称、目的地和件号；②国家与地区代码由两个英文字母组成，如 CN 表示中国，US 表示美国，GB 表示英国，JP 表示日本；③货币代号由 3 个英文字母组成，前两位字母代表国别，后一位字母代表货币，如 CNY 为人民币，USD 为美元，GBP 为英镑；④日期代码年、月、日用 8 位数表示，如 2009 年 5 月 1 日为 2009-05-01；⑤地名代码由 5 个英文字母组成，前两位字母代表国别，后三位字母代表地名，如 CNSHG 表示中国上海，USNYC 表示美国纽约。

1993 年以来，我国先后颁布了一批国家标准，以进一步规范各种单证的标准化，力求内容精确、节省时间，减少各种单证相同内容的重复缮制、重复审核。

互联网时代的到来给外贸标准化工作增添了紧迫性和新内容。"无纸贸易"是国际贸易发展的方向。外贸单证和 EDI（电子数据交换）报文标准化可以有效地促进外贸企业加强管理，提高经济效益。

2. 实用英语

Acknowledgement of Insurance Declaration　投保声明的回执
Certificate for Dispatch of Documents　寄单证明
Certificate for Dispatch of Shipment Samples　寄样证明
Certificate of Age of Vessel　船龄证明书
Certificate of Classification　船舶船级证明
Certificate of Date of Sailing　开船证明书
Certificate of Delivery　交货证明书
Certificate of Departure from Port　离港证明书
Certificate of Ownership　所有权证书
Certificate of Vessel's Nationality　船舶国籍证明
Certified Invoice　证实发票或签证发票
Method of Reimbursement　索汇方法
Signature of the Drawer　出票人签字

15.5 业务技能训练

15.5.1 自测习题

1. 翻译

1) Duplicate_____
2) Triplicate_____
3) Commercial Invoice_____
4) Signature_____
5) Carton No. _____
6) Certificate of Origin_____

2. 单选题

1) 在信用证项业务中，各有关方面当事人处理的是（　　）。
　　A. 单据　　B. 货物　　C. 服务　　D. 其他行为
2) 采用信用证支付方式，受益人向客户收取货款的凭据是（　　）。
　　A. 已装运的实际货物　　B. 寄单银行要求开证银行付款的书面通知
　　C. 信用证的全套单据　　D. 买卖合同内容一致的全套单据
3) 单证缮制必须做到正确、完整、及时、简明和整洁，其中（　　）是单证工作的前提。
　　A. 正确　　B. 完整　　C. 及时　　D. 简明
4) 各种单据的签发日期应符合逻辑和国际惯例，通常（　　）日期是议付单据出单最早时间。
　　A. 发票　　B. 提单　　C. 保险单　　D. 报关单
5) 在其他条件相同的前提下，（　　）的远期汇票对收款人最为有利。
　　A. 出票后 30 天付款　　B. 提单签发日后 30 天付款
　　C. 见票后 30 天付款　　D. 货到目的港后 30 天

3. 判断题

1) 任何情况下,银行审核单据总是以《UCP600》为依据。 （　　）
2) 在信用证支付方式的情况下,卖方凭单向客户收取货款的,不是实际货物,而是与来证完全相符的全套单据。 （　　）
3) 偿付行与付款行一样,付款均为终局性的,无追索权。 （　　）
4) 在国际结算中,货物是贸易双方进行结算的基础和依据。 （　　）
5) 由于银行的介入,信用证内适用的汇票为银行汇票。 （　　）

15.5.2　课堂训练

1. 简述主要结汇单据的签发日期之间的关系。
2. 简述汇票与发票金额之间的关系。
3. 讨论如果在信用证结算方式下出现单证不符,应该怎样解决。
4. 案例分析。

（1）外贸公司出口一批货物,数量为 1000 t,每吨 USD78 CIF Rotterdam。进口商通过开证行开来的信用证注明按《UCP600》办理,并规定总金额不得超过 USD78000,有效期为 11 月 30 日。外贸公司于 11 月 4 日将货物装船完毕,提单签发日期为 11 月 4 日。请问:

1) 外贸公司最迟应在何日将单据交银行议付?为什么?
2) 本批货物最多、最少能交多少吨?为什么?

（2）A 公司向 B 公司出口一批货物,按 CIF 条件成交,B 公司通过 C 银行开给 A 公司一张不可撤销的即期信用证。当 A 公司货物装船后持全套合格单据向银行办理议付时,B 公司倒闭。同时传来消息,称这批货在离港 72 h 后触礁沉没。问:C 银行能否以 B 公司倒闭及货物灭失为由拒付货款?简述理由。

15.5.3　实训操作

1. 常州天信外贸有限公司的衬衫出口后,缮制发票、装箱单、汇票、产地证。
2. 江苏天地木业有限公司的地板出口后,缮制发票、装箱单、汇票、产地证。
3. 根据所给的内容和信用证条款,缮制发票、装箱单、汇票、产地证。

```
ADVISING BANK：BANK OF COMMUNICATIONS SHANGHAI（HEAD OFFICE）
OPENING BANK：BANGKOK BANK PUBLIC COMPANY LIMITED, BANGKOK
FORM DOC. CREDIT        *40A    IRREVOCABLE
DOC. CREDIT NUM         *20     2411LC123756
DATE OF ISSUE           31C     241103
DATE/PLACE EXPIRY       31D     250114, BENEFICIARIES' COUNTRY
APPLICANT               *50     MOUN CO., LTD.
                                NO. 443, 249 ROAD
                                BANGKOK THAILAND
BENEFICIARY             *59     SHANGHAI FOREIGN TRADE CORP.
                                SHANGHAI, CHINA
CURR CODE, AMT          *32B    CODE USD AMOUNT 18000
AVAILABLE WITH/BY       *41D    ANY BANK IN CHINA BY NEGOTIATION
```

DRAFTS AT	42C	SIGHT
DRAWEE	42A	ISSUING BANK
PARTIAL SHIPMENTS	43P	NOT ALLOWED
TRANSSHIPMENT	43T	ALLOWED
LOADING ON BRD	44A	CHINA MAIN PORT, CHINA
FOR TRANSPORT TO	44B	BANGKOK, THAILAND
LATEST SHIPMENT	44C	241220
GOODS DESCRIPT.	45A	2000KG. ISONIAZID BP98 AT USD9.00 PER KG CFR BANGKOK
DOCS. REQUIRED	46A	

+COMMERCIAL INVOICE IN ONE ORIGINAL PLUS 5 COPIES INDICATING FOB VALUE, FREIGHT CHARGES SEPARATELY AND THIS L/C NUMBER, ALL OF WHICH MUST BE MANUALLY SIGNED.

+FULL SET OF 3/3 CLEAN ON BOARD OCEAN BILLS OF LADING AND TWO NON-NEGOTIABLE COPIES MADE OUT TO ORDER OF BANGKOK BANK PUBLIC COMPANY LIMITED, BANGKOK MARKED FREIGHT PREPAID AND NOTIFY APPLICANT AND INDICATING THIS L/C NUMBER.

+PACKING LIST IN ONE ORIGINAL PLUS 5 COPIES, ALL OF WHICH MUST BE MANUALLY SIGNED.

+CERTIFICATE OF ORIGIN.

ADD. CONDITIONS	47A	A DISCREPANCY FEE OF USD50.00 WILL BE IMPOSED ON EACH SET OF DOCUMENTS PRESENTED FOR NEGOTIATION UNDER THIS L/C WITH DISCREPANCY. THE FEE WILL BE DEDUCTED FROM THE BILL AMOUNT.
CHARGES	71B	ALL BANK CHARGES OUTSIDE THAILAND INCLUDING REIMBURSING BANK COMMISSION AND DISCREPANCY FEE (IF ANY) ARE FOR BENEFICIARIES' ACCOUNT.

相关资料：

合同号码：SC0678　　　　　　　合同日期：2024 年 8 月 5 日
发票号码：SHE 02/1845　　　　　发票日期：2024 年 11 月 26 日
提单号码：SCOISG7564　　　　　提单日期：2024 年 11 月 29 日
船名：JENNY V.03　　　　　　　装运港：上海港
货物装箱情况：50 kg/DRUM　　　总毛重：2200 kg
集装箱：1×40' FCL CY/CY　　UXXU4240250 0169255
运费：USD0.08/kg
总体积：56 CBM

情境 4　进口合同的订立与履行

任务 16　进口合同的磋商与订立

知识目标

掌握进口交易的磋商环节。

能力目标

1. 进口贸易的成本核算与报价。
2. 能够签订进口合同。

素质目标

1. 培养学生敏锐的观察力、深邃的洞察力。
2. 培养学生开拓市场的创新精神，使之成为具有中国灵魂、世界胸怀的现代人。

导学

任务 16 导学

在学习本任务前，请认真复习任务 2、6、9。这 3 个任务是站在出口商的立场进行业务磋商、价格换算、签订贸易合同的。本任务从进口商角度出发，进行业务磋商、议价，签订一份货物进口合同。

交易磋商的询盘、发盘、还盘、接受的相关知识点在任务 2 中已经学习，本任务主要进一步提升询盘、发盘、还盘、接受四个环节的实战操作技能。

对比学习出口客户与进口供应商的寻找途径的差异，比较任务 6 出口成本的核算和本任务的进口成本核算的异同。

在任务 9 "签订出口合同"的基础上，提升进口合同的签订水平，力争事半功倍。

16.1　任务描述与分析

1. 任务描述

> 由于生产包装标签的需要，2024 年 6 月，常州金鼎服装厂委托常州常信外贸有限公司进口一百台标签打印机。业务员孙潇负责寻找商标打印机进口商。

2. 任务分析

2023 年我国货物贸易进口总值 17.99 万亿元人民币。我国外贸发展呈现总体平稳、稳中提质的态势。铁矿砂、原油、天然气、大豆等大宗商品进口量增加。

面对严峻复杂的对外贸易形势，我国政府不断出台措施，简化进口程序，促进对外贸易稳定增长和转型升级。2016年10月，人民币加入SDR（特别提款权），成为全球主要储备货币之一。截至2024年3月，人民币国际支付全球排名连续5个月保持在全球第四位，人民币国际化有利于促进国际贸易的发展。

16.2 任务实施与心得

1. 任务实施

德国生产的标签打印机一向以质量稳定、价格适中而稳居国际市场前列。孙潇经过比较，选定向德国嘉实贸易公司（Deutsch Erntetechnik Trading Company）进行询价和磋商。

2024年8月3日，常信公司与德国嘉实贸易公司签署了一份进口标签打印机的合约，具体内容如图16-1所示。

PURCHASE CONTRACT

The Sellers：Deutsch Erntetechnik Trading Company　　　　Contract No.：CZCX231
Address：Baiersdorfer Str. 15, Poxdorf, Bayern（Bavaria）
TEL.：0081-8054677434　　FAX：0081-8054677435　　Date：Aug. 3, 2024
The Buyers：CHANGZHOU CHANGXIN IMPORT & EXPORT CORP.
Address：NO. 25 MINGXIN ROAD, CHANGZHOU, JIANGSU, CHINA
TEL.：0086-519-86338171　　FAX：0086-519-86338176

This contract is made by and between the Buyers and the Sellers, whereby the Buyers agree to buy and the Sellers agree to sell the under-mentioned commodity according to the terms and conditions stipulated below：

Ⅰ COMMODITY AND SPECIFICATIONS：

Name of the commodities	Specifications	Quantity	Unit price	Amount
Label printer	Model：LX900e Brand：Primera Color&page：multicolor Dimensions（L×W×H）： 438×231×438	100 SETS	FOB EUR 700	Hamburg EUR70000

Ⅱ TOTAL AMOUNT：SAY EUROPEAN DOLLARS SEVENTY THOUSAND ONLY
　COUNTRY OF ORIGIN：Germany
Ⅲ PACKING：One set in new original sealed cartons
Ⅳ TIME OF SHIPMENT：No later than Sept. 30, 2024, transshipment allowed, partial shipments not allowed.
Ⅴ PORT OF SHIPMENT：Hamburg, Germany
Ⅵ PORT OF DESTINATION：Shanghai, China
Ⅶ INSURANCE：To be covered by the buyer
Ⅷ PAYMENT：To be effected by irrevocable letter of credit available by draft(s) at sight for 100% of invoice value drawn by the sellers.
Ⅸ INSPECTION：Inspection result of CIQ at destination should be final.

The Seller：　　　　　　　　　　　　　　　　　　　The Buyer：
DEUTSCH ERNTETECHNIK TRADING COMPANY　　　CHANGZHOU CHANGXIN IMPORT & EXPORT CORP.
David Buballa　　　　　　　　　　　　　　　　　　孙潇

图16-1　进口标签打印机的合约

2. 任务实施心得

（1）签订进口合同前的准备工作

事先调研出口商所在国家或地区的政治、经济、法律、自然条件和港口情况等，查询我国的进口关税税率，对进口有无相关的鼓励或限制措施；初步选择几家国外公司后，要调查它们的资信和供货能力；然后将几家外商的发盘与从其他方面调查和收集的价格材料进行研究、整理、分析和比较，最终选择并确定进口伙伴，进行磋商。

（2）合同文本的起草

争取由我方来起草合同以便掌握主动权，避免按外商事先拟好的合同文本进行谈判，因为那样会限制我方谈判策略和技巧的发挥，并且很难对合同进行比较大的修改或补充。

如果以外文合同为基础，我们不仅要在翻译内容上反复推敲，弄清外文的基本含义，还要考虑法律上的意义以及一些约定俗成的用法，包括外文的一词多义。

（3）明确双方当事人的签约资格，争取在我方进行缔约或签字仪式

一定要严肃认真地审查对方当事人的签约资格，不能草率从事。否则，即使完成合同签订，合同也是无效的。一般来讲，重要的谈判、签约人应是董事长或总经理。有时，负责签约的并不是上述人员，要检查签约人的资格，要求对方提交法人开具的正式书面授权证明（授权书、委托书）等，以保证合同的合法性和有效性。

16.3 相关知识

16.3.1 寻找进口供应商

寻找供应商有以下四种常用的方法：直接发布采购信息、参加国际展会、网络搜寻、通过各种贸易伙伴的介绍。

进口商可以通过多种渠道直接发布采购信息，让国外厂商主动磋商，提高效率且节约时间。直接发布采购信息可以通过如下方式。

（1）在行业网站上发布进口采购信息

登录国内外行业网站，发布进口需求，引起该行业企业对进口商的关注。

（2）在国内外贸易门户网站或平台上发布进口采购信息

例如中国进口网、阿里巴巴等综合性贸易门户网站都有针对各行业的分类，并且可以发布采购信息，同样可以引起国外供应商的重视。

（3）登录各个国家或地区驻华代表处网站

很多国家在华办事机构都设有自己的网站，可以登录此类网站发布采购需求。通过政府办事机构介绍的企业，其可信度会增加，如美国商务部驻华办事处、韩国贸易协会驻华办事处、英中贸易协会都会为帮助国内进口商寻找生产商。

知识链接：中国国际进口博览会

中国国际进口博览会（https://www.ciie.org/zbh/index.html，简称进博会）由中华人民共和国商务部和上海市人民政府主办，为世界上第一个以进口为主题的国家级展会，旨在坚定支持贸易自由化和经济全球化、主动向世界开放市场，是党中央着眼于推动新时代高水平对外开放的重大决策。

2018 年第一届中国国际进口博览会在国家会展中心（上海）举行，每年举办一次。

2023 年 11 月 5 日，习近平主席向第六届中国国际进口博览会致信，提出新要求："希望进博会加快提升构建新发展格局的窗口功能，以中国新发展为世界提供新机遇；充分发挥推动高水平开放的平台作用，让中国大市场成为世界共享的大市场；更好提供全球共享的国际公共产品服务，助力推动构建开放型世界经济，让合作共赢惠及世界。"

16.3.2 进口商品成本核算

企业进口商品是为了通过销售获利。国内销售价格与进口成本之间的差价就是企业的毛利。因此，商品进口成本的高低决定了企业是否进口。

进口商品总成本由进口价格和有关的进口费用组成。当进口成交价为 FOB 价时，进口总成本的公式为

进口总成本=FOB 价总值+国外运费+保险费+进口税费+银行费用+报关费+检验费+到岸港口费+国内运费+仓储费+代理费+公证费+保函费用

16.3.3 进口交易的磋商

进口交易磋商可采用信函、电话、聊天软件或面谈的方式，一般步骤包括询盘、发盘、还盘、接受，其中发盘和接受是必不可少的步骤。

政府机构、公共事业部门和企业的设备采购多采用国际招标，基本程序包括招标、投标、开标、评标、决标、中标等环节。

1. 询盘

询盘对双方均无法律上的约束力，即买方询价后无一定购买货物的义务，卖方询价后无必须出售货物的责任。被询盘人可发盘回答，也可拖延甚至拒绝回答。不过应互相尊重，避免出现只询价不购买（或不售货）的现象，对有关询盘也应及时回复，以确保商业信誉。

在询盘中，除表明购货意图而邀请对方发盘外，有时还可询问一般交易条件，如商品货号、数量、交货期、品质规格、付款条件等。

> **小技巧：进口询盘的注意事项**
>
> 对外询盘，既不宜只局限于个别客户（用货单位订购的特定商品除外）而不货比三家，也不宜在同一地区多家询盘。尤其是订货数量大且是向中间商发出的询盘，中间商数量不宜太多，因为如果几家中间商将同一询盘转到同一厂家手里，将会造成市场虚假需求。生产厂商将抬高价格，这对进口方不利。因此，一般采取"订一询三"，即有一份订货单，可同时向三个国家的厂商发出同样的询盘，邀请三家发盘。对数量大的购销任务，应适当安排购货进度，防止在一个时期内大量集中询价，暴露买方购买心切，遭对方抬价。
>
> 询盘时应注意策略，若对方为新客户，不宜过早透露自己的实际采购数量和目标价格等交易条件，应适当留有余地，以免在磋商时处于不利地位。若对方为老客户，则应报实际采购数量。对技术、机械设备，应尽可能减少中间环节，直接向供应商询价。
>
> 对于凭样成交的进口商品，其询盘函往往还要求对方寄样。

2. 发盘

发盘不能太慢。如果十天半个月后才报价，客户可能早就找到其他货源了。发盘价格要在合理范围内，价格太高或太低都会直接被客户拒绝。

有两个方法可以实现准确报价：一是经常打探同行的价格；二是经常跟工厂技术人员接触，了解报价产品的每一环节的成本和费用。

3. 还盘

收到出口商的发盘后，进口商总是希望对方降价，因此讨价还价就成了还盘的主要内容。

还盘时，一般只针对原发盘提出不同意见和需要修改的部分，已同意的内容在还盘中可以省略。还盘中可罗列诸如以该价格购进自己很难推销、竞争者类似报价很低、订量大要求折扣、国际市场价格走低等理由。

接到对方还盘后要再次核算，考虑公司利润有无下降空间，与运输部门等协商以期减少运费，或者改变付款方式，或者双方分担一些费用等，核算后再考虑是否接受对方还盘或再还盘。

4. 接受

接受时应对磋商的函电或谈判记录进行核对，确认对方提出的各项交易条件已经明确、肯定、无保留时，再予接受。

接受可以简单表示，如"你10日电接受"，也可详细表示，即将磋商的主要交易条件再重述一遍，表示接受。通常情况下，对一般交易的接受，可采用简单形式表示，但接受电报、电传或信函中须注明对方来电、信函的日期或文号；对大宗交易或交易洽商过程比较复杂的，为慎重起见，在表示接受时，应采用详细叙述主要交易条件的形式。

收到国外客户的接受后，要认真分析客户接受的有效性，根据客户接受情况及我方经营意图，正确把握合同成立与不成立的法律技巧。

注意贯彻"重合同、守信用"的原则，只要对方接受有效，即使情况变化对我方不利，仍应同客户达成交易、订立合同。

16.4 知识拓展

1. 代理进口业务

（1）代理进口业务的两种情况

第一种情况是没有进口权的企业，由于临时生产的需要，须从国外进口设备或原材料，通过委托有进口权的进出口公司代理进口所需的设备或原材料。企业向进出口公司支付一定的代理费。

第二种情况是有进出口权的实际进口人以贸易融资为主要目的的进口代理委托，一般代理费较高。

（2）委托代理进口合同

委托代理进口业务双方必须签订委托代理进口合同。委托内容包括委托进口商品的价格幅度、质量、商品的名称、数量、支付方式、货币种类、型号、合同号、合同总金额、交货、包装和运输要求等。

除此之外，应明确进口审批手续由谁办理，以谁的名义对外签订合同。应明确进口企业作为委托方的主要义务,包括审核并签字确认进口合同、支付进口合同价款、支付有关的税费、明确商检由谁负责,以及当与外商发生纠纷时,委托方和受托方各自的职责等。

(3) 代理进口业务操作的基本原则

进口商的代理业务操作与自营进口业务的操作有所不同,业务过程应遵循以下原则。

首先,要在业务操作中明确自己的代理地位,任何关系到支付、交货等主要交易条件的变更,必须征得委托人的同意,切不可自作主张。具体沟通过程宜以书面形式为准。

其次,机电设备代理进口业务中的政府批文及减免税证明的办理是委托人的责任。进口批文、减免税证明是进口项目签订和履行的重要前提。机电设备进口项目政府批文申请的审核依据是用户单位的行业情况及进口设备的技术情况,政府是否批准和代理商没有关系。实际业务中一定要明确代理商只能是协助委托人办理。

再次,代理进口商品为成套机电设备时,应在代理合同中明确货物质量条款、技术培训等条件的磋商由委托人负责。在书面进口合同的签订中由代理商作为商务合同(或称为主合同)中的进口方主签,将委托人作为最终用户在合同中写明并签字。对于合同的技术附件,代理商可不签或只做小签。

2. 实用英语

Amendment of Contract   修订合同
Attachment   附录
Cancellation of Contract   撤销合同
Countersign   会签
Expiration of Contract   合同到期

Interpretation of Contract   合同的解释
Operative Instrument   有效文本
Perform a Contract   执行合同
Renewal of Contract   合同的续订

16.5 业务技能训练

16.5.1 自测习题

1. 翻译

1) Time of Validity _____
2) Import Quota System _____
3) Quotation _____
4) Draft a Contract _____

2. 单选题

1) 进口许可证自签发之日起(　　)内有效。
   A. 三个月　　　B. 一年　　　C. 一个月　　　D. 半年

2) 德国 B 公司向我国 A 进口公司发盘并标明"7 天内接受有效",按照《联合国国际销售合同公约》的规定,德国 B 公司的发盘(　　)。
   A. 不得撤销　　　　　　　　B. 在 A 公司接受前可撤销
   C. 可随意撤销　　　　　　　D. 撤销的通知先于发盘到达 A 公司即可撤销

3) 上海 C 进出口公司欲进口一批货物,向日本 D 公司发出了要求发盘的邀请。在进出口业务中,这种要求对方发盘的行为是(　　)。
   A. 发盘　　　　B. 还盘　　　　C. 询盘　　　　D. 接受

3. 判断题

1) 进口属于进口许可证管理的货物，收货人在货物进境后，办理海关报关手续前，应向相应的发证机构提交进口许可证申请，并取得进口许可证。（ ）

2) 在国际贸易中，使用形式发票对外报盘，这种报盘方式通常为询盘。（ ）

3) 根据《联合国国际货物销售合同公约》，一方发盘，另一方表示接受但同时要求提供原产地证书时，发盘人只要立即向对方表示确认，合同关系就能确立。（ ）

4) 在买卖合同签订后，凡遇到不可抗力事故，遭受事故的一方即可提出撤销合同。（ ）

16.5.2 课堂训练

1. 履行以信用证付款的 FOB 进口合同的基本程序是什么？

2. 讨论：假定你是一家贸易公司进口业务员，怎样降低你公司的进口总成本？

3. 广东 A 公司与外商经往来电传磋商，就合同的主要条件全部达成协议，但最后一次 A 公司所发的表示接受的电传中列有"以签订购货确认书为准"。事后对方拟就合同草稿，要 A 公司确认。但由于对某些条款的内容尚待进一步研究，A 公司未及时给予答复。不久，该商品的国际市场价格下跌，外商催 A 公司开立信用证。A 公司以合同尚未有效成立为由拒绝开证。试分析 A 公司做法是否合理。

16.5.3 实训操作

1. 请根据常州天信外贸有限公司和 JAMES BROWN&SONS 的贸易函电，拟定一份进口合同。

June 20，2024

Dear Sirs，

Thanks for your acceptance of Jan. 18th. And hereby we are pleased to send you our sales confirmation No. 04DRA207 for your signing.

Portable Mixer Pm-23	USD23 FOB Toronto/Set	100Sets	USD2300.00
Vacuum Cleaner Vc-18	USD47 FOB Toronto/Set	100Sets	USD4700.00

Terms：As usual

We hope that the goods will be shipped before Aug. 30th. And we ensure L/C will reach you not later than July 1st.

Yours Faithfully，
（Signature）

Buyer：
CHANGZHOU TIANXIN IMPORT & EXPORT CORP.
Room 2601，Changzhou International Trade Center
801 Yan Ling Road（w），Changzhou，Jiangsu 213001
Seller：
JAMES BROWN&SONS.
#304-310 JaJa Street，Toronto，Canada

2. 常州环亚进出口贸易公司预计从老客户日本三洋商会进口一批面料（FOB 价 USD5000），装运口岸为大阪，从日本至上海的海运费为 500 美元，杂费 400 元（人民币），商检费 200 元（人民币），报关费 150 元（人民币），港口费 600 元（人民币），开证申请费为合同总金额的 1.5‰，按照 CIF 价加一成投保战争险和一切险，保险费率为 1.5‰，进口关税率为 15%。请根据以上信息填写进口成本预算表（见表 16-1）。（汇率 USD1 = CNY6.30）

编制进口成本预算表

表 16-1　进口成本预算表

商品名称及数量：_____　　　　　　编号：_____
出口国家或地区：_____　　　　　　日期：_____
价格条件：_____　装卸港口：从_____经_____至_____
成交价（外币）/接受价：_____　结算汇率：_____

标　号	项　目
1	FOB 成交价
2	国外运费：
	包装
	毛重
	尺码
	计费标准和费率
3	CFR 成交价
4	国外保费：
	投保险别及相应保率
	总保率
	加（　）成投保金额
5	CIF 成交价
6	进口税：
	完税价格
	关税税率
7	完税成本（=5+6）
8	手续费（含佣金）
	佣金率
	代理进口手续费率
9	银行费用
	开证保证金比例及数额
	远期付款下开证利息
	付款方式
	银行利率
10	总成本
11	换汇成本
12	利润率

任务 17　进口合同的履行

知识目标

1. 掌握开证申请书的内容。
2. 熟悉进口合同的履行程序。

能力目标

1. 能够解决在进口合同履行中发生的问题。
2. 能够熟练制作进口合同履行中所用到的各种单证。

素质目标

1. 培养学生的灵活应变能力。
2. 使学生理解进口对构建国内国际双循环新发展格局的重要意义。

导学

任务 17 导学

在情境 3 已经学习了出口合同的履行，相应地，进口商也要履行进口合同。买卖双方配合，才能够使进出口合同顺利完成。

FOB+L/C 的进口合同履行的首要环节是按照合同条款的内容，填写开证申请书。开证银行按照申请书开出信用证。其后的货物运输、保险、报关等环节与出口合同履行中的手续类似，在学习时应注意其不同的地方，比如预约保险、进口代征税费等。

学习完 FOB+L/C 进口合同履行环节后，认真思考：以其他付款方式（如前 T/T）和其他贸易术语（如 CFR）成交的进口合同履行的环节又是怎样的？

17.1　任务描述与分析

1. 任务描述

2024 年 8 月，常信公司收到德国 Deutsch Erntetechnik Trading Company 会签的进口标签打印机的合同。业务员孙满负责该进口合同的全部工作。

2. 任务分析

在进口合同履行流程中，涉及银行、货运代理公司、保险公司、海关等多个单位的协作，还涉及如信用证开证申请书、租船订舱委托书、投保单、入境货物报关单等多种单证。业务员必须熟悉整个国际贸易进口的业务流程，把握进口的关键环节，正确填制各种进口单证，处理好进口贸易中可能发生的问题。

17.2 任务实施与心得

1. 任务实施

（1）开立信用证

进口合同签订之后，8月10日孙潇去常信公司的开户银行中国银行常州分行提出开立信用证的申请，并递交与合同相关的副本和附件。目前，常信公司的账户上有充足的资金，银行业务员在审核了合同的相关副本之后，交给孙潇一份"信用证申请书"。

孙潇根据进口合同中的品质、规格、数量、价格、交货期、装货期、装运条件及装运单据等条款，填写信用证申请书（见表17-1）。

表 17-1 信用证申请书
Application for Issuing L/C

TO：①BANK OF CHINA, CHANGZHOU BRANCH　　　　　　　　　　　　③date：240810

⑦Beneficiary (full name and address) Deutsch Erntetechnik Trading Company, Baiersdorfer Str. 15, Poxdorf, Bayern (Bavaria)		L/C No.： Contract No. CZCX231 ④Date and place of expiry of the credit OCTOBER 15TH IN THE BENEFICIARY'S COUNTRY
⑭Partial shipments (　) allowed (×) not allowed	⑭Transshipment (×) allowed (　) not allowed	②(　) Issue by airmail (　) With brief advice by teletransmission (　) Issue by express delivery (×) Issue by teletransmission (which shall be the operative instrument)
⑭Loading on board/dispatch/taking in charge at/from Hamburg, Germany Not later than Sept. 30, 2024 For transpotation to Shanghai, China		⑧Amount (both in figures and words) EUR 70000 SAY EURO DOLLARS SEVENTY THOUSAND ONLY
⑪Description of goods： Label printer Model：LX900e Brand：Primera Color&page：multicolor Dimensions (L×W×H)： 438×231×438		⑨Credit available with (　) by sight payment (　) by acceptance (×) by negotiation (　) by deferred payment at (×) against the documents detailed herein and beneficiary's draft for 100 % of the invoice value at ××× sight on ISSUING BANK ⑬(×) FOB (　) CFR (　) CIF (　) or other terms

⑩ Documents required：(marked with ×)
- (×) Signed Commercial Invoice in 5 copies indicating invoice No. contract No.
- (×) Full set of clean on board ocean Bills of Lading made out to order and blank endorsed, marked "freight (×) to collect/(　) prepaid (　) showing freight amount" notifying ACCOUNTEE.
- (　) Air Waybills showing "freight (　) to collect/(　) prepaid (　) indicating freight amount" and consigned to _____ .
- (　) Memorandum issued by _____ consigned to _____ .
- (　) Insurance Policy/Certificate in 3 copies for 110% of the invoice value showing claims payable in currency of the draft, blank endorsed, covering All Risks, War Risks and Strike Risks.
- (×) Packing List/Weight Memo in 3 copies indicating quantity/gross and net weights of each package and packing conditions as called for by the L/C.
- (×) Certificate of Quantity/Weight in 2 copies issued by an independent surveyor at the loading port, indicating the actual surveyed quantity/weight of shipped goods as well as the packing condition.
- (×) Certificate of Quality in 3 copies issued by (　) manufacturer/(×) public recognized surveyor/(　) _____ .
- (×) Beneficiary's certified copy of FAX dispatched to the accountees within 3 days after shipment advising (×) name of vessel/ (×) date, quantity, weight and value of shipment.
- (　) Beneficiary's Certificate certifying that extra copies of the documents have been dispatched according to the contract terms.
- (　) Shipping Co's Certificate attesting that the carrying vessel is chartered or booked by accountee or their shipping agents：

(续)

- (×) Other documents, if any:
    - a) Certificate of Origin in 3 copies issued by authorized institution.
    - b) Certificate of Health in 3 copies issued by authorized institution.

⑫ Additional instructions:
1. (×) All banking charges outside the opening bank are for beneficiary's account.
2. (×) Documents must be presented within 15 days after the date of issuance of the transport documents but within the validity of this credit.
3. ( ) Third party as shipper is not acceptable. Short Form/Blank Back B/L is not acceptable.
4. ( ) Both quantity and amount 10% more or less are allowed.
5. ( ) prepaid freight drawn in excess of L/C amount is acceptable against presentation of original charges voucher issued by Shipping Co./Air line or its agent.
6. ( ) All documents to be forwarded in one cover, unless otherwise stated above.
7. (×) Other terms, if any:
    - a) Charter party B/L and third party documents are acceptable.
    - b) Shipment prior to L/C issuing date is acceptable.

⑤ Advising bank: Commerzbank AG, 60261 Frankfurt/Main

⑥ Applicant: CHANGZHOU CHANGXIN IMPORT & EXPORT CORP.
  NO. 25 MINGXIN RD,
  CHANGZHOU JIANGSU, CHINA
  TEL.: 0519-86338171

由于是老客户，中国银行同意常信公司缴付合同金额8%的担保金，也就是43120元人民币（合同的金额是70000欧元，当时的汇率是1:7.7）。此外，常信公司还支付了808.50元开证手续费（开证手续费为合同金额的1.5‰）。

手续费收讫后，中国银行通过SWIFT系统向德国商业银行（Commerzbank）开出信用证，然后由该行将信用证传达给受益人。

Letter of Credit

Issuing bank		BKCHCNJSA08E SESSION: 000 ISN: 000000 BANK OF CHINA CHANGZHOU BRANCH NO. 5 DRAGON FLY BRIDGE CHANGZHOU CHINA
Destination Bank		COMMERZBANK 60261 FRANKFURT/MAIN
Type of Documentary Credit	40A	IRREVOCABLE
Letter of Credit Number	20	LC84E1181/03
Date of Issue	31C	240816
Date and Place of Expiry	31D	DATE 241015 PLACE GERMANY
Applicant Bank	51D	BANK OF CHINA CHANGZHOU BRANCH
Applicant	50	CHANGZHOU CHANGXIN IMPORT & EXPORT CORP.
Beneficiary	59	DEUTSCH ERNTETECHNIK TRADING COMPANY BAIERSDORFER STR. 15, POXDORF, BAYERN
Currency Code, Amount	32B	EUR 70000
Available with…by…	41D	ANY BANK BY NEGOTIATION
Drafts at	42C	AT SIGHT
Drawee	42D	BANK OF CHINA CHANGZHOU BRANCH
Partial Shipments	43P	NOT ALLOWED
Transshipment	43T	ALLOWED
Shipping on Board/Dispatch/Packing in Charge at/from	44A	HAMBURG, GERMANY
Transportation to	44B	SHANGHAI CHINA
Latest Date of Shipment	44C	240930
Description of Goods or Services	45A	Label printer Model: LX900e Brand: Primera Color&page: multicolor Dimensions (L×W×H): 438×231×438

（续）

```
Documents Required                    46A
1. SIGNED COMMERCIAL INVOICE IN 5 COPIES.
2. FULL SET OF CLEAN ON BOARD OCEAN BILLS OF LADING MADE OUT TO ORDER AND BLANK ENDORSED, MARKED
"FREIGHT TO COLLECT" NOTIFYING CHANGZHOU CHANGXIN IMPORT & EXPORT CORP. TEL.: 0519-86338171.
3. PACKING LIST/WEIGHT MEMO IN 4 COPIES INDICATING QUANTITY/GROSS AND NET WEIGHTS OF EACH PACKAGE
AND PACKING CONDITIONS AS CALLED FOR BY THE L/C.
4. CERTIFICATE OF QUALITY IN 3 COPIES ISSUED BY PUBLIC RECOGNIZED SURVEYOR.
5. BENEFICIARY'S CERTIFIED COPY OF FAX DISPATCHED TO THE ACCOUNTEE WITHIN 3 DAYS AFTER SHIPMENT AD-
VISING NAME OF VESSEL, DATE, QUANTITY, WEIGHT, VALUE OF SHIPMENT, L/C NUMBER AND CONTRACT NUMBER.
6. CERTIFICATE OF ORIGIN IN 3 COPIES ISSUED BY AUTHORIZED INSTITUTION.
```

```
Additional Instructions               47A
1. CHARTER PARTY B/L AND THIRD PARTY DOCUMENTS ARE ACCEPTABLE.
2. SHIPMENT PRIOR TO L/C ISSUING DATE IS ACCEPTABLE.
Charges                              71B
ALL BANKING CHARGES OUTSIDE THE OPENING BANK ARE FOR BENEFICIARY'S ACCOUNT.
Period for Presentation              48
DOCUMENTS MUST BE PRESENTED WITHIN 15 DAYS AFTER THE DATE OF ISSUANCE OF THE TRANSPORT DOCUMENTS
BUT WITHIN THE VALIDITY OF THE CREDIT.
Confirmation Instructions            49    WITHOUT
Instructions to the Paying/Accepting/Negotiating Bank    78
1. ALL DOCUMENTS TO BE FORWARDED IN ONE COVER, UNLESS OTHERWISE STATED ABOVE.
2. DISCREPANT DOCUMENT FEE OF USD 50.00 OR EQUAL CURRENCY WILL BE DEDUCTED FROM DRAWING IF DOCU-
MENTS WITH DISCREPANCIES ARE ACCEPTED.
    "Advising Through"       Bank              57A               Commerzbank

                                                                60261 Frankfurt/Main

********other wordings between banks are omitted********
```

（2）派船接运货物

在办妥银行开证申请手续后，孙潇随即联系翔宇国际货运代理有限公司，并填写了订舱委托书（见表17-2），委托该公司办理进口货物的运输。

表 17-2　进出口货物订舱委托书

公司编号：DL09071226						日期：2024 年 8 月 19 日			
发货人：德国嘉实贸易公司 Deutsch Erntetechnik Trading Company, Baiersdorfer Str. 15, Poxdorf, Bayern (Bavaria)				信用证号码：LC84E1181/03					
				开证银行：中国银行常州分行武进区飞龙路支行					
				合同号码：CZCX231			成交金额：EUR70000		
				装运口岸：汉堡			目的港：上海		
收货人：To Order				转船运输：是			分批装运：否		
				信用证有效期 2024 年 10 月 15 日			装船期限：9 月		
				运费：			成交条件：FOB		
				公司联系人：王强			电话/传真：1312323××××		
通知人： 常州常信外贸有限公司，鸣新路 25 号 电话：0519-86338171				公司开户行 中国银行常州分行			银行账号： 0200001009018667××××		
				特别要求：					
标记	货号规格	货物名称	包装件数	毛重		数量	单价		总价
N/M	LX900e	Label Printer	100 箱	2600 kg		100 台	EUR700		EUR 70000

翔宇国际货运代理有限公司在收到托运单后，审核托运单，确定装运船舶后，安排运输。常信公司随后通知德国嘉实贸易公司预期装船的港口、船名和时间，即9月15日汉堡港口，ALTER001号货轮。9月1日，德国嘉实贸易向我方发来了货物已备妥通知。双方再次核准了装船时间、港口和地点等。

（3）投保货运险

9月15日，孙潇收到了德国嘉实贸易公司的已装船通知。告知该批货物已经于当日装载至ALTER001号货轮，预计开航日期为2024年9月16日。其装船通知如下：

Shipping Advice

Hamburg, SEPT. 15th, 2024

Messr,

Dear Sirs,

L/C No. LC84E1181/03

Cover Note（or open policy）No. AD335

Under the captioned Credit and Cover Note（or Open Policy）, Please insure the goods as detailed in our Invoice No. <u>DETC0022113</u> Enclosed, other particulars being given below：

Carry Vessel's Name：ALTER001

Shipment Date：on or about Sept. 16th, 2024

Covering Risks（as arranged）

Kindly forward directly to the insured your Insurance Acknowledgment.

Deutsch Erntetechnik Trading Company

据此通知，孙潇立即向中国人保财险发出了一份"国际运输预约保险起运通知书"（见表17-3）。保险公司受理投保。

表17-3 国际运输预约保险起运通知书

被保险人：常州常信外贸有限公司　　　　　　　　　　　　　　　编号：SK030412

唛头	包装及数量	保险货物项目	价格条件	货价（原币）
N/M	Packed in cartons 100 cartons	Label printer	FOB Hamburg	EUR70000
合同号：CZCX231		发票号：DETC0022113	提单号：XMSCQFQFC00051	
运输方式：海洋运输		运输工具名称：ALTER001	运费：to collect	
开航日期：2024年9月16日		运输路线：自汉堡至上海		
投保险别	一切险	费率：0.5%	保险金额：EUR70588	保险费：EUR388
中国人民财产保险股份有限公司 2024年9月15日		常州常信外贸有限公司 被保险人签章 2024年9月15日	备注	

（4）审单和付汇

汇票及全套单据于9月20日顺利传递至中国银行常州分行，根据银行的通知，孙潇当日便审核商业发票、海运提单、品质证书、装箱单、原产地证书等全套单据。

经审核完全无误，德国嘉实贸易公司的交单日期是9月17日，当日见票审核无误后，德国银行已经垫付。因此，除了支付票面金额外，我方还需要支付3天的垫付利息，每天的利息率为0.34%。根据当日汇率，常信公司应支付金额为[（70000×0.34%×3）+70000]×7.7 = 544497.8(元)。

（5）进口报关

10月20日货物顺利到达上海港口，接到通知后，孙潇立即向上海海关提交了进口货物报关单（见表17-4）。

如何填报进口货物报关单的运费、保费

表17-4 中华人民共和国海关进口货物报关单

预录入编号：459785468-8　　　海关编号：2248　　　　　　　　　　　　　　页码/页数：1/1

境内收货人 （3204951012） 常州常信外贸有限公司	进境关别（2248） 洋山港区海关	进口日期 20241020	申报日期 20241020	备案号 C22510014121
境外发货人 DEUTSCH ERN-TETECHNIK TRADING COMPANY	运输方式（2） 水路运输	运输工具名称及航次号 ALTER001	提运单号 XMSCQFQFC00051	货物存放地点 上海
消费使用单位 （3204988523） 常州金鼎服装厂	监管方式（0110） 一般贸易	征免性质（101） 一般征免	许可证号	启运港（GER000） 德国汉堡
合同协议号 CZCX231	贸易国（地区）（GER） 德国	启运国（地区）（GER） 德国	经停港	入境口岸（442110） 黄浦仓码头

包装种类 其他包装/纸质或纤维板制盒/箱	件数 100	毛重（千克） 2600	净重（千克） 2550	成交方式 FOB	运费 300/235.58/3	保费 300/457.01/3	杂费

随附单证及编号
随附单证1：　　　随附单证2：发票；装箱单；提/运单；合同；原产地证据文件等

标记唛码及备注
备注：【装卸口岸】：外贸仓码头　船名：ALTER001 N/M 集装箱标箱数及号码：1；TEXU2455221

项号	商品编号	商品名称及规格型号	数量及单位	单价/总价/币制	原产国（地区）	最终目的国（地区）	境内目的地	征免
1	9612100000	标签打印机 LEX900E	100 箱	700 70000 欧元	德国	中国（44019/440100）（CHN）	江苏常州	照章征税
2								
3								
4								
5								
6								
7								

特殊关系确认：否　　价格影响确认：否　　支付特许权使用费确认：否　　自报自缴：否

报关人员　　报关人员证号　　电话	兹申明对以上内容承担如实申报、依法纳税之法律责任	海关批注及签章
申报单位　常州常信外贸有限公司	申报单位（签章）常州常信外贸有限公司	

海关工作人员依法查验后，对货物征收了进口关税。具体税款的计算如下：

已知海运费用为1814元，保险费用为3519元，则根据当日汇率1:7.7，转化为CIF价为

（70000×7.7+1814+3519）元，即海关完税价格为544333元。经查询，标签打印机的HS编码为9612100000，进口关税税率为8%。

则常信公司应该缴纳的进口关税=（70000×7.7+1814+3519）×8%=43546.64(元)。

各种手续办好之后，上海海关放行货物。

（6）货物验收和拨交

海关放行后，孙潇会同相关人员一起查验货物，发现一切正常，委托运输公司将货物转交给常州金鼎服装厂。

2. 任务实施心得

为避免日后出口商提出的信用证修改请求所导致的时间拖延，开证申请书内容必须与合同内容一致，做到完备、明确、具体。

履行FOB进口合同，双方必须及时联络，一定要做好船货双方之间的协调和衔接工作，否则极易出现船只等待货物或者货物等待船只的情况。

预约保险的方式适用于经常有货物进口的外贸公司或企业。按此种方式办理保险，可简化投保手续，免去逐笔投保的麻烦，还可防止漏保。

进口合同的履行环节和工作内容，主要取决于合同的支付条件与贸易术语。与FOB、L/C进口合同履行环节相比，在汇付或托收的情况下，就不存在买方开证的环节；在履行CFR进口合同时，买方则不负责租船订舱，此项工作由卖方办理；在履行CIF进口合同时，买方不办理租船订舱与运输货物投保手续，此两项工作由卖方办理。

17.3 相关知识

进口合同（FOB+L/C）履行一般包括开立信用证、租船订舱、接运货物、办理货运保险、审单付款、报关提货、验收和拨交货物、办理索赔等环节，如图17-1所示。

17.3.1 申请开证

进口商应在合同规定的时间内办理信用证的申请开证。如合同规定在卖方确定交货期后开证，应在接到卖方上述通知后开证；如合同规定在卖方领到出口许可证或支付履约保证金后开证，应在收到对方已领到出口许可证的通知或银行通知保证金已收后开证。

一般而言，进口商都在业务往来银行申请开立信用证，具体分为以下几个步骤。

（1）递交有关合同的副本及附件

进口商在向银行申请开立信用证时，应向银行递交相关的进口合同副本及附件，如进口许可证、进口配额证（需要进口许可证及配额商品时）、某些政府部门的批文等。

（2）填写开证申请书

开证申请书是开证银行对外开立信用证的基础和依据。进口商在填写申请书时，应将品

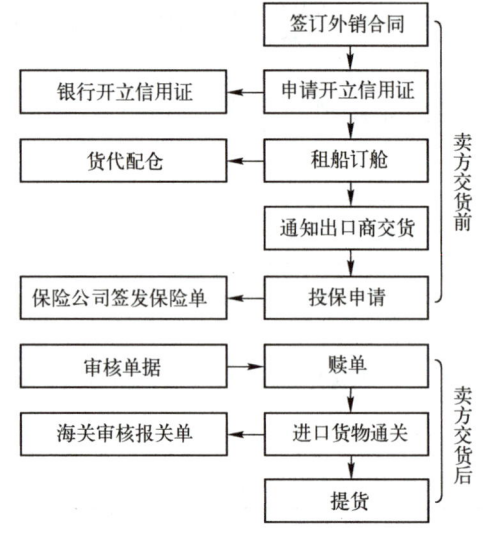

图17-1 进口贸易业务操作流程（FOB+L/C）

质、规格、数量、价格、装运期、装运单据等条款,以合同为依据,在开证申请书中一一做出规定。

开证申请书主要有下列内容(对照17.2中的表17-1"信用证申请书"):①开证行名称;②开证通知方式,要明确指示信用证采用全电、简电或信开方式;③申请日期;④信用证的有效期及地点;⑤通知行名址;⑥申请人名址;⑦受益人名址;⑧金额(大小写)和币别;⑨信用证类型,即明确信用证是即期付款、承兑、议付或延期付款;⑩受益人必须提供的单据种类、正副本份数、内容及要求等;⑪有关货物的简要描述;⑫必要的附加指示,如国外银行费用由谁负担、提交单据的期限、以第三者为发货人的运输单据可否接受等;⑬价格条件;⑭装运条款。

(3) 缴纳押金和开证手续费

按照国际惯例,进口商向银行申请开立信用证,应向银行交付一定比例的押金或其他担保金。押金一般为信用证金额的百分之几到百分之几十,根据进口商的资信情况而定。此外,开证申请人还需要按规定支付一定比例的开证手续费。

(4) 银行开立信用证

开证行在收到进口商的开证申请后,立即对开证申请书的内容及其与合同的关系、开证申请人的资信状况进行审核,在确定接受开证人的申请并收到开证申请人提交的押金及开证手续费后,即将信用证正本电传给受益人所在地分行或代理行,然后由该行将信用证通知受益人。

17.3.2 租船订舱

FOB进口合同,由进口商负责办理运输手续。进口商在接到卖方预期可装运日期的通知后,应及时向运输公司办妥租船订舱手续,及时将船名及船期通知对方,以便对方备货装船。同时,为了防止船货脱节的情况,注意催促对方按时装运。

17.3.3 投保货物运输保险

进口商在向保险公司办理进口货物运输保险时有两种做法:一种是逐笔投保方式;另一种是预约保险方式。

逐笔投保是进口商在接到出口商发来的装运通知后,直接向保险公司提出投保申请,填写"起运通知书",并送交保险公司。保险公司承保后,即在"起运通知书"上签章,进口商缴付保险费后,保险公司出具保险单,保险单随即生效。这种投保方式比较麻烦,容易出现漏保现象。

预约保险是进口商与保险公司签订一个总的预约保险合同,按照预约保险合同的规定,所有预约保险合同项下的按FOB或CFR条件进口货物的保险,都由该保险公司承保。预约保险合同对各种货物应投保的险别做出具体规定,投保手续比较简单。对于每批进口货物,进口商在收到国外装船通知后,即直接将装船通知发送至保险公司或填制国际运输预约保险起运通知书,将船名、提单号、开船日期、商品名称、数量、装运港、目的港等内容通知保险公司,保险公司即对该批货物自动承保,一旦发生承保范围内的损失,由保险公司负责赔偿。

【例17-1】我国某外贸公司进口一批价值为CFR上海12000美元的货物。现按CIF价格加成10%投保一切险和战争险,业务员应该怎么去办理保险手续?

解: 通过查保险费率表得知一切险和战争险费率分别为0.5%和0.04%,则总费率为

$$0.5\% + 0.04\% = 0.54\%$$

将 CFR 价值转化为 CIF 价值，即
$$CIF = 12000 \div (1 - 0.54\% \times 1.1) \approx 12072(美元)$$
得出保险费为
$$12072 \times 1.1 \times 0.54\% \approx 71.71(美元)$$

17.3.4 审单和付汇

开证行收到国外寄来的汇票和单据后，根据"单证一致"和"单单一致"的原则，对照信用证的条款，核对单据的种类、份数和内容。

当发现"单证不符"或"单单不符"的情况时，可以有以下处理方法：第一，由开证行向国外银行提出异议，根据不同情况采取必要的处理办法；第二，由国外银行通知出口商更正单据；第三，由国外银行书面担保后付款；第四，拒付。

如果完全相符，即由开证行向议付行付款，并通知进口商付款赎单。进口公司付款后，获得海运提单凭以提货。

17.3.5 进口报关

进口报关的工作流程分为两个阶段。第一阶段为进口申报，**进口货物的收货人应当自运输工具申报进境之日起的 14 日内向进境口岸的海关进行申报**。由进口公司或委托货运代理公司或报关行根据进口单据填具"进口货物报关单"向海关申报，并随附发票、提单、装箱单、保险单、进口许可证及审批文件、进口合同、海关认为必要的产地证等其他有关证明。第二阶段为配合查验、缴纳税费和提取货物。海关在海关监管区域内对进口货物进行查验。在完成查验、收到税款等手续以后，海关放行货物。

17.3.6 货物验收和拨交

进口货物运达港口卸货时，要进行卸货核对。如发现短缺，应及时填制"短卸报告"交由船方签认，并根据短缺情况向船方提出保留索赔权的书面声明。如卸货时发现残损，应将货物存放于海关指定仓库，待保险公司会同海关商品检验司检验后再做出处理。

对于法定检验的进口货物，必须由卸货地或到达地的海关商品检验司进行相关检验，未经检验的货物不准投产、销售和使用。如进口货物经海关检验司检验，发现有残损短缺，应凭海关检验司出具的证书对外索赔。

在办完上述手续后，进出口公司将货物转交给订货或用货单位。

17.3.7 争议与索赔

在履行进口合同过程中，往往因卖方未按期交货或货到后发现品质、数量和包装等方面有问题，致使买方遭受损失。根据造成损失原因的不同，买方分别向出口商、运输公司和保险公司提出索赔。

> **课堂思考**
>
> 如果出现原装数量不足，货物的品质、规格与合同规定不符，包装不良致使货物受损，货物数量少于提单所载数量，提单是清洁提单而货物有残缺等情况，买方如何判定索赔对象？

17.4 知识拓展

1. 主要进口税费

（1）进口关税

进口关税是指一国海关以进境货物和物品为课税对象所征收的关税，包括正税和附加税两种，根据征收方式分类，可以分为从价税、从量税、复合税和滑准税。其中，从价税的计算方法为

$$进口关税 = 进口关税的完税价格 \times 进口关税率 = CIF 价 \times 进口关税率$$

 注意：此处的完税价格是货物 CIF 价格，若进口是以 FOB 或 CFR 成交的，计算关税时应转化成 CIF 价格。

（2）进口代征税

进口代征税是指按照国家规定，由海关代征的进入境内市场流通的境外货物依法应缴纳的国内税，其中包括进口环节的增值税、消费税和船舶吨税。这里简要介绍消费税和增值税的计算方法。

1）进口环节消费税。消费税是以消费品或消费行为的流转额作为课税对象而征收的一种流转税，采用从价、从量和复合计税的方法计征。消费税采用价内税的计算方法，即计税价格中包含了消费税税额。这里简要介绍从价税。

$$进口消费税 = 进口消费税的完税价格 \times 进口消费税税率$$

$$进口消费税的完税价格 = 进口货物完税价格 + 进口关税 + 消费税$$

$$进口消费税的完税价格 = \frac{进口货物完税价格 + 进口关税额}{1 - 消费税税率}$$

$$进口消费税 = \frac{进口关税的完税价格 + 进口关税}{1 - 进口消费税税率} \times 进口消费税税率$$

2）进口环节增值税。进口环节增值税是在货物、物品进口时，由海关依法向进口货物的法人或自然人征收的一种增值税。

$$进口增值税 = 进口增值税的完税价格 \times 进口增值税税率$$
$$= (进口关税的完税价格 + 进口关税 + 进口消费税) \times 进口增值税税率$$

2. 实用英语

Application for Credit 开证申请书	Estimated Time of Closing（ETC） 截关日
Bonded Warehouse 保税仓库	Import Quotas System 进口配额制
Delivery Order（D/O） 到港通知	

17.5 业务技能训练

17.5.1 自测习题

1. 翻译

1）Implementation of a Contract＿＿＿＿＿　　2）Import License System＿＿＿＿＿

3) Customs Invoice＿＿＿＿＿＿＿＿＿＿＿＿＿＿＿   4) Application for Credit＿＿＿＿＿＿

2. 单选题

1) 在进出口贸易中，信用证的开证申请书由（   ）填写。

  A. 出口商　　　B. 进口商　　　C. 出口方银行　　　D. 进口方银行

2) 进口企业审核单据时，处于中心位置的单据是（   ）。

  A. 进口报关单　　B. 进口许可证　　C. 商品检验证书　　D. 商业发票

3) 进口货物的收货人或他们的代理人在货物抵达卸货港后，应立即向海关申报。法定申报时限为自运输工具申报进境之日起（   ）天内。

  A. 3　　　　　　B. 7　　　　　　C. 14　　　　　　D. 15

4) 在进口贸易中，进口关税的计算是以（   ）术语为基础的。

  A. FOB　　　　　B. CFR　　　　　C. CIF　　　　　D. EXW

5) 进口商填写开证申请书的主要依据是（   ）。

  A. 发票　　　　　B. 贸易合同　　　C. 订单　　　　　D. 进口许可证

3. 判断题

1) 进口审单付款时，只要单证不符，银行任何时候都可停止对外付款。（   ）

2) 国际贸易中的进口货物运输保险一般采取逐笔投保。（   ）

3) 保税货物属于海关监管货物，未经海关许可，任何单位和个人不得开拆、提取、交付、发运、调换、改装、转让或更换标记。（   ）

17.5.2　课堂训练

  1. 采用 FOB 贸易术语进口时，对于买卖双方来说存在着船货衔接的问题。请问可以通过什么途径解决？

  2. 如果某外贸公司准备进口一批美国大豆，请叙述进口的流程。

  3. 甲方按 FOB 条件向乙方进口一批大宗商品，双方约定的装运期限为 2024 年 5 月。后因甲方租船困难，接运货物的船舶不能按时到港接运货物，出现较长时期的货等船的情况。乙方便以此为由撤销合同，并要求赔偿损失。你认为乙方的做法是否合理？为什么？

17.5.3　实训操作

  根据信用证预审单的相关信息（见表 17-5），为上海新联纺织品股份有限公司拟写一封信函，对其中标出的三个问题进行修改。

表 17-5　信用证预审单

开证行	BANK OF NAGOYA LTD.	开证日期	Oct. 6th，2024
申请人	THE GENRRU TRADING CO., LTD.	受益人	SHANGHAI NEW UNION TEXTILES IMP&EXP. CORP. PUDONG COMPANY 3409 NEW DENG ROAD SHANGHAI CHINA
信用证金额	①USD172 006（应为 USD172 066）	信用证号	NLC0310598
汇票付款人	开证行	汇票期限	②见票后60天（应为即期）
可否转船	可以	可否分批装运	可以

（续）

装运期限	Dec. 15th, 2024 以前				有效期	Dec. 30th, 2024	到期地点	③KOBE（应为 SHANGHAI, CHINA）		
唛头	未指定					交单日		提单日后 3 天		
单据名称	提单	发票	装箱单	重量单	保险单	产地证	FORM A	寄单证明	寄单邮据	寄样证明
银行	3/3	3	3		2	2		3		3
提单或承运单据	抬头		To order		保险	一切险加战争险				
	通知		Applicant			加成 10%		赔款地点		目的港
	注意事项		注明运费已付							
备注	检验证明须由开证申请人签发									

参考文献

[1] 吴百福，徐小薇，聂清. 进出口贸易实务教程［M］. 8版. 上海：格致出版社，2020.
[2] 俞毅. 国际贸易实务［M］. 北京：机械工业出版社，2022.
[3] 俞涔，叶红玉，方榕. 国际贸易实务［M］. 2版. 北京：电子工业出版社，2022.
[4] 章安平. 进出口业务操作［M］. 2版. 北京：高等教育出版社，2014.
[5] 刘红. 国际贸易实务［M］. 北京：机械工业出版社，2021.
[6] 罗兴武. 国际贸易实务［M］. 北京：机械工业出版社，2021.
[7] 唐翠翠. 从零开始学做外贸［M］. 北京：清华大学出版社，2022.
[8] 李青阳. 国际贸易实务［M］. 沈阳：东北大学出版社，2014.
[9] 孙相云，薛桂丹. 国际贸易实务［M］. 上海：立信会计出版社，2022.
[10] 刘文广，张晓明. 国际贸易实务［M］. 4版. 北京：高等教育出版社，2014.
[11] 张彦欣. 进出口业务操作实务［M］. 北京：中国纺织出版社，2019.
[12] 张燕芳，刘梓豪. 国际贸易实务［M］. 北京：人民邮电出版社，2023.

参考网站

1. https://www.mofcom.gov.cn/　　中华人民共和国商务部
2. https://www.customs.gov.cn/　　中华人民共和国海关总署
3. https://www.singlewindow.cn/#/　　中国国际贸易单一窗口
4. https://www.sinosure.com.cn/　　中国出口信用保险公司
5. https://www.wto.org/　　世界贸易组织
6. https://iccwbo.org/　　国际商会
7. https://bbs.fobshanghai.com/　　福步外贸论坛